本书为国家社科基金社科学术社团主题学术活动"中国共产党百年城市经济发展思想：理论与实践总结"（项目批准号：21STB079）的阶段性成果

新中国城市发展研究丛书　　　　总　编　潘家华　　副总编　单菁菁　陈洪波

新中国城市发展

湖北卷

HUBEI

URBAN DEVELOPMENT
IN THE PEOPLE'S REPUBLIC OF CHINA

秦尊文　田艳平　等　著

社会科学文献出版社
SOCIAL SCIENCES ACADEMIC PRESS (CHINA)

丛书编委会

总编单位　中国城市经济学会

总　　编　潘家华

副 总 编　单菁菁　陈洪波

委　　员（按照姓氏笔画）

王　谋　毛其智　文传浩　白卫国　丛晓男

庄　立　刘传江　刘治彦　齐国占　张车伟

张道根　武占云　周　丽　秦尊文　倪鹏飞

黄　鸣　盛　毅　梁本凡　魏后凯

总编单位简介

中国城市经济学会成立于 1986 年 5 月，是由中国社会科学院主管（生态文明研究所代管）、在民政部登记注册的国家一级学会和全国性、开放性学术平台，旨在开展城市发展和城市经济前瞻性理论研究，总结城市发展经验，推动产、学、研交流，促进城市可持续发展。

学会第一、二、三届会长汪道涵，第四届会长周道炯，第五届会长晋保平。第一届名誉会长王任重，第二届名誉会长费孝通，第三届名誉会长李铁映，第四届名誉会长李铁映、汪道涵。历任顾问包括江泽民、费孝通、顾秀莲、刘国光、王洛林、陈佳贵、吴树青等，历任副会长包括王茂林、汪光焘、周干峙、龙永枢、李京文等。目前，会长由中国社会科学院学部委员、中国社会科学院生态文明研究所（原城市发展与环境研究所）原所长潘家华担任。在第一届学会成立年会上，时任上海市市长的江泽民同志出任了学会顾问。在 1991 年第二届年会上，时任国务院副总理的朱镕基同志到会接见与会代表并做了"关于城市经济发展与城市建设"的重要讲话。经过 30 余年发展，学会积累了大量的专家、学者资源，包括 36 位院士、学部委员，200 余位教授、研究员，300 多位副教授、副研究员，共计 1000 多位来自全国高等院校、科研院所、城市管理部门和相关企业的高级人才会员。

作为全国性的国家一级学会，中国城市经济学会一贯秉承发展城市、服务城市的宗旨，针对城市经济改革和发展中的重大理论和实践问题，特别是热点、难点问题，动员和组织会员及相关专家、学者进行深入的研究，提出研究报告、政策建议或出版专著，促进政、产、学、研开展广泛的学术研讨和交流。学会凭借雄厚的智力资源优势和健全的组织网络，在服务国家战略的同时，还为各地市提供发展战略、产业规划、土地利用、功能定位、环境治理等项目的研究和咨询，为推动中国城市改革和经济高质量发展提供智力支持。

网址：http：//www.zgcsj.net

公众号：

总编简介

潘家华 中国社会科学院学部委员,中国社会科学院生态文明研究所(原城市发展与环境研究所)研究员,博士生导师。研究领域为世界经济、气候变化经济学、城市发展、能源与环境政策等。担任国家气候变化专家委员会委员,国家外交政策咨询委员会委员,中国城市经济学会会长,中国生态文明研究与促进会副会长,中国生态经济学会副会长。先后发表学术(会议)论文300余篇,撰写专著8部,译著1部,主编大型国际综合评估报告和论文集8部;获中国社会科学院优秀成果奖一等奖(2004年)、二等奖(2002年),孙冶方经济科学奖(2011年)。

单菁菁 中国社会科学院生态文明研究所研究员、博士生导师,中国城市经济学会常务副秘书长。先后主持国家社科基金课题、国家高端智库课题、中国社会科学院创新课题、国际合作课题、省部委及地方委托课题56项,出版专著3部,主编著作12部,参与了14部学术著作和《城市学概论》《环境经济学》等研究生重点教材的撰写工作,先后在国内外发表学术(会议)论文100多篇,向党中央、国务院提交的政策建议多次得到国家领导人的批示,获得各类科研成果奖13项。

陈洪波 中国社会科学院生态文明研究所研究员、中国城市经济学会秘书长、中国社会科学院可持续发展研究中心副主任。2004~2005年国家公派赴英国剑桥大学经济系研修能源－环境－经济模型。主要研究领域为气候变化经济分析与政策研究（包括碳交易、低碳建筑、国际气候治理和城市节能减排等）、生态经济理论及生态城市规划。先后发表论文50余篇，出版著作5部，主持国际国内课题40余项，获得国家科技进步奖二等奖等省部级以上奖励5项。

新中国城市的跨越式发展

（总序）

　　无论东方还是西方，城市都是社会文明的高地、引领社会进步的重镇。中华文明传承 5000 年，直到近代工业文明进入华夏，我们的城市基本上只是"城池"和"集市"的组合，没有工业革命后现代意义上的城市发展。新中国成立后，尤其是改革开放以后，我们的城市发展可谓波澜壮阔、日新月异，实现了历史性的跨越，也推动着世界城市化进程加速发展。新中国城市发展的辉煌成就，有着鲜明的特点，成功的经验需要总结，未来的发展也需要谋划。

　　新中国成立以前，农耕文明占据主导地位，虽有一些民族工业和有限的现代产业，但总体上属于典型的农业社会，城市人口占总人口的比例只有 10.6%。从生产率水平上讲，传统农业社会能够供养的非农业人口比例，大抵也就在这一水平。新中国成立以后，经过社会主义改造和国民经济发展，城市发展虽有所提速，但由于资金的匮乏和技术的落后，也只是有限点状布局，整体规模和水平不高，历时 30 年，仍然只有不到 20% 的人口居住在城市。其间几经波折，从 20 世纪 60 年代初的三年困难时期大批城市居民返乡和 20 世纪 60 年代后期持续长达十年的数千万知识青年因缺乏就业岗位而离开城市"上山下乡"的"逆"城市化，表明改革开放前城市化进程的缓慢与艰辛。为了控制城市规模，保障城市的"有序"发展，20 世纪 50 年代末期行政管制分割城乡，在

1

制度上形成城乡"二元"的固化格局。

1978年，改革使得城乡分割的坚实藩篱逐渐松动，开放注入城市发展的资金、技术和市场活力。改革开放后的40年，中国的城市化率以平均每年高于1个百分点的速度，稳步而快速推进。对于一个十多亿人口的大国，1个百分点意味着每年新增的城市人口超过1000万，比丹麦、挪威两个国家的人口总和还多。2010年，中国的城市化水平与世界同步，超过50%的人口居住到城市。随后，中国以平均每年超过世界城市化速度0.5个百分点的速度，领先于世界城市化进程。2019年，我国城市化水平超过60%，达到60.6%，东部沿海和部分经济较为发达的省区，超过65%，有的例如上海、北京等地区，城市化水平已经达到甚至超越一些发达国家的水平。

中国人口众多，地貌多样，经济多元。历史上的"城池"尽管在新中国得以继续发展，但许多在工业化进程中地位被相对弱化。比较典型的例如河南开封、洛阳，河北张家口、保定，或由于偏离于现代交通的铁路干线，或因"城池"或行政层级地位的变化而相对地位下降。而一些资源型城市，例如黑龙江鸡西、辽宁抚顺、内蒙古鄂尔多斯等，因煤而兴，但随着资源的耗减和经济转型而发展乏力。一些投资驱动的制造业城市，例如湖北十堰、四川攀枝花、甘肃酒泉等，因国家定点的汽车、钢铁等战略投资拔地而起。就教育和科技创新主导的城市发展而言，福建厦门和广东深圳是比较典型和成功的。传统的流通型城市，教育和科技也比较发达，多附有行政功能，而规模扩张迅速，成为大城市、特大城市的发展范例，包括直辖市、省会城市、副省级城市等。许多城市的扩张和新兴城市的崛起，也具有行政指令的特色。大城市和特大城市的外延扩张，多以兼并周边县域的方式拓展；建成区的外延，也多将市辖县更名为城区；也有许多地、州、县，直接撤地（州、县）建地级市、县级市；一些县级市和新建城区，也将撤乡建镇、建街道，撤村建居民委员会。如此通过行政区划的调整而拓展城市规模，使得城市化快速推进。

尽管各地城市化路径多元，但城市发展成本相对低廉，是中国城市得以快速跨越发展的条件；相对低廉的城市建设成本，源自制度上的土地公有制和城乡户籍管控。城市发展必须要有土地空间作为载体。社会主义的土地国有和集体所有的公有制度安排，使得城市规划得以根据需要开展、土地征用可以非常低廉的价格获取。不仅如此，城市扩张过程中，从村集体农民手中获取的低成本土地，政府通过"招拍挂"的方式出让，获取巨额的资金来源，可用于城市基础设施建设和弥补城市财政资金的短缺。以至于许多城市的财政实际上在相当程度上成为依赖于土地出让收益的"土地财政"。城市发展需要劳动力，而劳动力的生产和供给又需要大量的城市公共服务和设施保障。但是，新中国的城市化有效地避免或大幅降低了这一部分成本。改革开放前，许多"半边户"（即夫妻一方是城市居民、另一方是农村居民）中，农村居民不能享受城市公共服务；改革开放后，数以亿计的农民工，付出劳动，发展工业、建设城市，但是由于没有城市户籍，他们往往不能平等享有城市居民的权益，例如子女教育、医疗、失业、退休、住房等保障。以至于常住人口统计意义上的城市化率远高于户籍城市化率。直至 2019 年，这一差额尚高达 16 个百分点，也就是说，尚有 2.25 亿生活工作在城市的农业转移人口没有被纳入城市社会保障体系。

应该说，中国的城市化是成功的，但这并不意味着快速城市化的"低成本"认知是完全准确的。改革开放前，通过高考、参军、招工等方式，农村的优质智力资源可以低价转移到城市；通过工农产品剪刀差和统购统销方式，筹集工业和城市发展的资金。改革开放后，农民工在城市非农部门就业但依旧受到农村户籍待遇，农村土地征用后的市场溢价也基本上与村集体和农民没有直接关系。也就是说，中国快速城市化的成本，为农业（工农产品剪刀差）、农民（农民工）、农村（土地）所负担，使得城市化以低成本高速度推进。也正是因为这样，城镇化的中国经验，在土地私有和市场较为发育的资本主义国家，不具有可比性和可复制性。但是，我们也要看到，从福利经济学的视角，不论是智力资源流向城市，还是农民工不享受社保的城市非农就业，对于户籍为农业人口的农民来说，是一种福利改进；对于城市，则是更为直接和更大的受益者。这也是为什么中国的城市化的部分成本为农民所负担，但城市化进程平稳有序的原因。另一个代价，就是乡村的相对衰落，使得城乡鸿沟难以弥合。尽管已采取减免农业税、农业补贴、新农村建设投入等政策措施，但农村发展活力仍不足，城乡一体融合发展成为城市化发展的新命题。

中国城市经济学会成立于城镇化快速启动的 20 世纪 80 年代中期，作为全国学术性社团，其不仅见证而且一直服务于中国的城市化进程。学会的会员既有专注城市发展研究的学者，也有从事城市建设和管理的决策实践者。第六届学会理事会讨论研究，认为有必要梳理总结中国城市发展的辉煌成就，合理吸取城市化进程中的教训，分析探讨未来城市发展的方向和路径。学会作为学术平台，组织会员单位和学者就各省区、市的城市化进程进行总结梳理，就城市建设的各种专题进行分析探讨，形成系列丛书。这是一项巨大的工程，不是一朝一夕、一蹴而就的工程。我们希望，在学会会员的共同努力下，我们可以为新中国的城市发展留下一些记录、记忆和分析，助力中国城市的高质量发展、城乡融合发展。

潘家华

2020 年 8 月

序　言

　　湖北被中央寄予厚望，希望其塑造"更多引领型发展"，而城市化在湖北经济社会发展中发挥了火车头作用。总结湖北城市70多年的发展历史，有助于把握时代脉搏，充分发挥城市功能，推动湖北经济社会加快发展。

　　城市是经济社会和先进技术发展的缩影，是创建物质文明、精神文明的重要场所。自近代以来，城市对于优化生产要素，提升经济运行质量，集聚各类人才、资本、技术和信息，加快生产力发展，起着重要的支撑作用。衡量一个国家、一个地区先进与否，城市化率是一个重要尺度。城市聚集财富的能力，在程度、规模和速度上都要比农村大得多。城市是很活跃的载体，有研究表明，百万人口以上的城市，它本身创造的价值，如果以所占面积相比，最小比例是1∶50。也就是说，1平方千米面积上所创造的财富至少是没有聚集成城市时所创造财富的50倍。据统计，我国工业产值和国内生产总值的70%、税收的80%都来自城市。湖北的情况也是如此，要使经济社会上新台阶，走"以中心城市引领城市群发展、城市群带动区域发展"的道路是必然选择。

　　城市是人类文明和文化荟萃的集聚体，是现代文明积聚、扩散与传播的中心。城市知识密集，文化、教育、科学技术事业发达，几乎集中了所有的大专院校、多数科研院所以及大量文化设施、体育设施和大中型医疗机构等，城市承担了创造和传播人类先进文化的重任，城市文明是社会文化的主体。城市的优秀文化形态，往往成为一定地区乃至整个民族和国家文化理念的象征。城市以其特殊的生命活力，特殊的规范和组织形式，特殊的文化积淀，不断创新的思想观念、科学技术和生活方式，引导着社会的发展与变化。正如德国哲学家施本格勒所指出的，"人类所有的伟大文化都是由城市产生的——世界史就是人类的城市时代史"。发展先进文化的一个重要举措就是要大力推进城市化，努力提高城市人口占总人口的比重。当城市人口占总人口的 20% ~30% 时，城市辐射力开始增强，但城市文明普及率只能达到 35% ~50%；只有当城市人口占总人口的比例达到 70% 以上时，城市文明的普及率才能达到 90% ~100%，这时才能真正消除城乡文明差别，城乡居民共同享受城市现代文明。目前，我国还有 40% 左右的人口生活在农村。实施城市化战略，不仅可以转移大量农村剩余劳动力，使更多的人口居住在城市，充分享受城市文明，而且可以通过城市的辐射带动作用，提高城市文明的普及率，加快传播城市文明和先进思想文化，全面提高全民的城市意识、环境意识、法律意识、社会公德意识，使他们的文明素质与现代化、城市化相适应，具有良好的道德风尚和科学、健康、文明的思想观念以及生活方式。湖北是城市兴起较早的省份之一，也是中国近代工业的发源地之一。新中国成立 70 多年来，湖北城市也是工业化的主阵地，虽历经曲折发展但仍然取得辉煌成就。

城市的生命源于城市中人的活动，推进城市化的根本目的是为人的活动提供最适宜的环境和载体。湖北下一步将向城市化率 70% 以上新阶段迈进，逐步进入消除城乡文明差别、城乡居民共同享受城市现代文明的新境界。在推进城市化进程中，要坚持以人为核心。注意发展技术密集型、资金密集型与劳动密集型企业的辩证统一，努力解决好广大人民群众的就业再就业问题；要改革城乡户籍、土地制度，建立城乡统一的劳动力市场，加快农业转移人口市民化进程；要加大保护城市资源与生态环境的力度，保护资源和环境就是保护生产力，就是维护可持续发展。中国古代就有"天人合一"的生态论，如今倡导"人与自然"和谐观。只有对城市物质文明、精神文明和生态文明统筹考虑，与时俱进，才能保持城市的健康、协调和可持续发展，最广大人民群众的根本利益才能得到真正维护。湖北作为长江"共抓大保护"的核心省份、武汉城市圈作为全国资源节约型和环境友好型社会建设综合配套改革试验区，湖北城市责任重大、使命光荣。

秦尊文　田艳平

2020 年 10 月

目　录

第一章
湖北城市 70 年发展轨迹

　　湖北，因位于长江中游、洞庭湖以北而得名，简称"鄂"。作为中国中部的一个人口和经济大省，湖北东靠安徽，西连重庆，南接湖南，北邻河南，西北与陕西接壤，东南与江西毗邻，在全国的发展大局中起到承东启西、联南接北的枢纽作用。武汉是中国近代工业的重要发源地，湖北也是我国城市兴起较早的省份之一。新中国成立 70 年来，湖北城市发展虽历经曲折但仍然取得辉煌成就。

第一节　湖北建制市发展历程

一　新中国成立前湖北城市发展简要回顾

　　1840～1949 年的百余年间，湖北地区城镇体系逐渐从传统的行政等级体制向现代管理体制整体转变。以汉口开埠为契机，在对外贸易的带动下，在中心城市的辐射影响下，湖北城镇开始了近代化发展的历程。随着早期工业化建设的启动和铁路、工矿建设的全面展开，城镇发展步伐进一步加快。从清朝末年到民国中期，湖北地区的城镇一度出现蓬勃发展的势头。但由于抗战爆发，到1938年这种上升的势头被中断，从1938年至1949年城镇发展进入停顿与衰退中[①]。

鸦片战争以前，湖北各地城市由各级地方治所的政治性城镇所构成，城镇行政级别与其等级结构高度重合，城镇发展的基本规律是行政中心型优先发展，城镇发展的动力主要来自政治军事力量的推动。到了近代，经济发展、贸易增长、道路交通建设的因素开始在城镇化的过程中发挥着越来越大的作用。而促使湖北城镇发生转型变革的外部力量，就是沿江沿海城市的开埠通商。

1861年汉口的开埠，使得湖北城镇发展进入一个全新的时期；1876年，宜昌开埠；1877年，武汉准许外国轮船停靠；1895年，沙市开埠，蕲州、陆溪准许外轮停靠。至此，湖北沿江地区已形成了全面开埠的局面，对外贸易进一步发展。在汉口市场的辐射带动下，沙市、宜昌的对外贸易也获得快速增长，年进出口总额均突破1000万关平两，成为长江流域重要的外贸口岸。

汉口自1861年开埠以来，城市发展呈迅猛之势，对外贸易的规模逐年扩大。19世纪末20世纪初，汉口年进出口总额仅次于上海，成为当时中国四大商埠之一，被誉为"东方芝加哥"。1911年汉口人口达到59万人，武昌城区人口18.2万人，汉阳城区与近郊人口6万人，武汉三镇人口合计83.2万人，成为湖北仅有、全国少有的人口过50万人的大城市。

宜昌在清中期以前原本是一个只有数千人口的县城，后来发展成为行政级别更高的府城。虽然有川盐贸易的带动，但是直到19世纪中叶，宜昌的城市规模依然偏小。1876年开埠以后，随着进出口贸易快速增长，人口也迅速增长，市区内形成了40余条街巷，商号林立，成为长

---

① 周德钧：《近代湖北城镇发展研究》，中国社会科学出版社，2012，第27页。

江上游仅次于重庆的重要商埠。19 世纪末 20 世纪初，宜昌的商业贸易功能进一步强化，成为川黔滇出口贸易的转运地，随着对外贸易的增长，宜昌城市发展迅猛，沿江一带的新区不断扩展。据有关资料统计，20 世纪初，宜昌城区的人口已经达到了 10 万人，城市规模居于湖北第二位。[①]

沙市位于湖北中南部的江汉平原腹地，自然人文地理条件优越。明清之际沙市的商贸活动虽然已经很频繁，但是与毗邻的政治中心荆州相比，依然处于次要地位。1877 年中英《烟台条约》，划沙市为对外开放口岸，1895 年《马关条约》正式开放沙市为商埠，次年 10 月沙市设关通商。1907 年，沙市的进出口货值达到 111 万关平两。自此以后，沙市的发展超过荆州，成为江汉平原地区农产品集散中心与进出口贸易中心，进而发展成湖北中南部最重要的工商业城市。

黄石是近代兴起的工矿业港口城市。黄石由道士伏、黄石港、石灰窑三个沿江集镇构成，号称"三十里一条街"，清朝中期已经有居民数千户。1890 年张之洞开办大冶铁矿，修建了从铁山到石灰窑江边铁路。1913 年湖北省筹建大冶铁厂，1921 年铁厂投产。此前开设的富源、利华等煤矿先后出煤，黄石周围逐渐形成了具有一定规模的工厂区。在工厂区的周边，一些商业铺面驿馆随之兴起，至 20 世纪 30 年代，黄石港已发展成为湖北东部的工矿业城市。

从 1937 年抗日战争全面爆发到新中国成立前的十余年是持续的战乱，动荡的政局以及混乱的财政金融秩序使得湖北地区的社会经济极度萧条，城镇发展面临重重困境，特别是中小城镇的发展大多陷入停顿甚至倒退的局面，全省的城镇人口较前一个时期有所减少，首位城市武汉的经济贸易地位急剧跌落，省内的主要商业城市如沙市、宜昌、武穴、樊城、沙洋经济与贸易锐减，使得湖北地区的城市化进程受到严重阻碍，各地城镇发展处于停顿乃至衰退之中。

[①]　周德钧：《近代湖北城镇发展研究》，中国社会科学出版社，2012，第 42~43 页。

二　新中国成立后湖北行政区划调整与城市设置

自新中国成立以来，湖北省的行政区划进行了一系列的调整。以党的十一届三中全会为界，前期行政区划为专区主导阶段，后期为省辖市主导阶段。

（一）1949～1979 年行政区划

新中国成立初期，湖北分为二市八专区。二市是指不辖县、未设区的沙市市和宜昌市。八专区包括荆州专区、襄阳专区、沔阳专区、恩施专区、大冶专区、黄冈专区、孝感专区、宜昌专区。当时武汉市直辖于中央，为人口超过 100 万人的特大城市。湖北省仅有小城市沙市和宜昌及百余座建制镇。从新中国成立到 1978 年底改革开放之前，湖北省的行政区划调整波动较大。

1. 省辖市的变化

新中国成立初期，湖北省设有 2 个省辖市：沙市市和宜昌市。1950年，石黄工矿特区改设为省辖市黄石市，这时全省有 3 个省辖市：沙市市、宜昌市、黄石市。1950 年，襄阳和樊城合并为县级襄阳市。1954 年，武汉市由中央直辖市改为湖北省辖市，同年宜昌市降为县级市。1966 年，沙市市也降为县级市，至此湖北省的省辖市只剩下了 2 个：武汉市和黄石市。

1967 年，国家为建设第二汽车制造厂设立了郧阳十堰办事处，1969 年 12 月经国务院批准撤销十堰办事处成立十堰市（县级市），直到 1973 年升级为地级十堰市；襄樊市在 1979 年升格为省辖市，同年，沙市市、宜昌市恢复为省辖市。到 1979 年底，全省下辖 6 个省辖市：武汉市、黄石市、十堰市、襄樊市、沙市市、宜昌市。

2. 几大专区的变化

1950 年，两郧专区从陕西省划回湖北省更名为郧阳专区，又在 1952 年被撤销，所属各县并入襄阳专区。直到 1965 年恢复郧阳专区。

1951 年，撤销沔阳专区，所属的沔阳、监利、石首 3 县划归荆州专区，汉川、汉阳2县划归孝感专区，蒲圻、嘉鱼2县划归大冶专区。

1952年，撤销大冶专区，所属的武昌、咸宁、通城、通山、崇阳、蒲圻、嘉鱼7县划归孝感专区，大冶、阳新、鄂城3县划归黄冈专区。

1959年，撤销宜昌专区改设宜都工业区，撤销孝感专区划归武汉市。1961年恢复孝感专区、宜昌专区。

1965年，设咸宁专区，辖咸宁、嘉鱼、蒲圻、通山、崇阳、通城、阳新、鄂城、武昌9县。

1970年，专区统一更名为地区。以此为标志，省、地、县三级制正式形成。1975年通过的《中华人民共和国宪法》中，地区作为一个地方层级的法定地位得到承认。

到1979年底，湖北省下辖宜昌、孝感、荆州、黄冈、咸宁、襄阳、郧阳、恩施8个地区。

（二）1979年至今省辖行政区划的变化

恩施地区在1983年更名为鄂西土家族苗族自治州。同年，荆门县和荆门县级市合并升级为省辖荆门市；鄂城县和鄂城市合并为省辖鄂州市；襄阳地区撤销，并入襄樊市。在全省行政区划中，1983年省辖市达到8个，首次超过"地区"。当时的地区有6个，另有自治州1个、林区1个（见表1-1）。

表1-1　1983年湖北省行政区划情况

行政区划	城市
省辖市（8个）	武汉市
	黄石市
	十堰市
	襄樊市
	宜昌市
	沙市市
	荆门市
	鄂州市

续表

行政区划	城市
地区（6个）	黄冈地区
	襄阳地区
	荆州地区
	宜昌地区
	孝感地区
	咸宁地区
自治州（1个）	鄂西土家族苗族自治州
林区（1个）	神农架林区

资料来源：根据相关公开资料整理。

神农架林区是湖北省第一个省直管县级行政区，也是全国唯一的"林区"行政建制。1983年确立为湖北省直管至今。

原来属于荆州地区的沔阳、天门、潜江等县发展迅速，在1986年到1988年相继撤县设市，分别改为县级仙桃市、天门市和潜江市。之后，湖北省为发挥城市主导作用，促进区域经济发展，在1994年将这3个县级市列为省直管市。同时，原归襄樊市代管的随州市，也列为省直管市。

1992年，地级宜昌市和宜昌地区合并为新的地级宜昌市，鄂西土家族苗族自治州更名为恩施土家族苗族自治州。

1993年，撤销孝感地区和县级孝感市，成立地级孝感市。

1994年，郧阳地区和十堰市合并，成立新的地级十堰市。

1994年，撤销荆州地区，与沙市市合并为地级荆沙市，1996年更名为荆州市。

1994年，武汉市的行政级别定为副省级。

1995年，撤销黄冈地区，改为地级黄冈市。

1998年，撤销咸宁地区，设立地级咸宁市。

2000年，随州市升格为地级随州市，成为湖北省最年轻的地级市（见表1-2）。

表 1-2 2019 年湖北省行政区划情况

	副省级市	地级市	县级市
省辖市	武汉市		
		黄石市	大冶市
		十堰市	丹江口市
		荆州市	松滋市、石首市、洪湖市
		宜昌市	宜都市、当阳市、枝江市
		襄阳市	老河口市、枣阳市、宜城市
		荆门市	钟祥市、京山市
		鄂州市	
		孝感市	应城市、汉川市、安陆市
		黄冈市	武穴市、麻城市
		咸宁市	赤壁市
		随州市	广水市
自治州辖市		恩施土家族苗族自治州	恩施市、利川市
省直管市			仙桃市、天门市、潜江市

资料来源：根据《湖北统计年鉴 2020》中"行政区划"整理。

（三）70 年来湖北建制市发展情况

1949 年底，在今天的湖北境内有 3 个建制市：中央直辖市武汉市，湖北省辖市沙市市、宜昌市。

1954 年，武汉降为省辖市，年底湖北共有 5 个建制市。其中省辖市 3 个：武汉市、黄石市、沙市市；县级市 2 个：宜昌市、襄樊市。

1960 年，湖北共有 7 个建制市。其中省辖市 2 个：武汉市、黄石市；县级市 5 个：沙市市、宜昌市、襄樊市、鄂城市、沙洋市。1961年，撤销了鄂城市、沙洋市。

1969 年设立县级十堰市，1973 年升格为省辖市。自此直到 1978 年底，全省维持 6 个建制市格局：武汉市、黄石市、十堰市 3 个省辖市，沙市市、宜昌市、襄樊市 3 个县级市。

1979 年迎来重大变化，建制市增加到 10 个。其中省辖市增加到 6

个：武汉市、黄石市、十堰市、沙市市、宜昌市、襄樊市；新增 4 个县级市：荆门市、鄂城市、随州市、老河口市。

1980 年没有变化，1981 年增加了县级市恩施市。

1983 年再次迎来重大变化，建制市增加到 14 个。其中省辖市增加到 8 个：武汉市、黄石市、十堰市、沙市市、宜昌市、襄樊市、荆门市、鄂州市；县级市增加到 6 个：随州市、老河口市、恩施市、孝感市、咸宁市、丹江口市。

此后 10 年，省辖 8 市维持不变，建制市数量的增长体现在县级市的"井喷"。1986 年增加了 6 个县级市：应城、赤壁、仙桃、石首、麻城、利川；1987 年增加了 5 个县级市：洪湖、天门、安陆、武穴、宜都；1988 年再增加 4 个县级市：枣阳、潜江、广水、当阳。全省县级市总数达到 21 个。1989 年维持建制市 29 个不变。1990 年设立黄州县级市，1992 年设立钟祥县级市，至此建制市增加到 31 个。

1993 年，时隔 10 年之后，湖北才增加了一个地级市——孝感市，这也是第 9 个省辖市（县级孝感市撤销）。全省建制市仍维持 31 个。

1994 年增加 2 个县级市：大冶市、宜城市。1994 年 10 月，仙桃、潜江、天门、随州四市被省政府列为省直管市。全省建制市总数达到 33 个。

1995 年增加 1 个县级市：松滋市。全省建制市增加到 34 个。

1996 年增加 1 个县级市：枝江市。全省建制市增加到 35 个。

1997 年黄冈地改市，这也是全省第 10 个省辖市。同时新增 1 个县级市——汉川市。全省建制市达到 36 个。

1998 年底，咸宁获批地改市，撤销咸宁地区和县级咸宁市，设立地级咸宁市，这也是第 11 个省辖市。实际开始运作到了 1999 年春。全省建制市仍为 36 个。

2000 年，随州市由县级市升格为地级市。这是全省第 12 个省辖市。全省建制市仍为 36 个。

时隔 18 年之后，2018 年湖北才增加了一个建制市——县级市京山市（见表 1 - 3）。

表1-3　湖北建制市70年发展情况一览

城市名称（原称）	1949年	1950年	1951年	1952年	1953年	1954年	1955~1959年	1960年	1961年	1962~1968年	1969~1972年	1973~1978年	1979~1980年
武汉	△	△	△	△	△	□	□	□	□	□	□	□	□
黄石		□	□	□	□	□	□	□	□	□	□	□	□
十堰											※	□	□
荆州（沙市）	□	□	□	□	□	□	※	※	※	※	※	※	□
宜昌	□				□	※	※	※	※	※	※	※	□
襄阳（襄樊）		※	※	※	※	※	※	※	※	※	※	※	□
鄂州（鄂城）								※	#				※
荆门													※
沙洋	※#												
老河口			※	#				※	#				※
随州													※
恩施													
孝感													
咸宁													
丹江口													
应城													
赤壁（蒲圻）													
仙桃													
石首													
麻城													

续表

城市名称（原称）	1949年	1950年	1951年	1952年	1953年	1954年	1955~1959年	1960年	1961年	1962~1968年	1969~1972年	1973~1978年	1979~1980年
利川													
洪湖													
天门													
安陆													
武穴													
宜都（枝城）													
枣阳													
潜江													
广水													
当阳													
黄冈（黄州）													
钟祥													
大冶													
宜城													
松滋													
枝江													
汉川													
京山													

城市名称（原称）	1981~1982年	1983~1985年	1986年	1987年	1988~1989年	1990~1991年	1992年	1993年	1994年	1995年	1996年	1997~1998年	1999~2017年	2018~2019年
武汉	□	□	□	□	□	□	□	□	□	□	□	□	□	□
黄石	□	□	□	□	□	□	□	□	□	□	□	□	□	□
十堰	□	□	□	□	□	□	□	□	□	□	□	□	□	□
荆州（沙市、荆沙）	□	□	□	□	□	□	&□	□	&□	□	§□	□	□	□
宜昌	□	□	□	□	□	□	&□	□	□	□	□	□	□	□
襄阳（襄樊）	□	&□	□	□	□	□	&□	□	◎□	□	□	※	§□	□
鄂州（鄂城）	※	§□	□	□	□	□	§※	□	□	□	◎□	□	□	□
荆门	※	□	□	□	□	□	□	□	□	□	□	※	□	□
沙洋								◇						
老河口	※	※	※	※	※	※	※	※	※	※	※	◇	※	※
随州	※	※	※	※	※	※	※	※	☆	☆	☆	☆	※	※
恩施	※	※	※	※	※	※	§※	※	※	※	※	※	※	※
孝感		※	※	※	※	※	※	□	□	□	□	◇	□	□
咸宁		※	※	※	※	※	※	※	※	※	※	※◇	※	□
丹江口	※	※	※	※	※	※	※	※	※	※	※	※	※	※
应城	※	※	※	※	※	※	※	※	※	※	※	§※	※	※
赤壁（蒲圻）	※	※	※	※	※	※	※	※	※	※	※	§※	※	※
仙桃			※			※	※	※	☆	☆	☆	☆	☆	☆

续表

城市名称（原称）	1981～1982年	1983～1985年	1986年	1987年	1988～1989年	1990～1991年	1992年	1993年	1994年	1995年	1996年	1997～1998年	1999～2017年	2018～2019年
石首			※	※	※	※	※	※	※	※	※	※	※	※
麻城			※	※	※	※	※	※	※	※	※	※	※	※
利川			※	※	※	※	※	※	※	※	※	※	※	※
洪湖				※	※	※	※	※	※	※	※	※	※	※
天门				☆	☆	☆	☆	☆	☆	☆	☆	☆	☆	☆
安陆				※	※	※	※	※	※	※	※	※	※	※
武穴				※	※	※	※	※	※	※	※	§※	※	※
宜都（枝城）				※	※	※	※	※	※	※	※	☆	☆	☆
襄阳					※	※	※	※	※	※	※	※	※	※
潜江					☆	☆	☆	☆	☆	☆	☆	☆	☆	☆
广水						※	※	※	※	※	※	※	※	※
当阳					※	※	※	※	※	※	※	※	※	※
黄冈（黄州）						※	※	※	※	◇□	□	□	□	□
钟祥							※	※	※	※	※	※	※	※
大冶									※	※	※	※	※	※
宜城									※	※	※	※	※	※
松滋										※	※	※	※	※
枝江											※	※	※	※
汉川												※	※	※
京山														※

注：△直辖市，□省辖市，※县级市，☆直管市，&地市合并，§城市更名，#撤销，◇地改市。

资料来源：作者根据国务院批文资料整理。

到 2019 年，湖北省的建制市共有 37 个。按行政级别分为副省级市、地级市和县级市。即：1 个副省级城市——武汉市；11 个地级市：黄石市、十堰市、荆州市、宜昌市、襄阳市、荆门市、鄂州市、孝感市、黄冈市、咸宁市、随州市；25 个县级市，其中仙桃市、天门市、潜江市为省直管县级市，其市主要领导高配为副地（厅）级。

第二节　湖北建制市城市规模扩张情况

一　建制市城市辖区人口发展情况

湖北省建制市城市规模扩张情况，最直观的就是通过城市辖区人口来反映。

1949 年，湖北境内有 3 个建制市，直辖市武汉市人口 101.83 万人，省辖市沙市市 7.98 万人，宜昌市 7.43 万人，合计 117.24 万人，占湖北境内总人口的 4.62%。

到 1957 年，包括已于 1954 年降为省辖市的武汉市，全省有建制市 5 个，其中武汉市 214.61 万人，比 1949 年增长了 1 倍多，5 市城市总人口 263.48 万人，占湖北全省总人口的 5.98%。

到 1961 年，全省建制市有 5 个，5 市城市人口 311.42 万人，占湖北全省总人口的 9.78%，达到改革开放前 30 年的最高峰。人口增长最多的是武汉市，由 1957 的 214.61 万人增加到 247.68 万人，增加了 33 万人。发展最快的是黄石市，城市人口由 1957 年的 16.37 万人增加到 23.53 万人，规模仅次于武汉市。

到 1965 年，全省建制市仍为 5 个，5 市城市人口 317.22 万人，占湖北全省总人口的 9.05%。武汉市以 252.35 万人遥遥领先，黄石市为 23.84 万人，其余三市人口均为 13 万多人，其中襄樊市 13.99 万人，沙市市 13.83 万人（比 1961 年有所下降），宜昌市 13.21 万人。

由于 1969 年增加了县级十堰市，到 1970 年全省建制市达到 6 个，城市人口 339.47 万人，占湖北全省总人口的 8.43%。十堰市一出生就是个"胖小子"，成立次年城市人口就有 17.37 万人，超过了宜昌（16.64 万人）和沙市（14.94 万人）两市。

到 1975 年，全省建制市维持 6 个，城市人口 390.96 万人，占湖北全省总人口的 8.87%。5 年间，武汉市增加了 20 万人，其他 5 市人口增加幅度较大：宜昌市借助葛洲坝水利工程建设增加了 9.64 万人，增长了 57.9%；十堰市借助二汽建设增加了 8.39 万人，增长了 48.3%；襄樊市增加了 4.47 万人，增长了 24.1%；沙市市增加了 3.11 万人，增长了 20.8%；黄石增加了 5.71 万人，增长了 20.0%。

由于 1979 年增加了荆门、鄂城、随州、老河口 4 个县级市，到 1980 年全省建制市达到 10 个，城市人口 505.5 万人，占湖北全省总人口的 10.79%。其中：武汉市突破 300 万人口大关，达到 307.39 万人；宜昌市、十堰市突破 30 万人，分别达到 33.21 万人和 30.6 万人；襄樊市和荆州市人口也分别达到 28.72 万人和 22.09 万人。所有地级市都达到了当时"中等城市"（即城市人口 20 万人以上、50 万人以下）的标准。

到 1985 年，全省地级市达到 8 个：武汉、黄石、十堰、宜昌、襄樊、荆州、荆门、鄂州；县级市 6 个：随州、老河口、孝感、咸宁、恩施、丹江口。由于荆门、鄂州两市是市县合并升格而成，其市辖区人口分别为 94.65 万人和 93.8 万人，均包含了较多农业户籍人口。随州、老河口、恩施也进行了市县合并，总人口分别为 128.16 万人、42 万人和 67.9 万人，也包含了较多农业户籍人口。本章将地级市市辖区人口和县级市总人口统称为"城市辖区人口"。1985 年全省城市辖区人口 1156.1 万人，占湖北全省总人口的 23.21%。

此后，整县改市的建制市大幅增加。到 1990 年，5 年间县级市增加了 16 个，达到 22 个，使全省建制市达到 30 个。全省城市辖区人口 2256.6 万人，占湖北全省总人口的 41.48%。

到 1995 年，"城市辖区人口"有较大变化。武汉市 1992 年、1995 年撤销汉阳县、武昌县，设立蔡甸区、江夏区，市辖区人口达到 512.52 万人；孝感由于撤地设市，原县级孝感市撤分为孝南区和孝昌县，导致地级孝感市市辖区人口有所减少，只有 81.71 万人，比县级孝感市减少 49 万人；由于荆州地市合并，新设立荆州区、江陵区，其市辖区人口成倍增长，达到 145.35 万人；再加上大冶、钟祥、宜城、松滋整县改市，使全省建制市达到 34 个，"城市辖区人口"达到 3224.5 万人，占全省总人口的 55.96%。至此，全省生活在"县"这种行政区划中的人口占全省总人口的 44%。

到 1998 年，"城市辖区人口"又有新变化。武汉市撤销黄陂县和新洲县，设立黄陂区和新洲区，市辖区人口达到 715.94 万人；荆门市将沙洋区改为沙洋县，市辖区人口减少 50 多万人，降为 52.86 万人；荆州市将江陵区改为江陵县，市辖区人口减少近 40 万人，降为 106.51 万人；再加上枝江、汉川整县改市，使全省"城市辖区人口"增减相抵后仍然达到 3542.4 万人，占全省总人口的 59.97%。此后，全省生活在"县"里的人口已不到全省总人口的 40%。全省建制市达到 36 个：省辖市 11 个，其中武汉为副省级城市，黄石、十堰、宜昌、襄樊、荆州、荆门、鄂州、孝感、黄冈、咸宁（1998 年撤地设市）10 个为地级市；县级市 35 个，其中仙桃、潜江、天门、随州在 1994 年被省政府明确为省直管市。

2000 年，随州升格为省辖市，代管广水市，原县级随州市范围设立曾都区。随州市的市辖区人口 165.3 万人。全省建制市城市辖区人口达到 3541.4 万人，占全省总人口的 63.73%。此后直到 2017 年，全省建制市维持数量 35 个不变（其中省辖市 12 个），城市辖区人口占比在 60%~69%。

2018 年，京山撤县设市。全省"城市辖区人口"达到 4062.1 万人，占全省总人口的 68.65%（见表 1-4）。

表1-4 湖北建制市70年人口发展情况

单位：万人，%

年份	1949	1952	1957	1961	1965	1970	1975	1980	1985	1990	1995	1998	2000
武汉	101.83	130.73	214.61	247.68	252.35	243.4	263.57	307.39	339.6	375.05	512.52	715.94	740.2
黄石		10.23	16.37	23.53	23.84	28.59	34.3	40.23	45.19	51.39	61.81	64.21	64.18
十堰			11.02	12.89	13.21	17.37	25.76	30.6	33.26	38.98	44.39	46.45	47.13
宜昌	7.43	9.1	9.48	13.05	13.99	16.64	26.28	33.21	41.05	44.52	56.64	59.58	60.05
襄阳（襄樊）						18.53	23	28.72	42.12	52.47	63.18	70.64	71.8
荆门								10.66	94.65	103.91	109.26	52.86	54.76
鄂州（鄂城）								11.29	93.8	91.91	99.92	103.17	103.86
孝感									120.44	130.78	81.71	85.89	86.96
荆州（沙市）	7.98	10.7	12	14.27	13.83	14.94	18.05	22.09	25.37	33.27	145.35	106.51	107.84
黄冈（黄州）										63.82	69.27	36.6	36.78
咸宁								12.06	40.22	45.65	44.4	53.63	54.25
随州									128.16	143.89	159.22	163.46	165.3
大冶											83.51	86.75	87.9
丹江口									42.34	44.99	47.03	47.51	47.9
宜都（枝城）										38.1	38.61	38.29	38.3
当阳										46.71	46.13	46.75	46.9
枝江												51.44	51.3
老河口								9.31	42	45.53	49.6	51.25	51.5
枣阳										98.47	105.21	108.37	109.7
宜城											55.23	54.02	54.9

年份	1949	1952	1957	1961	1965	1970	1975	1980	1985	1990	1995	1998	2000
钟祥											103.32	105.23	106.1
应城										60.43	64.2	65.64	66.3
安陆										56.13	59.9	61.16	61.7
汉川												107.51	108.5
石首										58.87	62.12	64.54	65.5
洪湖										81.88	86.19	89.64	90.7
松滋											88.45	89.37	89.7
麻城										107.07	112.67	116.4	117.6
武穴										65.95	70.39	72.62	73.4
赤壁（蒲圻）										45.32	49.41	51.18	51.8
广水										82.73	89.06	90.85	91.8
恩施									67.9	71.49	74.84	76.98	77.1
利川										77.07	80.51	82.18	82.7
仙桃										138.44	150.47	156.21	158.2
潜江										86.66	95.14	98.57	99.9
天门										153.34	164.86	170.99	173.1
京山													
合　计	117.24	160.76	263.48	311.42	317.22	339.47	390.96	505.56	1156.1	2256.6	3224.5	3542.4	3541.4
全省总人口	2536.0	2687.6	3062.4	3183.0	3504.5	4026.8	4408.2	4684.5	4980.8	5439.3	5772.1	5907.2	5646
占比	4.62	5.98	8.60	9.78	9.05	8.43	8.87	10.79	23.21	41.48	55.96	59.97	63.73

续表

年份	2001	2003	2005	2007	2010	2011	2012	2013	2014	2015	2016	2017	2018
武汉	749.19	768.1	785.9	818.84	835.55	836.73	827.2	821.7	822.7	827.3	829.27	834	854
黄石	65.3	65.92	66.79	63.31	71.54	71.43	71.5	71.6	62.8	84	84.63	85	134
十堰	47.78	49.07	50.65	51.93	52.78	53.84	53.6	53.9	54.3	117.9	117.92	119	118
宜昌	62.73	122.35	121.47	122.97	124.79	124.41	124.6	125.3	127.4	128	128.28	127	126
襄阳（襄樊）	73.43	217.67	218.61	216.23	221.75	224.78	225.3	225.8	226.7	227.5	224.64	226	227
鄂州（鄂城）	102.27	103.64	105.32	106.44	107.24	108.46	109.4	109.4	109.8	110.2	110.29	111	111
荆门	56.67	71.81	71.84	65.29	67.92	68.52	67	70.7	67.5	67.6	59.83	60	59
孝感	88.36	88.2	89.06	92.03	96.82	95.57	95.6	95.7	96	96.9	97.34	96	96
荆州（沙市）	107.65	109.79	110.61	112.1	116.85	112.76	112.7	113	111.9	111.3	97.89	109	108
黄冈（黄州）	35.64	35.75	36.69	37.34	36.8	36.67	36.1	35.6	35.6	35.1	34.82	35	35
咸宁	54.74	55.56	56.01	57.57	59.78	59.83	60.8	61.7	62.4	60.9	61.49	62	62
随州	256.74	165.71	165.97	159.66	64.68	65.36	66.2	45.3	49.9	50.1	52.56	53	53
大冶	87.4	89.1	89.3	92.2	93.8	94.3	95	95	96.2	95.9	97.4	98	98.5
丹江口	47.8	48.5	48.7	49.3	49.7	45.8	46	46	46.1	46	46.3	46.5	46.3
宜都（枝城）	38.3	38.2	39.2	39.3	39.5	39.4	40	40	39.7	39.7	39.7	39.2	39
当阳	47.2	45.9	48.4	48.3	48.5	48.5	49	49	48.4	48.4	47.4	47.2	46.8
枝江	51	50.7	50.8	50.9	50.2	49.6	50	49	49.1	49	48.7	47.9	47.8
老河口	51.2	51.2	51	52.2	53.2	53.1	53	53	53.2	52.8	52.2	52.2	51.8
枣阳	109.6	109.9	109.8	109.8	111.8	110.8	112	112	112.6	112.6	113.6	114.1	113.4
宜城	56.2	52.5	56.4	56.4	56.4	57.1	57	57	56.8	56.8	56.3	56.5	55.9
钟祥	105.6	103.5	103.4	102.9	104.8	104.1	107	106	106.3	106	105.9	105.9	105

续表

年份	2001	2003	2005	2007	2010	2011	2012	2013	2014	2015	2016	2017	2018
应城	66.9	67.9	67.2	67.5	68.1	68.1	68	67	66.6	66.9	66.7	66.6	65.8
安陆	61.8	62.4	62.6	61.6	63	63.5	63	63	62.8	62.3	62.2	62	62
汉川	108	106.8	108.1	109.1	112.1	113.3	113	111	112.3	111.9	111.7	110.9	108.6
石首	60.4	61.5	61.9	64.9	63.4	63.4	65	65	66.6	65.8	62.9	63	62.6
洪湖	90.5	91	90	91	92.5	93.6	94	94	93.5	93.5	92.7	93.2	92.1
松滋	87	86.9	83.9	84.1	84.7	84.7	77	85	84.8	84.6	83.7	84.1	83.2
麻城	116.3	116.3	116.3	116.2	118	115.8	116	117	117.8	115.5	116.7	117	115.9
武穴	73	73	73.1	74.2	76.6	77.4	79	80	80.8	80.5	81.7	82.3	81.9
赤壁(蒲圻)	52.1	51.9	49.9	50.6	51.5	52.1	52	53	52.8	52.6	53.1	53.5	53.4
广水	91.2	91.5	91.8	91.9	94.3	93.4	95	95	94.7	94.8	92.7	93.1	92.3
恩施	76.4	76.8	77.1	78.6	79.4	79.5	81	81	81.4	82.1	80.6	80.9	82.5
利川	82	82.9	83.8	85.8	88.3	89.6	91	92	92.4	91.7	91.6	92	91.4
仙桃	158.9	160	147.9	147.6	149.7	153.3	155	155	156.1	159.3	156.1	156	154.4
潜江	100.6	101.3	101.5	100	101.6	102.1	103	103	103.8	104	101.8	102.3	101.1
天门	161.3	161.7	161.9	162.1	162.2	164.4	165	164	163.9	164.2	162.8	163.4	163.4
京山													64.0
合　计	3681.2	3834.97	3852.92	3890.21	3869.8	3875.26	3876	3861.7	3865.7	3953.7	3923.46	3944.8	4062.1
全省总人口	5658	5685	5710	5699	5723.8	5758	5779	5799	5816	5851.5	5885	5902	5917
占比	65.06	67.46	67.47	68.26	67.61	67.30	67.07	66.59	66.47	67.57	66.67	66.83	68.65

资料来源：根据各市的政府网站中"城市历史沿革"资料整理。

二　省辖市城市辖区面积扩张情况

与人口每年都有变化不同，建制市一旦划定边界之后，其版图面积一般不会变动，除非行政区划再做调整。这里以省辖市为例，来观察其1990年以来版图面积情况。之所以不使用"设区市"和"地级市"概念而使用"省辖市"，是考虑到前期的沙市市不设区、后期的武汉市被明确为"副省级城市"。

1983年以后，湖北省辖8市的局面维持了较长时间。到1990年时，省辖8市总面积44706平方千米，其中市辖区9785平方千米。市辖区面积最大的荆门市，1983年由县级荆门市和荆门县合并升格而成，设东宝、沙洋两区，面积4412平方千米。面积最小的是沙市市，仅有110平方千米，沙市虽未设县级行政区，但这里将其全域视作"市辖区"进行比较。

到1995年，由于荆州、沙市合并，孝感地改市，省辖市达到9个，总面积106581平方千米，比1990年增长1.4倍；其中市辖区16465平方千米，比1990年增长68.3%。武汉市由于县改区新设立蔡甸区、江夏区，市辖区面积由1607平方千米扩大到4727平方千米，此后一直保持全省市辖区面积第一；新组建的荆沙市由沙市区、荆州区、江陵区组成，市辖区面积由110平方千米扩大到2632平方千米。

1996~1998年，荆州、荆门、黄石行政区划做了较大调整，并新设了黄冈、咸宁两个地级市，省辖市达到11个，总面积144692平方千米，比1995年增长35.8%；其中市辖区22138平方千米，比1995年增长34.5%。武汉最后两个县改区，继鄂州之后，成为全省第二个全域为市辖区的城市。在咸宁实行地改市后，湖北全面实现"市管县"体制，全省再无"地区"建制。

2000年，设立地级随州市，原县级改制为曾都区（面积6989平方千米）。省辖市达到12个，总面积154328平方千米，比1998年增长

6.6%；其中市辖区 26859 平方千米，比 1998 年增长 21.1%。

2001 年，宜昌市宜昌县改为夷陵区，襄樊市襄阳县改为襄阳区。到 2005 年时，12 个省辖市保持总面积 154328 平方千米不变，市辖区面积 34020 平方千米，比 2000 年增长 27.3%。

2010 年，12 个省辖市的市辖区面积为 28353 平方千米，比 2005 年下降了 16.7%。原因就是随州市从原曾都区中析出随县，新的曾都区只有 1322 平方千米，不足原曾都区 6989 平方千米的 1/5。

2014 年 9 月 9 日，国务院正式批复撤销郧县，设立十堰市郧阳区，其面积为 3863 平方千米。到 2015 年，12 个省辖市市辖区面积达到 32213 平方千米，比 2010 年增长了 13.6%（见表 1-5）。

表 1-5　湖北省辖市 1990 年以来版图面积及市辖区面积情况

单位：平方千米

城市	1990 年		1995 年		1998 年		2000 年	
	全市	市辖区	全市	市辖区	全市	市辖区	全市	市辖区
武汉	8494	1607	8494	4727	8494	8494	8494	8494
黄石	1850	179	1850	179	4630	234	4630	234
十堰	1190	1190	23648	1190	23680	1193	23680	1193
宜昌	330	330	21084	448	21084	448	21084	448
襄阳（襄樊）	26726	363	19737	337	19737	338	19737	338
鄂州（鄂城）	1594	1594	1594	1594	1594	1594	1594	1594
荆门	4412	4412	4412	4412	12404	4412	12404	2171
孝感			11557	946	11557	946	11557	946
荆州（沙市）	110	110	14205	2632	14205	2632	14205	2632
黄冈（黄州）					17446	353	17446	353
咸宁					9861	1494	9861	1494
随州							9636	6989
合　计	44706	9785	106581	16465	144692	22138	154328	26859

地区	2005 年		2010 年		2015 年		2018 年	
	全市	市辖区	全市	市辖区	全市	市辖区	全市	市辖区
武汉	8494	8494	8494	8494	8494	8494	8494	8494

续表

地区	2005 年		2010 年		2015 年		2018 年	
	全市	市辖区	全市	市辖区	全市	市辖区	全市	市辖区
黄石	4630	234	4630	234	4630	234	4630	234
十堰	23680	1193	23680	1193	23680	5053	23680	5053
宜昌	21084	4248	21048	4248	21048	4248	21048	4248
襄阳（襄樊）	19737	3672	19724	3672	19724	3672	19724	3672
鄂州（鄂城）	1594	1594	1594	1594	1594	1594	1594	1594
荆门	12404	2171	12404	2171	12404	2171	12404	2171
孝感	11557	946	8910	946	8910	946	8910	946
荆州（沙市）	14205	2632	14205	2632	14205	2632	14205	2632
黄冈（黄州）	17446	353	17446	353	17446	353	17446	353
咸宁	9861	1494	9861	1494	9861	1494	9861	1494
随州	9636	6989	9636	1322	9636	1322	9636	1322
合　计	154328	34020	154328	28353	154328	32213	154328	32213

资料来源：历年《中国城市统计年鉴》。

第二章
湖北城市发展曲折阶段（1949～1978年）

改革开放之前的 30 年，湖北城市发展经历了一个非常曲折的过程，既有较正常的发展，也有剧烈的波动，但总体来看还是为改革开放后湖北城市的崛起打下了一定基础。

第一节　城市发展概述与区划变动

一　城市发展总体概述

1949 年新中国成立的时候，湖北省范围内仅有设市城市三个，即武汉市、沙市市和宜昌市，沙洋新中国成立时曾设市，但旋即撤销。全省有城镇人口 227 万人，占全省总人口的比重仅为 8.8%。新中国成立以后，湖北经济建设和社会发展取得很大成就，直接推动了城市化的发展。但城市化道路并非一帆风顺，从新中国成立初期到改革开放前夕 30 年间，湖北的城市发展大致经历了两个小的阶段。

第一个小阶段 1949～1957 年，为正常上升阶段。1950 年 5 月设立县级襄樊市，1950 年 8 月当时的政务院批准设立黄石市。此后，伴随着经济的恢复和发展，过去在旧中国发展缓慢的小城镇重新获得了生机，小城市数量有了一定的回升，到 1957 年全省的城市化水平达到了 13.4%。

第二个小阶段 1958～1978 年，为波动与停滞阶段。1959 年、1960 年分别设立沙洋市和鄂州市，当时全省的城市都出现了良好势头，当年的城市化率达到了 17.1%，是这 20 年的峰值，但这两个城市因自然灾害于 1961 年撤销。从此，湖北城市化率一路下跌，直到 1970 年跌至 12.8%。这一阶段，由于自然灾害和"文化大革命"的影响，城镇人口被迫疏散。整个 20 年，除了于 1969 年 11 月因为三线建设而设立了一个十堰市外，全省的城镇一直处在萧条、停滞不前的状况。到 1978 年，全省设市城市仅有 6 个，建制镇 105 个，城市化率为 15.3%，比 20 年前仅仅提高 1.9 个百分点。

从 1949～1978 年这一改革开放前 30 年的大阶段来看，非农业人口比例（即城镇化率）由 11.12% 上升至 14.63%，提升了仅 3.51 个百分点；但城市经济的比重还是增加较多，工业总产值在工农业总产值的占比由 22.04% 上升至 65.35%，提升了 43.31 个百分点（见表 2-1）。

表 2-1　1949～1978 年湖北省人口与经济发展概况

年份	总人口（万人）	农业人口（万人）	非农业人口（万人）	非农人口比例（%）	工农业总产值（亿元）	工业总产值（亿元）	农业总产值（亿元）
1949	2580.94	2294	286.94	11.12	21.46	4.73	16.73
1952	2745	2427	318	11.85	32.26	9.73	22.53
1957	3064.8	2689	375.8	12.26	56.38	24.31	32.07
1960	3152.2	2633.6	518.6	15.07	83.62	55.79	27.83
1965	3504.54	3014.54	490	13.98	87.62	47.54	40.08
1978	4574.9	3905.73	669.17	14.63	247.86	161.98	85.88

资料来源：根据《湖北省国民经济统计资料（1949-1978）》整理。工农业总产值等产值指标是根据 1957 年不变价折算。其中，1978 年是根据 1970 年不变价折算。

二　设市进程与区划变动

1949 年 4 月 20 日，中国人民解放军百万大军横渡长江。5 月 16 日汉口、汉阳、武昌相继解放。22 日武汉市军事管制委员会成立，下设军政、物资、交通、文化（后改为文教）4 个接管部，加紧以武汉为枢纽的铁、水、路、空等交通设施恢复。5 月 24 日武汉市人民政府发布政字第一号布告，宣布"奉中国人民革命军事委员会及中原临时人民政府电令：划前汉口市、武昌市及汉阳城区所辖地区成立武汉市人民政府"，属于直辖市，新中国的武汉行政建制自此按"三镇合一城"的格局发展。同期中共中央决定撤销中共中央中原局，移师武汉组建中共中央华中局。由于战争留下的城市千疮百孔，工商业萧条、市场混乱，武汉市在解放后的三年恢复阶段基本属于军管体制，重点是建立各级人民政权和向社会主义城市过渡。[①]

1949 年 7 月，设立宜昌市（地级），以宜昌县城及近郊葛洲坝、黄草坝、西坝共 43 平方千米为其行政区域。同年，设立沙市市（地级），以江陵县部分地区为其行政区域。到 1949 年底，全省行政区划为：2 个地级市、8 个专区、65 个县、1 个特区、1 个军事管制委员会，省政府借驻武汉直辖市（见表 2-2）。

表 2-2　1949 年湖北省行政区划

地区	所辖县市
沙市市	
宜昌市	
孝感专区（孝感县）9 县	孝感县（城关镇）　黄陂县（城关镇）　黄安县（城关镇）　礼山县（新城镇）　应山县（城关镇）　随县（城关镇）　安陆县（城关镇）应城县（城关镇）　云梦县（城关镇）

---

① 董菲：《武汉现代城市规划历史研究》，武汉理工大学博士学位论文，2010。

地区	所辖县市
黄冈专区（黄州镇）8县	黄冈县（团风镇）　浠水县（城关镇）　麻城县（城关镇）　蕲春县（漕河镇）　广济县（梅川镇）　黄梅县（城关镇）　英山县（城关镇）　罗田县（城关镇）
大冶专区（大冶县）8县1特区	大冶县（城关镇）　阳新县（城关镇）　崇阳县（城关镇）　通山县（城关镇）　咸宁县（城关镇）　武昌县（武汉市）　鄂城县（城关镇）　通城县（城关镇）　石黄工矿特区
荆州专区（江陵县）8县	江陵县（城关镇）　公安县（南平镇）　松滋县（新江口镇）　荆门县（城关镇）　潜江县（城关镇）　钟祥县（城关镇）　天门县（城关镇）　京山县（城关镇）
沔阳专区（新堤镇）7县1军管会	沔阳县（彭场镇）　汉阳县（蔡甸镇）　监利县（城关镇）　石首县（绣林镇）　汉川县（城关镇）　嘉鱼县（鱼岳镇）　蒲圻县（城关镇）　新堤军事管制委员会
襄阳专区（襄阳县）8县	襄阳县（樊城）　枣阳县（城关镇）　南漳县（城关镇）　光化县（老河口）　谷城县（城关镇）　洪山县（矛茨坪）　宜城县（城关镇）　保康县（马良朱家湾）
宜昌专区（宜昌市）9县	宜昌县（宜昌市）　宜都县（城关镇）　枝江县（城关镇）　当阳县（城关镇）　秭归县（城关镇）　长阳县（龙舟坪）　远安县（城关镇）　兴山县（城关镇）　五峰县（渔洋关）
恩施专区（恩施县）8县	恩施县（城关镇）　利川县（城关镇）　建始县（城关镇）　来凤县（城关镇）　咸丰县（城关镇）　巴东县（城关镇）　鹤峰县（容美乡）　宣恩县（城关镇）

资料来源：根据各地政府网站中"历史沿革"整理。

1950年5月，设立襄樊市（县级）。1950年8月30日，政务院批准撤销石黄工矿特区，设立黄石市（地级）。

1954年6月19日，中央人民政府委员会第32次会议决定，武汉市由中央直辖市改为省辖市，并入湖北省的建制。1954年11月19日，中共湖北省委员会报告备案，宜昌市降格为县级市，划归宜昌专区管辖。

1958年1月4日，中共湖北省委决定沙洋农场由荆州专署统一领导。1959年底，沙洋镇与沙洋农场管理局合并，成立沙洋市。其正式运作从1960年初开始。

1960年，撤销鄂城县，设立鄂城市。

1961 年 12 月 15 日，国务院全体会议第 114 次会议决定：恢复鄂城县，以鄂城市的行政区域为鄂城县的行政区域，同时撤销鄂城市。撤销沙洋市，改设为沙洋镇，划归荆门县领导。

1967 年，中央决定在郧县的十堰地方建设中国第二汽车制造厂。先后划出郧县的十堰区、黄龙区及茶店区的茅坪公社，成立十堰办事处，隶属郧阳地区管辖。1969 年 12 月 1 日，撤销十堰办事处，改设县级十堰市，由郧阳专区领导。[①]

1973 年 2 月 17 日，湖北省革命委员会报告备案，将郧阳地区的十堰市改由省直接领导。

1976 年 1 月 10 日，中共黄石市委员会报告备案，设立黄石市黄石港、胜阳港、石灰窑、黄思湾、陈家湾、铁山 6 区。

到 1978 年末，湖北省辖 8 地区、3 省辖市，共辖 3 市、72 县、1 林区、14 市辖区。从 1949 年到 1978 年，湖北地区建制市仅仅从 1 个直辖市、2 个地级市变化成 3 个省辖市（武汉、黄石、十堰）和 3 个县级市（沙市、襄樊、宜昌）（见表 2－3）。数量上增加 3 个，城市化率仅仅提高 1.9 个百分点，可以说，这 30 年湖北地区城市化进展甚微。

表 2－3　1978 年湖北省行政区划

地区	所辖县市区
武汉市 8 区 2 县	江岸区　江汉区　硚口区　汉阳区　武昌区　青山区　洪山区　东西湖区　武昌县（纸坊镇）　汉阳县（蔡甸镇）
黄石市 6 区 1 县	黄石港区　胜利港区　石灰窑区　黄思湾区　陈话湾区　铁山区　大冶县（大冶镇）
十堰市	
孝感地区（孝感县）8 县	孝感县（城关镇）　黄陂县（城关镇）　应山县（城关镇）　安陆县（城关镇）　应城县（城关镇）　云梦县（城关镇）　汉川县（城关镇）　大悟县（城关镇）

---

① 王强、张迪、赵冰玉：《对“郧阳凤凰灯舞”概念的界定》，《当代体育科技》2014 年第 2 期。

地区	所辖县市区
黄冈地区（黄州镇）10 县	黄冈县（黄州镇）　浠水县（城关镇）　麻城县（城关镇）　蕲春县（漕河镇）　广济县（武穴镇）　黄梅县（城关镇）　英山县（城关镇）罗田县（城关镇）　新洲县（城关镇）　红安县（城关镇）
咸宁地区（咸宁县）8 县	咸宁县（城关镇）　通山县（城关镇）　崇阳县（城关镇）　通城县（城关镇）　蒲圻县（城关镇）　嘉鱼县（城关镇）　阳新县（城关镇）　鄂城县（城关镇）
荆州地区（江陵县）1 市 12 县	沙市市　江陵县（城关镇）　公安县（斗市镇）　松滋县（新江口镇）荆门县（城关镇）　潜江县（城关镇）　钟祥县（城关镇）　天门县（城关镇）　京山县（城关镇）　沔阳县（仙桃镇）　监利县（城厢镇）　石首县（绣林镇）　洪湖县（新堤镇）
襄阳地区（襄樊市）1 市 8 县	襄樊市　襄阳县（襄樊市）　枣阳县（城关镇）　南漳县（城关镇）光化县（老河口镇）　谷城县（城关镇）宜城县（城关镇）保康县（城关镇）　随县（城关镇）
宜昌地区（宜昌市）1 市 9 县	宜昌市　宜昌县（小溪塔）　宜都县（城关镇）　枝江县（城关镇）当阳县（城关镇）　秭归县（城关镇）　长阳县（城关镇）　远安县（城关镇）　兴山县（城关镇）　五峰县（城关镇）
郧阳地区（十堰市）6 县 1 林区	郧县（城关镇）　郧西县（城关镇）　竹山县（城关镇）　竹溪县（城关镇）　房县（城关镇）　均县（丹江口镇）　神农架林区（松柏镇）
恩施地区（恩施县）8 县	恩施县（城关镇）　利川县（城关镇）　建始县（城关镇）　来凤县（城关镇）　咸丰县（城关镇）　巴东县（城关镇）　鹤峰县（城关镇）　宣恩县（城关镇）

资料来源：根据各市政府网站"历史沿革"整理。

第二节　城市稳步恢复发展阶段（1949～1957 年）

一　恢复经济时期（1949～1952 年）

新中国成立初期，武汉市是中央直辖市。1949 年，设立宜昌市和沙市市为地级市。1950 年，设立黄石市为地级市。1950 年，设立襄樊市为县级市。这一段时期，百废待兴，人民政权亟待建立和巩固，同时亟须发展生产，进行土地改革和调整工商业。

（一）武汉市

新中国成立前武汉三镇的行政级别和城市主导性质不尽相同，合并为一座城市还兼中共中央华中局和湖北省政府所在地，城市地位突出。因此伴随社会改造形势和中南区军政委工作重点和权限变化，多次调整城市的行政范围。1950 年华中局改为中南军政委员会，集党、政、军首脑机关于一体，直接隶属于中央人民政府，辖湖北、湖南、江西、河南、广东、广西六省及武汉和广州两市，后又增加海南地区。1949 年 5 月至 1953 年 2 月，作为中南大区首府、区域政治军事文化中心，武汉城市建制级别达到新中国成立后历史最高地位。

1949 年新中国成立时武汉城市行政辖区 302 平方千米，建成区约 34.7 平方千米，人口 102 万人。尽管党中央号召"必须以极大的努力学会管理城市和建设城市"，但由于城市管理人员基本来自军队和农村，最初对市区调整的指导思想较多基于战事考虑，保证三镇已建市区的供给和管理，废除原城市区公所和保甲制度，形成 19 个区：内城以部队编号的方式代替原有地名，郊区保留原名。1950 年末随着乡一级基层政权的建立，再次对市域范围进行调整，城乡编号进入统一体系，将武昌城区 4 个区并为第一区，汉口城区 7 个区调并为第二、三、四、五区 4 个区，汉阳区与福城区并为第六区。1951 年经中南军政委员会批准，将汉口刘家庙一带划归市区，黄陂县的刘店、叶店、黄花涝 3 个乡和汉阳县的沌龙乡、黄场乡、安乐乡及巨泉乡划归武汉市管辖。6 月从武昌、黄陂、汉阳三县划出 59 个乡、1 个镇归武汉市管辖，市区面积 1454 平方千米，3 县新划入地域增设为青山、王家店、三店、滠口 4 个郊区。1952 年国务院指示武汉市区面积暂不扩大，划入地方大部划回，市区面积 455.2 平方千米。

武汉三镇解放初期，直接从事生产活动的人员在人口比重中较低。解放军进城后带来了大量东北和中原解放区管理生产人员，政府通过办学习班和技能培训，鼓励大批转岗人员重新就业。因此，无论是私营企业还是国营企业、机关、社会团体等都可以根据生产和工作的需要自行增加职工，且不受城乡限制，人口总量开始极速回升。从 1949 年底统计的全市 102 万人到 1952 年末统计的 131 万人，内城人口 121 万人，净值增加了 28.43%。这期间人口以机械增长为主，1952 年全市职工 26.84 万人，比 1949 年增长 46%。[①]

同时武汉也加大基础设施建设力度，恢复民生的相关建设，主要表现在以下三个方面。

一是区域交通恢复方面。限于军管时期的人力、物力和财力等多方面条件不足，没有进行大规模的城市建设，但对于城市基础设施的修复要首先进行。战争破坏的铁路、水运航道和航空线等都成为城市首先恢复的主要工程。从 1949 年开始，先后有沪汉线长江航运恢复，平汉铁路、粤汉铁路恢复通车，1950 年津汉穗和津汉渝航空线复航，1951 年开辟上海—汉口—重庆航线，建成武汉至大冶 66 千伏高压输电线等，迅速恢复长江航运。组织商船商车（含木船）参加内河和公路运输，鼓励商人贩运货物，沟通城乡、城城关系，为大规模的工业建设奠定了基础。[②]

二是市政设施和环境卫生方面。内城以改善市政基础设施、保障人民生活为第一要务。城市水域面积广大，且每年汛期长江上游的洪水都会使堤防岌岌可危。1949 年 6 月武汉市防汛委员会成立，旋即组织军民重点整治张公堤、武泰闸等险段堤防。武汉三镇的市政发展基础不尽相同，延续新中国成立前以市政建设为主的思路，开展以交通、市政基础设施为主的修复工程。先后修复武胜关以南大小 11 座桥梁；着手开展武汉的"龙须沟"——黄孝河疏浚工程，制定了"污水入江，雨水入湖"的方针；投资地方工业和城市公用事业比例较高，新修和翻修城市道路 35 条，共计 48 万平方米；增设下水道干管 45 千米；3 年城市建设（包括公用事业）投资 998.7 万元，公共汽车由接管时的 14 辆增加

---

① 董菲：《武汉现代城市规划历史研究》，武汉理工大学博士学位论文，2010。

② 董菲：《武汉现代城市规划历史研究》，武汉理工大学博士学位论文，2010。

到 104 辆，新增渡口轮船 3 艘。[①]

三是住宅及居住区建设方面。新成立的市政府虽然在积极医治长期战争对城市的创伤，但城市抵御各类灾害的能力仍然较弱。武汉市旧城居住建筑 662 万平方米，茅棚板屋约 290 万平方米，棚户区破败，火灾、洪水威胁无处不在。由于城市财政薄弱，改建方针为"充分利用、加强维修、逐步改造"，以降低居住区内密度，改善居民条件。汉口分别于 1951 年、1952 年在大兴路和满春街一带发生大火，共延烧 43 条街巷，受灾市民 6200 余户，毁房 4700 栋，伤亡 2 万余人，经济损失约 450 万元。政府立即组织了灾后重建工作，汉口和平里就是原址重建的居住新村，总用地约 3.1 公顷，748 户，总建筑面积 2.8 万平方米。同期建造的还有武昌沙湖居住区、汉阳洲头新村和桥口搬运工人宿舍等，选址于工厂附近，为工人群众建设，且成片规模较大。以武昌沙湖新村为例，于 1950～1952 年建设，为解决附近几个大型纱厂的职工住宿兴建，以平房为主。居住区内配有中小学及托幼设施，还建有工人文化宫、商场等服务设施，区内道路、给排水、供电等市政工程齐全。由于房屋数量有限，只有工作突出的劳模、工人代表等才能入住，在当时的社会环境下切实改善了劳动人民的生活条件。三年内新建职工宿舍及市民住宅 20 多万平方米。这些住宅区的建设充分体现了当时技术人员对地方气候、人民生活状况、建设速度和构造水平的综合平衡能力和社会主义社会为人民服务的指导思想。其设计突出特点是经济造价低、建设周期短、平面布置灵活，以满足生活需求为主，充分体现了"适用、经济、在可能的条件下注意美观"的思想。[②]

中心城区为丰富人民群众的精神生活，创造社会主义新生活，逐步取缔了旧社会的娱乐场所，并兴建了一批社会主义公共文化场所，如汉口灯光球场、群众艺术馆和中山公园等。这些建设极大地稳定了民心，

---

① 董菲：《武汉现代城市规划历史研究》，武汉理工大学博士学位论文，2010。

② 董菲：《武汉现代城市规划历史研究》，武汉理工大学博士学位论文，2010。

巩固了人民政权，正如新中国武汉市第一任市长吴德峰在施政讲话中提出的"共产党有本事接收旧城市，也有本事建设好新武汉"。[①]

（二）宜昌市

1948 年 7 月，中共江汉区委决定正式成立第四专员公署（亦称襄西专署），1949 年 1 月改为当阳专署。1949 年 5 月 20 日在当阳成立宜昌专员公署，并在当阳组建宜昌市党政领导班子。6 月 11 日，在当阳芦家湾正式成立中共宜昌市委员会、宜昌市人民政府。1949 年 7 月 16 日，宜昌城区解放。宜昌专署机关和宜昌市党政机关随即从当阳迁驻宜昌城。1949 年 11 月 15 日，今宜昌市全境解放。中华人民共和国成立后，湖北省分设 8 个行政区，宜昌行政区专员公署辖宜昌、宜都、枝江、当阳、远安、兴山、秭归、长阳、五峰 9 个县。同时划出原宜昌县城区和近郊农村置宜昌市，直属湖北省人民政府管辖。

1951 年，改湖北宜昌行政区专员公署为湖北省人民政府宜昌区专员公署。1952 年 1 月 31 日，中共宜昌市委在人民剧院召开干部扩大会议，动员干部继续深入开展"三反"运动。此后，"三反"运动在全市机关、企业、财经部门有计划、有步骤地全面展开。

（三）沙市市

沙市历来是江汉平原工农业产品的集散地，是区域商业中心之一，个体经济在其经济活动中一直占有重要的地位。[②] 武汉与区域内城镇间的经济贸易联系常常通过沙市这个区域商业中心进行。同时，这些县城每年都直接向汉口输出农副土特产品，再由汉口输入洋货、机制工业品，从而在两者之间形成农副产品与机制工业品的双向对流，[③] 沙市等地成为

---

① 董菲：《武汉现代城市规划历史研究》，武汉理工大学博士学位论文，2010。

② 刘俊、刘荣：《沙市市个体经济发展情况调查》，《改革与战略》1987 年第 5 期。

③ 周德钧：《区域内埠际贸易及其对城镇发展的影响——以近代湖北地区为中心的考察》，《湖北大学学报》（哲学社会科学版）2015 年第 6 期。

汉口棉花出口的主要供货地。沙市解放前是个以消费为主的消费城市，个体经济在全市 3067 个商业服务网点中有 1686 户，占 54.97%。①

1949 年 7 月 15 日，沙市解放，设立沙市市，以江陵县部分地区为其行政区域，划为省辖市。1950 年 8 月 10 日至 9 月 5 日，沙市全市共申报户口 20660 户 83579 人（不包括郊区农村户口）；同年，全市建立居民小组 137 个。1951 年 10 月至 1952 年 2 月 17 日，全市建立 48 个居委会。

（四）黄石市

1948 年，大冶县将石灰窑、黄石港两镇合并，成立石黄镇。1949 年 5 月，石黄镇获得解放并经中原临时人民政府批准，将石黄镇和铁麓、申五、长乐和下章乡从大冶县划出，设置石灰窑工矿特区办事处，直属中原临时人民政府领导。1949 年 10 月，湖北省人民政府批准设立石黄工矿特区人民政府，属大冶专署领导。② 1950 年 8 月，由中央人民政府政务院批准，石黄工矿特区升为省辖市，定名"黄石市"（驻石灰窑）。

黄石建市初期，国民经济水平低下，政府财政捉襟见肘，农业生产设备落后、生产效率低下，工业延续民国时期的冶金、建材，生产尚未发展，服务业刚刚萌芽。1950 年，第一、第二、第三产业分别占黄石地区生产总值的 73.24%、9.86%、16.90%，此时黄石地区以农业为主导产业。交通设施破烂不堪，只有几十千米土路勉强通车。黄石建市并列入全国重点建设工业城市后，给交通建设和发展带来了历史性机遇，掀起了大规模建设高潮，先后完成武黄一级公路、大沙铁路、长江公路大桥、107 国道改造、大金省道、黄富公路、黄石新火车站、城市区间快速路、李家坊隧道等重点工程。③

---

① 刘俊、刘荣：《沙市市个体经济发展情况调查》，《改革与战略》1987 年第 5 期。
② 刘金林：《华中钢铁公司与黄石建市初期的辉煌》，《黄石日报》2010 年 6 月 10 日。
③ 佚名：《改革开放 30 年黄石经济社会发展成就辉煌》，荆楚网，2012 年 4 月 28 日。

（五）襄樊市

1948 年 7 月，在解放战争中，解放军经过两周的战斗于 16 日攻克襄阳城。历史上，襄阳城就是军事重镇，易守难攻；而隔汉江相望的樊城则是商业重地，无险可守。因此，有"铁打的襄阳，纸糊的樊城"之说。此役被称为襄樊战役。在襄樊战役中，老河口、谷城、南漳、樊城、襄阳城、宜城等相继获得解放。1948 年 12 月 23 日至 1949 年 1 月 10 日，樊城、襄阳第二次解放，首次组建襄樊市，隶属桐柏行署三专署。2 月，襄西办事处在尹集成立，隶属汉南办事处。5 月，襄樊市、襄西办事处并入襄阳县。同时，汉南办事处改为湖北省襄阳行政区专员公署。战役结束后，襄阳各级党组织相继建立，汉南办事处改为湖北省襄阳行政区专员公署，隶属湖北省人民政府，下辖襄阳、枣阳、宜城、南漳、光化、谷城、保康、洪山 8 县。1950 年 5 月，以襄阳县襄城、樊城两地组建襄樊市，实行市、县分治，均隶属襄阳专署。县级襄樊市功能分区比较清楚，江北（汉江左岸）樊城是工业和商业区，江南（汉江右岸）襄城为行政和文化区。襄城也就是襄阳城关，1950 年 5 月恢复襄樊市时改称为襄樊市襄城办事处，下辖延北、延中、东正、西大、延南 5 个街政府。

二 "一五"计划时期（1953～1957 年）

第一个五年计划时期，湖北地区经济社会事业快速发展，城市经济发展迅猛，城市化进程加速。

（一）武汉市

武汉市人口从 1952 年末的 131 万人增加到 1957 年的 190 万人，4 年内增加了 59 万人，平均每年增加约 15 万人。

经过三年国民经济恢复，武汉城市社会结构基本改组，建立了社会主义公有经济领导下的多种经济成分并存的新民主主义经济，工农业生产均超过了解放前的历史最高水平（1936 年）。1952 年全市工业总产值 4.9 亿元，较 1949 年增加 119.68%，市郊农业总产值 1468.4 万元，比 1949 年翻了一番，人民物质文化生活初步改善。[①]

"一五"计划期间，全市兴建青山热电站、长江大桥、铁路枢纽、武汉港的江岸和汉阳作业区，改建南湖机场跑道（宽 50 米，长 1300 米），电信部门装用无线特高频机、电传机、相片传真机等新设备。市区开拓汉口解放大道、武昌和平大道、中北路、珞瑜路、汉阳鹦鹉大道等一批主干道，尤其是长江大桥、汉水公路桥的建设通行使武汉三镇从陆上连成一体，成为名副其实的完整统一的武汉城区。

"一五"初期由于政府财力有限，为集中力量建设急需的国家工业体系，党中央提倡城市建设要紧凑集中，必须依赖原有的大城市的技术和发展优势。对此，周恩来总理于 1953 年 6 月曾做出指示"城市建设上要反对分散主义的思想""我们的建设应当是根据工业的发展需要有重点有步骤地进行"。武汉市作为重点建设的工业城市，大规模扩张城市建设用地势在必行。1953 年的规划草案中将三镇郊区适宜未来城市发展的用地进行详细分析，并汇总了国家重点项目选址的初步意见。1954 年武汉市由中央直辖市转为湖北省辖市，但中央计划单列城市的身份保证了工业计划的实施。同期开始建设的 11 个限额以上项目带动了 7 个新兴工业区。年末为支持重点项目的建设，湖北省决定将武昌县 52 个乡和青山、油坊岭 2 镇，汉阳县 7 个乡，黄陂县 2 个村，总共 59 乡、2 镇、2 村划归武汉市管辖，全市面积增至 954 平方千米，扩大了约 1 倍。为支援武钢等重点项目建设区的发展，1955 年撤销了惠济、福成、东湖郊区，增青山、洪山、汉桥等区。次年又将市郊的南湖区并入洪山区。[②]

---

① 董菲：《武汉现代城市规划历史研究》，武汉理工大学博士学位论文，2010。
② 董菲：《武汉现代城市规划历史研究》，武汉理工大学博士学位论文，2010。

　　1956 年社会主义改造全面完成，国家对社会发展战略做出调整，要在巩固中央统一领导的前提下，扩大地方的权力，让地方办更多的实事。湖北省及武汉市政府结合中央及地方建设项目的选址要求，对 1954 年版总体规划所确定的工业区做了相应调整，进一步扩展了城市工业体系的建设，增加建设了黄金山、庙山、鹦鹉洲工业区，对已建设的 7 个工业区增加配套地方工业，如青山工业区除已有工厂外，"可适当设置一些与武钢基建及生产有协作关系的或利用武钢副产品的工业"，同时加强道路建设，使新兴厂区与城市干道相连、畅通。此外针对国家控制大城市规模，发展中小城市的方针有意开辟了远郊工业区，在市区外围规划武昌八角岭、流芳岭、驼子店、汉口滠口 4 个工业区。

　　新兴工业区都处于既有城区之外，城市的整体格局呈现分散组团形态。1957 年建成的武汉长江大桥使武汉三镇从地理范畴上实现了"一城互通"，由此开始了城市集约内聚的发展历程。"一桥飞架南北，天堑变通途"，以工业为主的各类功能分区更方便整体协作；平汉铁路和粤汉铁路由此实现了连接，两线也因此而合并改称为京广线，南北交通发生了根本性变化，国家工业布局向京广线以西区域发展的策略成为可能，这同时也促进了武汉市的铁路枢纽建设，使素有"九省通衢"之称的武汉市成为全国最重要的铁路枢纽和交通枢纽。沿铁路发展的工业进一步壮大，城市的对外交通工业区也快速扩大规模。

　　伴随城市行政版图扩大的是城市人口的急剧增加，主要有以下几个原因：各类工厂和相关机构不仅吸引了大量外来的援建人员及其家属，新企业需要扩充劳动力，自主招工使得大量的农村人口转化为城市人口，人口的机械增长较快；国家重点工业项目带动地方工业发展，城市建设也带动发展，成为规模扩张的主要因素；国家政策鼓励生育，人口的自然增长速度也不断增长。1957 年武汉市城市人口规模扩大为 190 余万人。[①]

---

① 董菲：《武汉现代城市规划历史研究》，武汉理工大学博士学位论文，2010。

（二）宜昌市

自 1953 年起，被冠有"川盐入鄂"称号的宜昌市，作为湖北省重要的水运交通枢纽，利用其优势迅速发展经济。为适应社会主义建设需要，提高劳动力素质非常重要，其中提高文化素质尤为必要。为此 1955 年，宜昌召开全区扫盲工作会议。组织青、壮年文盲入学，经过培训达到扫盲毕业标准。1956 年 1 月，宜昌市大力开展资本主义工商业改造工作，全市有 3320 个私营商业户、饮食服务业户全部纳入各种形式的社会主义改造。1957 年，在党的八大正确方针领导下，宜昌市全面且超额完成第一个五年计划主要任务，是新中国成立以来宜昌经济发展的一大重要里程碑。

（三）沙市市

1953 年 2 月，沙市市区设立 5 个区公所 28 个居委会。1953 年 7 月 1 日（第一次人口普查），沙市市共有 22108 户 87967 人，其中，郊区有 816 户 3422 人。1955 年 11 月，沙市市将市区 4 个区公所改为民主街、胜利街、梅台巷、中山横街、崇文街、解放路、通衢 7 个街道办事处，将全市 28 个居委会划分为 46 个。1955 年，沙市市改由荆州地区专员公署监督领导。1958 年，沙市市被定为全国 29 个重要轻纺工业城市之一，并从上海、北京等地迁建了一批项目，包括从上海支援的 7 家私营针织厂和 4 家热水瓶厂和原属商业部的棉花机械厂等，使得沙市纺织印染产业发展如日中天。①

（四）黄石市

"一五"时期，黄石市开展了大规模有计划的经济建设，黄石成为全国建设重点地区之一。1957 年，黄石工业企业发展到 140 家，全市

---

① 彭鲁：《荆州：曾经的"轻纺城"沙市》，搜狐网，https：//www.sohu.com/a/145786015_779643。

工业总产值由1949年的0.12亿元增加到3.23亿元，增长了近26倍。1953年2月19日，毛泽东乘坐"长江号"舰艇视察长江，并上岸考察黄石。下船后，他直奔大冶钢厂。在430轧机加热炉旁，他仔细询问生产情况；在炼铁车间，他用蓝色看火镜察看铁水熔炼情况。他对地方和企业的同志说：希望你们把这个厂办大办好！此后，大冶铁矿、冶钢、有色冶炼厂等一批老工厂得到改造升级，工业经济实现了较大的突破，并形成了一定的门类。与此同时，城市建设及商业配套也有了长足进展，商业网点、影院公园等初具雏形。

（五）襄樊市

1953年9月，党在完成新民主主义革命遗留任务之后，正式公布了过渡时期的总路线和总任务。襄樊和全国一样，制定出国民经济发展的第一个五年计划，并恢复、发展交通运输业和手工业，贯彻实施粮食统购统销等政策，进入有计划地发展国民经济和全面实行社会主义改造阶段。仅仅用了几年时间，我国就胜利完成对农业、手工业和资本主义工商业的社会主义改造，实现了生产资料私有制向社会主义公有制的转变，初步建立起社会主义基本制度，并从新民主主义社会跨入到社会主义社会的初级阶段。①

这一时期，襄樊市政府驻地未变，但名称有所变化。1954年6月，襄樊市襄城办事处改称为襄樊市第一办事处，1956年8月，改称为襄樊市襄城街道办事处。

第三节　城市发展波动与停滞阶段（1958～1978年）

1958～1960年，我国进入"大跃进"时期。1961～1965年，我国

---

① 毛运海：《中国共产党的坚强领导与襄阳历史成就——〈中国共产党襄阳历史（第二卷1949—1978）〉综述》，《襄阳职业技术学院学报》2017年第3期。

进入三年自然灾害和经济调整期。紧接着，1966～1976 年，我国又进入"文化大革命"时期，随后两年拨乱反正。1958～1978 年，和全国经济社会一样，湖北省经济社会也进入萧条期，城市发展也一蹶不振。除 1969 年 11 月因为三线建设而设立了十堰市，全省城镇发展萧条并停滞不前。截至 1978 年，湖北省总人口为 4574.9 万人，其中 6 个建制市总人口为 593.46 万人，建制市人口占湖北省总人口的比例仅为 12.97%。

一 城市"大跃进"时期（1958～1960 年）

1958 年中共中央提出"三面红旗"的施政方针，即"总路线、大跃进、人民公社"。其产生背景是 1957 年 12 月，毛泽东在莫斯科会议中提出"要在 15 年内赶超英国"的目标，回国后将时间目标进一步缩短为 3～5 年。中共八大二次会议根据毛泽东的倡议通过了"鼓足干劲，力争上游，多、快、好、省建设社会主义"的总路线，很快其成为动员人民从事社会主义建设的行动口号，由此拉开"大跃进"运动的序幕。但后来却片面强调"用最高的速度来发展我国的社会生产力""快，是多快好省的中心环节"。这导致 1957 年初曾推行的增产节约运动很快被盲目求快求大的风潮掩盖下去。1958 年中共中央在北戴河召开会议确定了工农业生产的各项高指标，是 1957 年产量的 2 倍或数倍，全国掀起"大跃进"的高潮。同年建工部提出了"用城市建设的大跃进来适应工业建设的大跃进"。[①]

（一）武汉市

1958～1960 年，由于大规模城市建设，各行各业对劳动力需求加大，农村人口大量涌入城市，到 1960 年底武汉市总人口达到 258.5 万

---

① 董菲：《武汉现代城市规划历史研究》，武汉理工大学博士学位论文，2010。

人，3 年间人口增加 119.8 万人，平均每年增加近 40 万人。

为了全面实现建设社会主义工业城市目标，武汉市着手制定以工业为主体的国民经济和社会发展第二个五年计划。在"二五"计划草案中提高了地方性、中小型工业的建设比重，五年工业基建投资计划为 2.45 亿元，工业生产年平均增长速度为 13.4%；农业发展方面突出以建设蔬菜基地为主的城市副食基地的目标；在城市发展方面要注重城市商业、公用事业以及文教事业的投入。①

在"反浪费、反保守"双重口号的推动下，武汉各工业局纷纷推出"大跃进"生产计划，提出"超英赶美""苦战两年，改变面貌，把武汉建设成为强大的社会主义工业基地""5 年或者 7 年实现农业机械化和半机械化"等急于求成的口号，出现了工业建设贪大求全、生产片面追求产值和速度的倾向。中共湖北省委召开的黄石现场会议上，武汉市委提出 1962 年全市地方工业总产值要达到 7 倍于 1957 年产值的高指标。当年 4 月毛泽东到武汉参加了武汉地区科技界"大跃进"誓师大会，这一举动更掀起了武汉市地方"大跃进"的高潮。全市各系统、各单位大搞挑战、应战、献礼、表决心，互相攀比，争放"卫星"，指标越来越高。1958 年 7 月武汉市委在庐山召开全委扩大会议，通过了《关于武汉市地方工业第二个五年计划草案的决议》，提出：武汉地方工业总产值 1962 年要达到 1957 年的 12 倍，年均增长 62%，其中不包括武钢、武重、武锅、江岸车辆厂等国家在建项目，重工业投资 25.57 亿元，占 74.37%；新建扩建以制造业为主体的项目 196 项（通称"两百项"），大部分要求于 1958 年、1959 年两年内完成，基建投资 12.36 亿元，工业总产值分别达到 13.8 亿元和 28.26 亿元。以"两百项"为中心的"二五"计划实施第一年，基建项目同时上马，规模过大，行业战线长，完成时间紧，钢材、水泥等物资供应吃紧，交通运输等配套设施跟不上。与此同时，席卷全国的"大办钢铁""人民公社"运动在

---

① 董菲：《武汉现代城市规划历史研究》，武汉理工大学博士学位论文，2010。

武汉也如火如荼进行着，导致社会经济比例关系严重失调，造成了"重工业挤了轻工业，基建挤了生产，工业挤了农业及其他事业"的混乱局面。1958～1962年武汉市工农业总产值增长21.4%，年均增长4%；财政收入下降17.5%，年均减少3.8%。[①]

以"两百项"为首的工业建设计划迅速带动了大规模城市建设，各行各业对劳动力需求加大，农村人口大量涌入城市。到1960年底全市总人口达258.5万人，即在新中国成立12年内增加了一倍半，如除掉由于市界扩大等原因增加的人口外，纯增加的人口为119.8万人。[②]

新工业区也如雨后春笋般在城市外围涌现，"二五"计划共增加了12个工业区，布局较为分散，从距旧城最近的约3千米到最远的达36千米。"大跃进"3年间新增城市用地32平方千米，城市已发展的总用地为110平方千米，其中工业用地达74平方千米，是新中国成立前城市总用地的1.5倍。为方便联系工业区间，工业区与旧城间开辟了多条等级较高的联通道路。

为配合大规模的城市建设，作为城市副食品基地兼发展备用地的城市郊区也相应扩大。1958年湖北省人民委员会批准将汉阳县、黄陂县、孝感县、汉川县在东西湖围垦区内的乡、社以及邻近围垦区的汉阳县鸦渡乡3个农业社划入武汉市。当年年底鄂城县葛店区的5个乡划入武汉市，全市面积达到1553.2平方千米。1959年1月，武汉市增设东西湖区行政建制。国务院批准将湖北省孝感专署及所辖16个县划归武汉市领导。[③]

（二）宜昌市

宜昌市自新中国成立后，改变纯消费城市性质，开始以大力发展工

---

① 董菲：《武汉现代城市规划历史研究》，武汉理工大学博士学位论文，2010。
② 董菲：《武汉现代城市规划历史研究》，武汉理工大学博士学位论文，2010。
③ 董菲：《武汉现代城市规划历史研究》，武汉理工大学博士学位论文，2010。

业为主。根据当时的统计数据，至 1960 年，宜昌市工业总产值 7507 万元，接近 1949 年的 20 倍。

同时宜昌还加快了城市基础设施建设，开始为市民提供一些公共服务。1959 年 4 月 15 日，宜昌市公共汽车首次开通，行驶路线为北门至伍家岗往返，单程全长 11.8 千米，为百姓提供了交通的便利，不仅方便了本市居民，还吸引了外来人口，带来了经济文化交流。

（三）沙市市

1958 年 3 月，毛泽东视察沙市，与时任沙市市委第一书记陈明交谈时，指示沙市这个地方要发展轻工业。此后，沙市逐步成为我国重要的轻纺工业城市。1959 年 10 月，荆州专员公署曾发通知，要求江陵县人民委员会节约稻草，确保沙市纸厂生产原料供应。

1958 年，开始兴建北京路——新中国成立后沙市兴修的第一条城市主干道。它西北起金龙路，与通荆州城的荆沙路相接；东南至范家渊，和沙洪公路相连。其长约 9.3 千米，宽约 50 米，横贯沙市的北区。人车分流，路中间是双向汽车道，南北各有绿化花木带隔开慢车道，南北慢车道旁是 10 ~ 20 米的林荫人行道，这在 20 世纪 50 年代在全省也属超前。

（四）黄石市

1958 年 9 月 15 日，毛泽东再度来到黄石，又一次视察大冶钢厂，赞扬钢厂"发展很快"。

从 1958 年开始，黄石市经历了飞速的发展过程。"二五"时期，黄石继续列为国家重点发展城市，短短几年，新建、扩建了一大批国民经济骨干企业，到 1962 年已成为一个以冶金、建材工业为龙头向全省乃至全国提供原材料为主的重工业基地，城市人口也增加到 10 万人。与此同时，为服务工业发展和城市建设，1958 年 8 月黄石市历史上第一所高等学校——黄石大学正式创办，时任黄石市人民委员会负责人兼任该校校长。建校之初，黄石大学设立了工学院、医疗专修科、师范专修科。工学院与医专是三年制，分别开设了机械专业与医疗专业。师范专修科为两年制，开设中文、数学专业。工、医、师三个院科的专业分别设在武钢大冶技校、黄石卫校、黄石一中。创办当年，黄石大学共招收学生132人，之后连续几年都参加全国高等学校统一招生。1960年11月，黄石大学迁入新校舍。

1959年1月大冶县从黄冈专区划归黄石市。1959年12月撤销大冶县建制，将大冶县的行政区域（共11个公社）并入黄石市。市郊区公所，下设建设（铁山）、下陆、长乐、肖铺、张湖、青湖、西塞7个乡人民委员会。

（五）襄樊市

1958年9月1日，丹江口水利枢纽工程正式动工。为支持工程建设，汉丹铁路随之修建，这些襄樊境内第一条铁路，全市人民给予了大力支援。

1958～1960年，襄樊市兴起了以兴修水利为中心的治水、治山、治土运动，极大地改善了农业生产条件。1960年冬，按照中央"调整、巩固、充实、提高"的八字方针，襄樊市开始对全市国民经济进行全面调整。

（六）沙洋市

1958年1月4日，中共湖北省委决定沙洋农场由荆州专署统一领导。1959年底，将荆门县管的沙洋镇与湖北省管的沙洋农场管理局合并，成立县级沙洋市，归荆州专署管辖。

（七）鄂城市

1957年，鄂城钢铁厂兴建成功。1958年，武（昌）大（冶）铁路开始通车。同年，武钢程潮铁矿兴建。1960年，董必武视察杨家巷电灌站。同年，撤销鄂城县，设立鄂城市。

二 城市大调整时期（1961～1965 年）

"大跃进"和人民公社在"极左"风潮下极大破坏了社会生产力的发展，中共中央已经初步意识到"冒进"的问题，开始纠偏。1961 年，将新设的两个市撤销。一是撤销沙洋市。沙洋在汉代为汉津渡，唐朝在汉津修建了沙洋堡，沙洋从此得名。1949 年建立沙洋市，同年撤销，划归荆门县。1959 年，沙洋镇又一次成为县级沙洋市，1961 年降为镇，又一次划归荆门县。二是撤销鄂城市。鄂城，商代为鄂国，战国楚置鄂邑，秦朝改置鄂县，民国改置鄂城县。新中国成立后，鄂城先后属大冶专区、黄冈专区。1960 年曾改为鄂城市，1961 年，撤销鄂城市，改回鄂城县。同时，武汉等地也进行了调整。

1964 年国际形势发生了变化，受美越战争升级、中印边境纠纷、中苏关系恶化等外部形势的干扰，国家开展"三线建设""国防建设"，实行"靠山、分散、隐蔽"的建设指导原则。指导思想由重点解决人民吃穿用转变为以国防建设为中心，同时提高了对于城市以外的农村建设和关注度。湖北省贯彻"备战、备荒、为人民"的战略方针，工业布局上要"大分散、小集中""靠山、近水、扎大营""多搞小城镇"，要建设"工农结合、城乡结合、有利生产、方便生活"的新型工业城镇，控制大城市规模，发展小城镇，使工业、城镇在全省范围内尽可能均匀分布。为适应"三线"建设的需要，配合国家级重点项目的选址，如油气田开发，川沪天然气管道、鄂豫输油管道建设，湖北省根据现状情况、资源特点、地理位置和建设条件，规划一批重点发展的小城市。这一系列的政策导向使得大城市的建设更趋于保守。

（一）武汉市

武汉市在总结 1958 年和 1959 年的工作中批评"大跃进"运动，

"没有注意综合平衡，没有注意到有计划按比例发展的法则"，批评"两百项的确定只考虑到需要，而未考虑可能"时，将"二五"计划中的"两百项"压缩为118项，基建规模同时相应减少，但依旧对于经济困难的严重程度估计不足，基本建设规模和工业指标还是过高，许多项目一经开工就出现了材料供应短缺、设备欠缺的问题。市政府通过《关于城市支援农村、工业支援农业的决定》，发动了大规模的支农运动。国际形势方面，1960年中苏关系恶化，为保证不受苏联制约，全国上下"勒紧裤腰带"加快以粮食、轻工业产品为主的还债。尽管开展了大规模的"支农"运动，但在"湖广熟，天下足"的湖北，武汉市粮食供应也日益紧张，各类人员多次降低口粮定量标准，依然出现了长达三年的饥荒。

1960年开始的国民经济调整首先是对基建规模和工业规模的压缩，也包括建设管理机构的精简。中央计划委员会接手国家城市规划局后开始总结反思，认为前几年城市规划界"放卫星"过猛，所提的各项建设指标和计划，不顾财力，直接导致了城市规模过大、建设标准过高，基建投资过大，并借国庆十周年之际，大建楼堂馆所，设计太多大广场、大建筑、大马路。由于建筑密度过低，基建规模盲目增大。于是，1961年中央做出了"三年不搞城市规划"的决定。[①]

武汉市在这段时期的主要工作首先是反思，对新中国成立后的城市建设工作展开调研和总结问题。1961年底形成了《武汉市城市建设工作调查报告》，要求贯彻国家提出的"调整、巩固、充实、提高"的八字方针，按照工业、人口、居住、市内交通四个分类进行调查总结。认为集中表现在"工业项目多、城市布局散、人口发展快、城市规模大"上，并提出6条规划整改建议：一是控制工业基建，减少外地和农村人口流入本市，不再新建大型企业；二是压缩城区人口，输送青年支援农业，支援新建城市、新建企业；三是提倡节育，提高劳动年龄人口占城市总人口的比例；四是调整大城市生产力，外迁工业，有计划地建立中小城市和卫星城市，每年至少迁出 1 万人，才能控制城区人口不再增加或少增；五是调整工业布局，改善城市人民居住条件。对不适应发展、不继续扩大、规划保留、现状保留四类新建、规划工业区和市区内现有工业，按照"保、关、缩、并、迁、停、转"和"五保五定"的方法调整，压缩工业规模；六是加强市政工程建设和住宅建设与维修，调整居住分布不合理现象，提高城市人民居住水平。[①]

按照中央要求，武汉市压缩基本建设战线和城市人口。第一个重大举措就是停建、缓建大小项目 382 个，全市基建投资总额由 1960 年的 7 亿元压缩到 1962 年的 6295 万元；收回大量征而不用或过早征用的工业用地，退耕还农。仅"二五"期间关山工业区的扩大用地就收回 2000 亩，其余的 1900 亩中约 50% 用地由于已不能用于农业生产而闲置。1961 年恢复中共孝感地委、孝感专署，原孝感专署划归武汉市管辖的各县仍划归孝感专区。1962 年，洪山区所辖油坊岭、胜利、茅店 3 公社划回武昌县，进一步缩小城区范围。第二个重大举措是精简机构和压缩城市人口，具体办法是关停企业和缩小企业规模后，将人员遣返回原籍，自理口粮。大力提倡青年及干部支援农村建设、支援新建城市、支援新建企业等，安排一部分需就业人员离开武汉市，由此 1961 年、1962 年两年减少职工 25.5 万人，减少吃商品粮人口 38.2 万人，城市人口大规模回流到农村参加农业生产，以贯彻"以粮为纲"的号召。1962 年国家开始提倡节制生育，武汉市计划生育指导委员会成立，大力宣传和推广节育、有计划生育和晚育等政策，努力控制人口自然增长率。武汉城市总人口由 1960 年的 258.5 万人下降到 1962 年的 233.6 万人，其中包括市郊农民 32.2 万人。强制性的逆向城市化暂时达到了城乡工农业产品的比例均衡。根据 1964 年 7 月的武汉市第二次人口普查，

---

① 董菲：《武汉现代城市规划历史研究》，武汉理工大学博士学位论文，2010。

全市总人口降至 247.8 万人。①

（二）宜昌市

自 1961 年，宜昌市为贯彻"以农业为基础，以工业为主导"的方针，发展农业机械制造企业的同时兴建了一批中小型工厂。1961 年 12 月，宜昌召开多种经营会议，决定实行以粮为纲，粮畜、粮林、粮茶、粮柑等多措并举的措施，加速改变山区面貌。1962 年是宜昌国民经济和社会发展第二个五年计划的最后一年，整个国民经济形势开始好转。1965 年，宜昌顺利完成国民经济调整任务，改善了部门之间、环节之间、地区之间国民经济关系，经济形势进一步好转。

（三）沙市市

1961～1965 年，沙市全面进行调整。1961 年 6 月，市委、市人委纠正共产风、浮夸风、命令风、瞎指挥风等，对被"反右倾"受到错误处理的人员进行平反，决定在经济战线实行"关、停、并、转、缩"。到 1962 年压缩基本项目 11 个，减少投资 1309 万元，企业关闭 3 家，缩小规模 17 家，转产 8 家，精简职工 1547 人。采取"留根保苗""借庙躲雨"的方法，保留了电机厂、农药厂等骨干企业。恢复了手工业体制，2312 名工匠归队，手工业合作社发展到 114 个。一部分国营企业转为集体企业，2276 名国营企业职工转为集体所有制职工。机关企事业编制由 539 个减为 426 个。

1963 年开始，市委、市人委贯彻中央"以农业为基础、以工业为主导"的方针，调整产业结构，发展支农产品，调整工业管理体制。把按照所有制分别管理调整为按行业归口管理，发展科技，开展技术革命和技术改造。1964～1965 年先后从上海聘进 386 名技术人员和技术工人，使得沙市的工业进入较科学的轨道。

---

① 董菲：《武汉现代城市规划历史研究》，武汉理工大学博士学位论文，2010。

（四）黄石市

在"二五"后期，由于三年自然灾害，以及经济工作中的一些失误，黄石市工业生产出现下跌。1961 年比 1960 年下降 44.08%，1962 年又比 1961 年下降 5.18%。经过为期三年的经济调整，工业生产才开始逐步回升。

1961 年撤销各街道办事处，成立黄石港城市人民公社，下设西安路、黄石港、沈家营、枫叶山、海关山 5 个管理区；成立冶钢城市人民公社，下设石料山、陈家湾、黄思湾、石灰窑 4 个管理区；成立铁山城市人民公社；下陆街道办事处改由郊区领导，农村成立建设、东方、长乐、肖铺、张湖、青湖、西塞 7 个人民公社，仍由郊区领导。

1962 年 6 月，恢复大冶县建制，仍属黄石市管辖。

此间，曾经较红火的黄石大学于 1961 年 8 月撤销，三个专科分别改为：黄石工业专科学校、黄石医学专科学校、黄石师范专科学校。1962 年 4 月，三个专科学校同时奉命停办。黄石大学及其后的三个专科学校至 1962 年停办之前，在校学生达 400 人，教职员工 149 人，其中教员 74 人。黄石大学共培养了两届毕业生，共计 144 人。

（五）襄樊市

这一期间，襄樊市着手纠正"大跃进"的一些错误，全市国民经济进入了全面调整时期。经过两年纠"左"，襄樊市国民经济各方面开始恢复。面对天灾人祸，全市人民开展生产自救，节约度荒，尽量减少灾害造成的损失。1963 年到 1965 年，全市继续执行进一步调整的措施，国民经济有所发展。①

从 1963 年 5 月到 1964 年底，全市开展以"清理账目、清理仓库、清

---

① 毛运海：《中国共产党的坚强领导与襄阳历史成就——〈中国共产党襄阳历史（第二卷 1949-1978）〉综述》，《襄阳职业技术学院学报》2017 年第 3 期。

理财务、清理工分"为主要内容的农村社会主义教育运动（简称"四清"运动），城市开展以"反对贪污盗窃、反对投机倒把、反对铺张浪费、反对分散主义、反对官僚主义"为主要内容的"五反"运动。[①]

三　城市化停滞时期（1966～1978 年）

1966 年 5 月 16 日，中共中央发出"五一六通知"。"文化大革命"期间，社会秩序极度混乱。所有的政府机关单位工作都陷入停滞，以各级文革领导小组（后改称"革委会"）代理所有行政管理，实行党政军一元化领导体制。城市建设管理机构工作暂停，人员下放。全社会开展"斗、批、改"运动，武汉市经济急剧跌落。"文化大革命"前城市建设行业对"大跃进"中的规划在反思中总结了一定的经验，伴随国家建设方针向内地和"三线"地区的转移，武汉市的规划建设重点也开始投向城市外围的工业新镇，但是"文化大革命"运动扭曲了"三线建设"含义，把"备战、备荒、为人民""靠山、分散、隐蔽"延伸至"进山、进洞、入地"，同时鼓吹"规划无用论"等，过分强调国防建设的重要性，国民经济比例失调，城市建设的正常秩序被打破。1970年前后陆续投资新建阳新、咸宁工业新区，并迁建多家企事业单位，但终因市政设施配套不力、基础投入需求过大等原因以失败告终。[②]

表 2 - 4　1978 年湖北省建制市人口

单位：万人，%

全省总人口	建制市人口						合计	占全省人口比重
	武汉市	黄石市	十堰市	沙市市	宜昌市	襄樊市		
4574.9	383.25	103.83	29.20	20.21	30.65	26.32	593.46	12.97

资料来源：根据《湖北省国民经济统计资料（1949 - 1978）》整理。

---

① 毛运海：《中国共产党的坚强领导与襄阳历史成就——〈中国共产党襄阳历史（第二卷 1949 - 1978）〉综述》，《襄阳职业技术学院学报》2017 年第 3 期。

② 董菲：《武汉现代城市规划历史研究》，武汉理工大学博士学位论文，2010。

（一）武汉市

1966 年开始的"文化大革命"造成经济濒临崩溃，大量城市居民被遣返农村，城市知识青年"上山下乡"，大批干部举家下放农村。武汉市 1966 年人口总数为 466.10 万人，城市化水平为 49.11%，到 1978 年人口总数为 548.29 万人，城市化水平为 47.35%。12 年间城市化水平下降近 2 个百分点。[①]

1973 年打倒"林彪反革命集团"后，武汉市革委会部署了武汉市城市建设规划（1973～1985）编制工作。规划的基本思想按照工业建设要求，总结了 1959 年城市建设规划修编中的经验，按照城市人口、工业区建设、生活居住区、旧城改造利用、对外交通、对内交通、园林建设、环境保护、人防工程等 12 个专题予以了说明。规划设想基本延续了"二五"计划中的建设设想，但由于政治形势的急剧变化，规划并未付诸实施。城市的局部建设基本延续了"文化大革命"前城市规划确定的重大工程，如武钢等国家重点工业项目的扩建工程，汉丹铁路的通车及武汉港等专业码头、仓库、铁路专用线的建设。[②]

（二）黄石市

十年动乱，刚刚恢复正常生产的黄石工业经受了一场浩劫。1967 年工业总产值比 1966 年下降 13.09%，1968 年比 1967 年又下降 34.19%，1969 年比 1966 年下降 21.05%，十年间工业平均增长速度仅为 4.2%。1977 年工业总产值为 18.44 亿元。1967～1978 年，十年动乱打乱了经济发展步伐，经济发展严重停滞，全市投资也一直在低速徘徊，12 年间黄石市共完成投资 9.21 亿元，年均增长 3.3%，其中完成第一产业投资 0.13 亿元，完成第二产业投资 6.05 亿元，完成第三产业

---

① 何雄：《武汉市城市化进程实证分析》，《中南财经政法大学学报》2004 年第 5 期。
② 董菲：《武汉现代城市规划历史研究》，武汉理工大学博士学位论文，2010。

投资 3.03 亿元。受政治形势影响，这一阶段黄石市分别在 1968 年、1971 年、1972 年、1976 年投资出现下降。

（三）十堰市

1969 年，为响应"深挖洞、广积粮"的号召，二汽选址到十堰，成立县级十堰市。1970 年，襄渝铁路十堰段开始修筑，1973 年筑成。1971 年 1 月 31 日，实行"撤区并社"，撤销十堰、黄龙两个区，将原 18 个公社合并为大峡、黄龙、花果、东风、十堰、大川、茅箭、白浪 8 个公社。1973 年 2 月，郧阳地区所辖十堰市改为省辖市，地、市分离。升格后十堰市仍辖 8 个人民公社。十堰市和第二汽车制造厂实行政企合一，一个机构，一套领导班子，两块牌子。

1973 年 9 月，丹江口电站 6 台水轮发电机组全部建成投产，丹江口水利枢纽初期工程全面竣工。1978 年，襄渝铁路全线通车。1972 年 11 月 17 日，十堰市革命委员会制定上报《十堰市城市建设规划》，提出"工厂进沟、居民点靠山上坡、菜地沿河、绿化成林成荫"的城市建设原则。同月，湖北省革命委员会批复同意。1975 年 4 月 10 日，二汽黄龙引水第一期工程（黄龙滩水库至头堰水厂）竣工并正式通水，同年 9 月 23 日，二汽黄龙引水第二期工程（黄龙滩水库至花果水厂）开工。

（四）沙市市

十年动乱期间，受"文化大革命"的影响，沙市的工业分别于 1967 年、1968 年、1974 年和 1976 年 4 次下降。由于 1961～1965 年国民经济调整，特别是 1964 年开始，因为备战的需要，国家建设向鄂西、鄂西北倾斜。沙市工业发展迅速，"三五""四五"计划，国家向沙市投资了 1.44 亿元，新建较大的纺织企业，使得沙市的纺织工业发展形成支柱产业。沙市市抓住机遇大力发展集体经济，使得集体企业占企业总数的 62.88%，产值占 25.8%。利用大城市人才相对过剩而闲置的机会,从北京、天津等地大专院校和科研单位引进了200多名专业人才,提高了生产力水平,使得沙市的工业得到发展。沙市先后开发了无纺织条纹的地毯、苯酚、光学仪器荧光灯、化学原料、合成洗衣粉、自行车、小型轧钢晶体管、雷达、化肥、水泥等产业。到1976年,全市的工业企业有229个,比1965年增加了37个,工业总产值5.27亿元,增长2.42倍,外贸出口产品以每年16.4%的速度增长,财政收入每年递增14%。

(五)宜昌市

1965年,宜昌被国家列为"三线"建设地区,国家投资约1亿多元,在宜昌建设了一批以橡胶、钢铁、电子、造纸为主的工业企业。到1970年,宜昌工业总产值达到了约1.06亿元。1969年9月,宜昌市被列为全国人民防空重点城镇中的第三类城市。11月6日,焦枝铁路宜昌地区段开始施工。1970年12月,宜昌市东山大道破土动工。

葛洲坝水利枢纽位于宜昌市境内的长江三峡末端河段上,距离长江三峡出口南津关下游2.3千米,是长江上第一座大型水电站,也是世界上最大的低水头大流量、径流式水电站,1971年5月开工兴建,1972年12月停工,1974年10月复工。葛洲坝建设,奠定了宜昌市现代工业发展的基础,也使宜昌成为著名的水利水电基地。

(六)襄樊市

1966年初夏,襄樊和全国一样进入十年动乱时期。大批工厂企业卷入运动,各级领导干部纷纷受到冲击。值得注意的是,在那个特殊的年代,三线建设构成我国国防和经济建设中的一个特殊历史阶段。三线建设是国家"三五"和"四五"计划的重点建设项目,是党中央和毛泽东的重大战略决策。而襄樊的三线建设受到了中央更多的关注。襄樊的三线建设是全国三线建设的重要组成部分,在襄阳经济建设和社会发展史上占有重要地位,无论是在建设时期、转折时期,还是在发展时期，都对襄樊的经济和社会发展产生了较大影响。特别是三线军工企业进入军转民、三线调迁和战备转移阶段后，给襄樊地方经济的发展注入了强大的活力，成为襄樊新的经济增长点。①

20世纪70年代中后期，在短短几年时间内，2000多名科技人员从北京、天津、西安、上海和武汉等地会聚到襄樊。三线工程在襄樊落地生根，襄樊经济社会在困境中得到适度发展，基本形成襄樊自己的地方工业体系，并且初步构建了向大城市阔步迈进的城市框架，为后来襄阳改革开放奠定了坚实的基础。②

---

① 毛运海：《中国共产党的坚强领导与襄阳历史成就——〈中国共产党襄阳历史（第二卷1949－1978）〉综述》，《襄阳职业技术学院学报》2017年第3期。
② 毛运海：《中国共产党的坚强领导与襄阳历史成就——〈中国共产党襄阳历史（第二卷1949－1978）〉综述》，《襄阳职业技术学院学报》2017年第3期。

第三章
湖北城市快速发展阶段（1979～1997 年）

1978 年底召开的党的十一届三中全会，使中国迎来改革开放的浪潮，经济得到快速发展。城市作为经济发展的立足点之一也得到迅速扩张，一座座城市伴随着林立高楼如久旱逢甘露的春笋般在中国大地上崛起。湖北作为全国重要省份之一，在 1979～1997 年这一黄金时期也得到了快速有力的发展。

第一节　城市发展概述

1979～1997 年，随着经济改革的重点从农村转向城市，湖北的城市也不断为满足经济发展的需要而调整变化，一步步形成由省内互通到省际合作的区域经济发展格局。

一　设市进程与区划变动

从行政区划来看，1979～1997 年，湖北省的城市数量大量增加，

"撤县建市""城市升格"成为这一时期行政区划改革的一大重点。1979 年，湖北省内设置了荆门、鄂州、随州、老河口 4 市，并将原来由地区管辖的沙市、宜昌、襄樊 3 市升格为省辖市。到 1979 年底，湖北省下设 8 个地区、6 个省辖市，共有县级单位 89 个，包括 4 个县级市、71 个县、1 个自治县、1 个林区、12 个市辖区（见表 3 - 1）。

表 3 - 1　1979 年湖北省行政区划

地区	行政区划
武汉市	8 区 2 县：江岸区、江汉区、硚口区、汉阳区、武昌区、青山区、洪山区、东西湖区、武昌县（纸坊镇）、汉阳县（蔡甸镇）
黄石市	4 区 1 县：黄石港区、石灰窑区、下陆区、铁山区、大冶县（大冶镇）
襄樊市	
十堰市	
沙市市	
宜昌市	
孝感地区（孝感县）	8 县：孝感县（城关镇）、黄陂县（城关镇）、应山县（城关镇）、安陆县（城关镇）、应城县（城关镇）、云梦县（城关镇）、汉川县（城关镇）、大悟县（城关镇）
黄冈地区（黄州镇）	1 市 11 县：鄂城市、黄冈县（黄州镇）、浠水县（城关镇）、麻城县（城关镇）、蕲春县（漕河镇）、广济县（武穴镇）、黄梅县（城关镇）、英山县（城关镇）、罗田县（城关镇）、新洲县（城关镇）、红安县（城关镇）、鄂城县（鄂城市）
咸宁地区（咸宁县）	7 县：咸宁县（城关镇）、通山县（城关镇）、崇阳县（城关镇）、通城县（城关镇）、蒲圻县（城关镇）、嘉鱼县（城关镇）、阳新县（城关镇）
荆州地区（江陵县）	1 市 12 县：荆门市、江陵县（城关镇）、公安县（斗市镇）、松滋县（新江口镇）、荆门县（荆门市）、潜江县（城关镇）、钟祥县（城关镇）、天门县（城关镇）、京山县（城关镇）、沔阳县（仙桃镇）、监利县（城厢镇）、石首县（绣林镇）、洪湖县（新堤镇）
襄阳地区（襄樊市）	2 市 8 县：随州市、老河口市、襄阳县（襄樊市）、枣阳县（城关镇）、南漳县（城关镇）、光化县（老河口市）、谷城县（城关镇）、宜城县（城关镇）、保康县（城关镇）、随县（随州市）
宜昌地区（宜昌市）	9 县：宜昌县（小溪塔）、宜都县（城关镇）、枝江县（城关镇）、当阳县（城关镇）、秭归县（城关镇）、长阳县（城关镇）、远安县（城关镇）、兴山县（城关镇）、五峰县（城关镇）

续表

地区	行政区划
郧阳地区（十堰市）	6县1林区：郧县（城关镇）、郧西县（城关镇）、竹山县（城关镇）、竹溪县（城关镇）、房县（城关镇）、均县（丹江口镇）、神农架林区（松柏镇）
恩施地区（恩施县）	7县1自治县：恩施县（城关镇）、利川县（城关镇）、建始县（城关镇）、咸丰县（城关镇）、巴东县（城关镇）、鹤峰县（城关镇）、恩施县（城关镇）、来凤土家族自治县（城关镇）

资料来源：根据各地政府网站"城市历史沿革"资料整理。

截至1997年底：湖北省下设省辖市10个，比1979年增加4个；地区1个，比1979年减少7个；新增自治州1个；共有县级单位101个，包括市辖区33个、县级市26个、县41个、林区1个（见表3-2）。

表3-2 1997年湖北省行政区划

单位：个

地区	市辖区	县级市	县	林区	乡	镇
武汉市	11	0	2		34	66
黄石市	4	1	1		21	30
十堰市	2	1	5		94	54
荆州市	3	3	2		26	91
宜昌市	4	3	6		55	66
襄樊市	2	3	4		28	104
鄂州市	3				11	15
荆门市	2	1	1		13	53
孝感市	1	4	3		35	85
黄冈市	1	2	7		94	93
咸宁地区		2	4		55	60
恩施自治州		2	6		65	41
随州市		1			5	25
仙桃市		1			6	19
天门市		1			4	20
潜江市		1			1	11
神农架林区				1	11	4
合　计	33	26	41	1	558	837

资料来源：《湖北统计年鉴1998》，中国统计出版社，1998。

二 城市重大历史事件回顾

1978 年十一届三中全会后，改革开放成为中国发展的"关键词"，湖北省也乘着改革开放春风迈开了经济发展的步伐。

一是城市体制改革方面进行了一些试点。沙市市被列为全国第一个综合改革试点城市，武汉市是全国第一个省会大城市综合改革试点城市，黄石市是全国第一批单项改革试点城市。①

二是对外开放开始起步。1980 年武汉港对外开放，武汉毋庸置疑成为湖北省经济发展的龙头，为奠定以武汉为中心的湖北省经济发展战略布局打下基础。1988 年，鄂州市被批准为全省第一批改革开放试验区，标志着湖北省的发展逐渐从武汉单中心向周围各地区辐射，以鄂州等为代表的武汉周边城市也开始逐步发展起来。

三是重大基础设施建设加快。在 1979 年到 1997 年的 18 年，湖北省的基础设施建设逐步铺开，陆路、水路并举，为日后形成由省内联动发展到省际合作乃至国际合作的经济发展格局奠定基础。1980 年 10 月，襄渝铁路湖北境内改成电气化铁路。1981 年 1 月，葛洲坝工程大江截流胜利合龙，12 月葛洲坝水利枢纽二江电站一、二号机组通过国家验收投产。1994 年三峡工程正式开工，举世瞩目。

四是区域经济发展战略逐步形成。在此期间，湖北省委、省政府也紧抓湖北的经济发展特点和地区战略优势，出台一系列政策助力湖北经济快速深入发展。1983～1988 年，湖北省进入城市快速发展阶段，省政府先后颁布了"小城镇发展战略""'四区一中心'战略""'以中部带周边'战略"等，标志着湖北省内联合发展的必备条件已经形成，区域联动经济发展的部署逐步形成。同时，为进一步完善省内的区域合

---

① 廖长林、秦尊文：《湖北区域经济发展战略的历史考察》，《湖北社会科学》2008 年第 1 期。

作发展，省政府又先后出台了"'金三角'战略""'两江三线'战略""中部崛起战略""湖北长江经济带开放战略""'一特五大'战略"，充分展现湖北省适应新的经济局势，助推湖北省经济持续发展。

第二节　城市探索发展阶段（1979～1982 年）

截至 1978 年底，湖北仅有 6 座城市，即武汉、黄石、十堰 3 个省辖市和沙市、襄樊、宜昌 3 个县级市。而且，城市布局也不合理，多数城市集中在长江沿线，而广大的鄂西南、鄂西北、鄂东北、鄂东南地区城市很少，不利于区域经济的协调发展。[①]

一　设市进程与区划变动

1979 年到 1982 年，即改革开放初期，由于仍然实行统收统支的财政体制，"区域经济"的概念尚未建立。1982 年以前，湖北同全国一样，经济改革的重点在农村。[②] 为了适应改革开放和经济发展的需要，湖北省就区域行政管理体制做了大胆探索，其行政体制发生了很大的变化。1979 年，湖北省内设置了荆门、鄂州、随州、老河口 4 市，并将原来由地区管辖的沙市、宜昌、襄樊 3 市升格为省辖市。到 1979 年底，湖北省共辖 8 个地区、6 个省辖市，县级行政区域有 4 个市、71 个县、1 个自治县、1 个林区、12 个市辖区。1981 年，湖北省又设置恩施市。城市的发展促进了湖北省经济的发展，特别是在形成以城市为中心的经济格局中起到了重要作用，为我国城镇的健康发展和合理布局积累了宝

---

① 廖长林、秦尊文：《湖北区域经济发展战略的历史考察》，《湖北社会科学》2008 年第 1 期。

② 廖长林、秦尊文：《湖北区域经济发展战略的历史考察》，《湖北社会科学》2008 年第 1 期。

贵的经验。截至 1982 年，湖北省共有建制市 11 个，其中有 6 个省辖市（有市辖区 12 个）和 5 个地州辖市（见表 3-3）。

表 3-3 1982 年湖北省行政区划

行政区划	具体市区县
武汉市	8 区 2 县：江岸区、江汉区、硚口区、汉阳区、武昌区、青山区、洪山区、东西湖区、武昌县（纸坊镇）、汉阳县（蔡甸镇）
黄石市	4 区 1 县：黄石港区、石灰窑区、下陆区、铁山区、大冶县（大冶镇）
襄樊市	
十堰市	
沙市市	
宜昌市	
孝感地区（孝感县）	8 县：孝感县（城关镇）、黄陂县（城关镇）、应山县（城关镇）、安陆县（城关镇）、应城县（城关镇）、云梦县（城关镇）、汉川县（城关镇）、大悟县（城关镇）
黄冈地区（黄州镇）	1 市 11 县：鄂城市、黄冈县（黄州镇）、浠水县（城关镇）、麻城县（麻城镇）、蕲春县（漕河镇）、广济县（武穴镇）、黄梅县（黄梅镇）、英山县（城关镇）、罗田县（城关镇）、新洲县（城关镇）、红安县（城关镇）、鄂城县（鄂城市）
咸宁地区（咸宁县）	7 县：咸宁县（永安镇）、通山县（通羊镇）、崇阳县（天城镇）、通城县（隽水镇）、蒲圻县（蒲圻镇）、嘉鱼县（鱼岳镇）、阳新县（城关镇）
荆州地区（江陵县）	1 市 12 县：荆门市、江陵县（荆州镇）、公安县（斗市镇）、松滋县（新江口镇）、荆门县（荆门市）、潜江县（园林镇）、钟祥县（郢中镇）、天门县（竟陵镇）、京山县（新市镇）、沔阳县（仙桃镇）、监利县（容城镇）、石首县（绣林镇）、洪湖县（新堤镇）
襄阳地区（襄樊市）	2 市 8 县：随州市、老河口市、襄阳县（襄樊市）、枣阳县（城关镇）、南漳县（城关镇）、光化县（老河口市）、谷城县（城关镇）、宜城县（城关镇）、保康县（城关镇）、随县（随州市）
宜昌地区（宜昌市）	9 县：宜昌县（小溪塔镇）、宜都县（陆城镇）、枝江县（马家店镇）、当阳县（玉阳镇）、秭归县（归州镇）、长阳县（龙舟坪镇）、远安县（鸣凤镇）、兴山县（高阳镇）、五峰县（五峰镇）
郧阳地区（十堰市）	6 县 1 林区：郧县（城关镇）、郧西县（城关镇）、竹山县（城关镇）、竹溪县（城关镇）、房县（城关镇）、均县（丹江口镇）、神农架林区（松柏镇）

续表

行政区划	具体市区县
恩施地区（恩施市）	1市6县2自治县：恩施市、恩施县（恩施市）、利川县（城关镇）、建始县（城关镇）、咸丰县（高乐山镇）、巴东县（信陵镇）、宣恩县（城关镇）、来凤土家族自治县（翔凤镇）、鹤峰土家族自治县（容美镇）

资料来源：根据各地政府网站"城市历史沿革"资料整理。

二 城市内部体制改革

党的十一届三中全会以后，改革逐步从农村扩展到城市。为更好地适应区域联动发展和对外开放新形势，湖北省还以试点城市为主，围绕城市经济体制改革，开展了搞活企业、搞活经济等一系列活动。武汉因其优越的地理位置和在我国政治经济中的特殊地位，1980年武汉港对外开放，成为湖北省经济发展的龙头，为奠定以武汉为中心的湖北省经济发展战略布局打下基础。自此，湖北省内围绕以武汉为中心加快发展，实施了一系列举措。

这期间湖北城市开展的一系列改革在全国处于前列，如前面提到的沙市市综合改革试点。1981年，国务院批转国家体改办《关于在湖北省沙市市进行经济体制改革综合试点的报告》，地处江汉平原、轻纺工业发达的"明星城市"沙市成功的试点经验使其成为全国第一个经济体制改革综合试点城市。此后数月，十堰市成立了东风汽车工业联营公司，成为中国汽车产业第一个跨省的经济联合组织。

湖北积极执行改革企业管理体制的"扩权十条"与"工业二十条"，扩权试点不断拓展，扩权范围不断扩大。1980年扩权试点的企业由上年的153个扩大到290个，1981年又进一步扩大到353个。扩权范围除试点企业实行利润留成外，还把生产计划、物资采购、产品销售、劳动工资、人事调配等权限下放给企业。自主权的扩大，有力地调动了企业生产经营的积极性，给企业注入新的活力。到1981年底，被列入试点的353户扩权企业，产值增长幅度达到20%，利润增长幅度超过

25%，均高于全省企业平均增长水平。

1980 年湖北享受到财政分权的政策，按照"划分收支范围，分级包干，一定五年"的要求，湖北开始在财政上与中央"分灶吃饭"，对市、县也实行了"分灶吃饭"的体制，这一财政管理体制的改革打破了过去统收统支、吃大锅饭的局面，统一了事权与财权、权利与责任，使地方真正成为一级财政。

1981 年 8 月起，湖北按中央政策安排，在 1520 家预算内工业企业中实行基数加增长利润留成、全额利润留成、超计划利润留成、盈亏包干等多种形式的经济责任制。其中，在 590 家企业实行超额利润减征所得税。被称为企业承包的经济责任制，明确了企业的"责、权、利"，增强了企业发展生产的活力。当年，湖北与美国俄亥俄州合资经营湖北派克密封件厂协议书签字仪式在武汉举行，半年后，该厂正式成立，实现了湖北外商投资企业零的突破。

三　对本阶段城市发展的基本评价

由于本阶段我国经济体制改革的重点在农村，"联产承包责任制"等农村改革如火如荼，方兴未艾。湖北省大规模的城市改革尚未起步，但已经开始了大胆的探索。如建制市的发展，迈出的探索步伐较大，在1979 年一年就设立了 3 个地级市、4 个县级市。特别是一年设立 3 个地级市的"步幅"，前 30 年没有，后 40 年也没有。

这一阶段进行了"切块"设县级市的探索：划出荆门县城关及周边地区设立了荆门市，划出鄂城县城关及周边地区设立了鄂城市，划出随县城关及周边地区设立了随州市，划出光化县城关及周边地区设立了老河口市。切块式专设市的县，原县政府驻地未变，但已属于同级别的市的地盘，算是"借驻"。由于县、市共处一城，往往产生一些矛盾。这可以被认为是一种"试错"，后来从 1983 年起全面推进"县、市合并"和"整县改市"，以后 30 多年再没有进行过"切块设市"。全国情况也一样，直到 2019 年才将浙江省苍南县龙港镇"切块设市"，但龙港镇不是城关，这与 40 年前的县、市共处一城的情况又有显著区别。

第三节　城市急剧扩张阶段（1983～1988 年）

1983～1988 年，湖北省城镇发展带有急剧扩张的性质。为了发挥武汉的中心城市作用，经国务院批准对武汉市在不改变行政隶属关系的前提下，在中央实行计划单列，赋予省级经济管理权限。同时，进行了地市合并探索，将襄阳地区与襄樊市在全省率先合并，实行市领导县的新体制，建立城乡一体化的经济网络。①

一　设市进程与区划变动

1983～1988 年，湖北省城镇发展有一定的超常性。尤其 1983 年，变化很大。这一年，将孝感地区黄陂县和黄冈地区新洲县划归武汉市；对荆门、鄂城、随州（随县）、老河口（光化县）实施了县、市合并，并将荆门、鄂州（原鄂城）升格为省辖市；撤恩施地区，设鄂西土家族苗族自治州（1993 年更名为恩施土家族苗族自治州），将恩施县并入恩施市；又将孝感、咸宁、丹江口（原均县）撤县建市；神农架林区改由省直辖。1984 年，设武汉市汉南区，设襄樊市樊东、樊西、襄城、郊区 4 区，设十堰市茅箭、张湾 2 区，设鄂州市鄂城、黄州 2 区。1985年，宜昌市设西陵、伍家岗、点军 3 区；荆门市设东宝、沙洋 2 区。1986 年，整体撤县建市建立了麻城、应城、蒲圻、石首、仙桃（原沔

① 廖长林、秦尊文：《湖北区域经济发展战略的历史考察》，《湖北社会科学》2008 年第 1 期。

阳县)、利川6市。1987年再次撤县建市设立了洪湖、天门、安陆、武穴(原广济县)、枝城(原宜都县)5市。1988年，又撤县建市建立了枣阳、潜江、广水(原应山县)、当阳4市。此时，全省共有建制市29个(其中地级市8个、县级市21个)，建制镇845个(见表3-4)。

表3-4 1988年湖北省行政区划

地区	行政区划
武汉市	9区4县：江岸区、江汉区、硚口区、汉阳区、武昌区、青山区、洪山区、东西湖区、汉南区、武昌县(纸坊镇)、黄陂县(城关镇)、新洲县(新洲镇)、汉阳县(蔡甸镇)
黄石市	4区1县：黄石港区、石灰窑区、下陆区、铁山区、大冶县(大冶镇)
襄樊市	4区3市5县：襄城区、樊东区、樊西区、郊区、随州市、老河口市、枣阳市、襄阳县(襄樊市)、南漳县(城关镇)、谷城县(城关镇)、宜城县(城关镇)、保康县(城关镇)
十堰市	2区：茅箭区、张湾区
宜昌市	3区：西陵区、伍家岗区、点军区
沙市市	
荆门市	2区：东宝区、沙洋区
鄂州市	3区：鄂城区、华容区、梁子湖区
直辖单位	1林区：神农架林区(松柏镇)
孝感地区(孝感市)	4市3县：孝感市、应城市、安陆市、广水市、云梦县(城关镇)、汉川县(城关镇)、大悟县(城关镇)
黄冈地区(黄州镇)	2市7县：麻城市、武穴市、黄冈县(黄州镇)、浠水县(清泉镇)、蕲春县(漕河镇)、黄梅县(黄梅镇)、英山县(温泉镇)、罗田县(凤山镇)、红安县(城关镇)
咸宁地区(咸宁市)	2市5县：咸宁市、蒲圻市、通山县(通羊镇)、崇阳县(天城镇)、通城县(隽水镇)、嘉鱼县(鱼岳镇)、阳新县(兴国镇)
荆州地区(江陵县)	5市6县：石首市、仙桃市、洪湖市、天门市、潜江市、江陵县(荆州镇)、公安县(斗市镇)、松滋县(新江口镇)、钟祥县(郢中镇)、京山县(新市镇)、监利县(容城镇)

地区	行政区划
宜昌地区（宜昌市）	2 市 5 县 2 自治县：枝城市、当阳市、宜昌县（小溪塔镇）、兴山县（高阳镇）、远安县（鸣凤镇）、枝江县（马家店镇）、秭归县（归州镇）、五峰土家族自治县（五峰镇）、长阳土家族自治县（龙舟坪镇）
郧阳地区（十堰市）	1 市 5 县：丹江口市、郧县（城关镇）、郧西县（城关镇）、竹山县（城关镇）、竹溪县（城关镇）、房县（城关镇）
鄂西土家族苗族自治州（恩施市）	2 市 6 县：恩施市、利川市、建始县（业州镇）、咸丰县（高乐山镇）、巴东县（信陵镇）、宣恩县（珠山镇）、来凤县（翔凤镇）、鹤峰县（容美镇）

资料来源：根据各地政府网站"城市历史沿革"资料整理。

二 注重发挥中心城市作用

（一）实施"四区一中心"战略

1983 年以后，湖北省积极探索建立以大中城市为中心的经济区，确立全省建立鄂东、鄂中南、鄂西北和鄂西南 4 个基本经济区，并确立武汉为全省的经济中心，简称为"四区一中心"战略。其中：鄂东基本经济区包括武汉、黄石、鄂州 3 市和黄冈、咸宁、孝感 3 个地区；鄂中南基本经济区包括沙市、荆门 2 市和荆州地区；鄂西北基本经济区包括襄樊、十堰 2 市和郧阳地区、神农架林区；鄂西南基本经济区包括宜昌市、宜昌地区和鄂西自治州。武汉市虽然划在鄂东基本经济区里边，但它是全省的经济中心。[①]

生产发展是物资、土地、资源、技术、劳动力、资金、信息等诸多要素共同作用的结果。在社会化大生产的当代，所有的要素都不可能孤

---

① 廖长林、秦尊文：《湖北区域经济发展战略的历史考察》，《湖北社会科学》2008 年第 1 期。

立地发挥作用，要使生产要素在社会经济发展的大系统中优化配置、协调结构，一定少不了通盘规划和整体布局。"四区一中心"战略就是这样一个优化生产的整体布局。实施"四区一中心"战略，能够更好地优化配置各个行政区的生产要素，进行合理的社会分工，使整体作用大于部分之和。

在这一时期，湖北坚持择优与扶贫相结合的原则，探索实施了"以中部带周边"战略部署。在长期的发展过程中，湖北省客观上形成了一个比较发达的中部地带和仍然比较贫困的四周山区。中部地带，就是以武汉为中心，以各中等城市为骨干，包括江汉平原、鄂北岗地以及长江东段两岸的一个"大三角"地带。"周边"即四周山区，包括鄂西北山区、鄂西南山区、鄂东北山区、鄂东南山区。这一战略的实施，对湖北区域经济的均衡发展起到了一定推动作用。①

（二）开展城市体制改革

湖北省认真贯彻中共十二届三中全会做出的《中共中央关于经济体制改革的决定》的精神，逐步掀起城市体制改革试点高潮。沙市市、武汉市、黄石市先后被列为全国改革试点城市。这些市既是国家的试点，也是湖北省的试点。城市经济体制改革主要是围绕"三个搞活"即搞活企业、搞活城市、搞活经济同步展开的。其改革试点，对全省经济体制改革起到了开拓、示范的作用。

为了发挥武汉的中心城市作用，经国务院批准对武汉市在不改变行政隶属关系的前提下，在中央实行计划单列，赋予省级经济管理权限，并在1983年将孝感地区黄陂县和黄冈地区新洲县划归武汉市管辖，使其辖县由2个扩大到4个。襄樊市在全省率先进行地、市合并后，实行市领导县的新体制，建立城乡一体化的经济网络。对随州、老河口等一批县级市实行县、

---

① 廖长林、秦尊文：《湖北区域经济发展战略的历史考察》，《湖北社会科学》2008年第1期。

市合并，并对部分县级市实行计划单列，促进城乡经济一体化发展。①

同时，积极推动横向经济联合。1987 年成立了"武汉经济协作区"，全省除恩施自治州以外其他地市基本上都进入了协作区，同时还吸收了周边湖南、河南、江西、安徽的邻近城市参加。黄石、沙市、宜昌、十堰等市则分别与邻近地区实行地、市协作，发展横向经济联合。

（三）相应推进基层政权重建和区划调整

1983 年 10 月 12 日，中共中央、国务院发布《关于实行政社分开建立乡政府的通知》。湖北省结合推进发展小城镇战略，从 1984 年 3 月起开始"撤社建乡"工作，建立了区公所和乡镇两级建制。通过这次撤社建乡工作，湖北省的小城镇数量得到迅速增长。在县以下实行区、乡两级行政建制，造成层次多、效率低的局面。为改变这种状况，1987 年 10 月全省开展"撤区并乡"工作。到当年底，全省除恩施自治州以外全部撤销区公所，原区公所基本上都改建为镇，原区辖乡镇合并升格为县辖乡镇。通过这两次行政区划调整，全省共设置建制镇 845 个，小城镇数量和规模有了进一步扩大。②

三　对本阶段城市发展的基本评价

本阶段确立的区域经济发展战略对湖北省经济社会发展起到了较大的推动作用。通过大力实施发展中小城市和小城镇战略，湖北城市布局有了初步改善，大、中、小城市和 800 多个建制镇，分布在全省各地，有力地促进了区域经济的协调发展和城乡经济一体化进程。"四区一中

---

① 廖长林、秦尊文：《湖北区域经济发展战略的历史考察》，《湖北社会科学》2008 年第 1 期。

② 廖长林、秦尊文：《湖北区域经济发展战略的历史考察》，《湖北社会科学》2008 年第 1 期。

心"战略打破了行政区划的束缚，在湖北首次建立了"经济区"的概念，它要求武汉对全省发挥辐射功能，要求其余"四区"的中心城市也要对各自所在区域发挥带动作用，特别是襄樊地、市合并的探索为后来全面实行市领导县体制提供了"试验田"。"以中部带周边"战略打破了"四区"的划分，要求以"四区"的精华部分构成的"中部"带动周边山区发展。"四区一中心"战略是基于当时的生产力布局状况而制定的，比较符合客观实际，特别是强调武汉中心地位和建立武汉经济协作区的做法，为后来"武汉城市圈"的建立打下了一定基础。"以中部带周边"是基于"大三角"特征而制定的战略，这也为后来的"金三角"战略奠定了思想基础。① 随着三大战略的实施以及配套政策的颁布，各地区共同助力武汉市发展，以武汉市的发展带动周边经济发展，湖北省内的"以大带小"区域发展格局已经逐步形成，这一格局建立在湖北省"一强多弱"的经济基础之上，既利用了各周边城市配置资源的优势，同时又发挥了武汉市反哺各周边地区的作用，推动了湖北省内区域的联动发展。

这一时期的区域经济发展战略也有一些不足。一是武汉的中心作用发挥不够，特别是武汉市计划单列之后，在一定程度上存在省、市"两张皮"的问题；武汉市的"两通起飞"战略虽然放眼全国，但与湖北省其他地方的经济发展战略结合不紧、互动不够。二是县域经济发展不够。搞活县域经济是搞活湖北区域经济的一个重要方面。虽然在 1984年，湖北省选定了蒲圻、安陆、当阳、随州、石首、罗田、巴东、黄陂、丹江口 9 个县市进行县级经济体制改革的综合试点，但效果不太明显。三是小城镇发展质量不高。主要表现为数量增长过快，而单体城镇规模过小。有的县市设置的建制镇多达 30 个，有的小城镇非农业人口甚至不到 1000 人，难以发挥集聚效应。②

---

① 廖长林、秦尊文：《湖北区域经济发展战略的历史考察》，《湖北社会科学》2008 年第 1 期。

② 廖长林、秦尊文：《湖北区域经济发展战略的历史考察》，《湖北社会科学》2008 年第 1 期。

第四节　城市较快发展阶段（1989～1997 年）

一　设市进程与区划变动

经过了 1979～1988 年十年的迅猛发展后，1989～1997 年湖北设市
速度有较大幅度下降。县级市设立较少，再也没有一年设立五六个县级
市的情况出现。这一期间仅设立了 7 个县级市：1990 年底，撤销了黄
冈县，设立黄州市；1992 年，撤县建市设立钟祥市；1994 年 2 月和 6
月，先后撤县建市设立大冶市和宜城市；1995 年，松滋撤县建市；
1996 年，撤县建市设立枝江市；1997 年，撤县建市设立利川市。

这一期间，最大特色是地、市合并，壮大地级市，并创造性地
设立省直管县级市。1993 年 4 月，国务院批准撤销孝感地区，设立
地级孝感市，原县级孝感市改制为孝南区和孝昌县。1994 年 9 月，
国务院批准撤销郧阳地区，与十堰市合并；撤销荆州地区和沙市
市，组建荆沙市（1996 年 11 月更名为荆州市），下设沙市、荆州、
江陵 3 区；同时，省政府决定将原分属荆州市和襄樊市管辖的仙桃、
潜江、天门和随州 4 市列为直管市。1995 年 12 月，国务院批准撤
销黄冈地区和县级黄州市，设立地级黄冈市，黄冈市设黄州区和团
风县，并辖原地区各县；武汉市撤武昌县改设江夏区；宜昌市设猇
亭区；襄樊市撤襄城、樊东、樊西、郊区 4 区，设襄城区和樊城区；
并且为了理顺行政区划体制，壮大城市实力，带动区域经济发展，
经国务院批准，将咸宁地区的阳新县划归黄石管辖，将荆州市管辖
的京山县划归荆门市管辖，将荆州市代管的钟祥市划归荆门市
代管。

截至 1997 年，湖北省共有省辖市 10 个、地区 1 个、自治州 1 个、
林区 1 个、县级市 26 个、县 41 个、市辖区 33 个（见表 3 - 5）。

表 3 – 5　1997 年湖北省行政区划

行政区划	具体市区县
武汉市	11 区 2 县：江岸区、江汉区、硚口区、汉阳区、武昌区、青山区、洪山区、东西湖区、汉南区、蔡甸区、江夏区、黄陂县（城关镇）、新洲县（新洲镇）
黄石市	4 区 1 市 1 县：黄石港区、石灰窑区、下陆区、铁山区、大冶市、阳新县（兴国镇）
襄樊市	2 区 3 市 4 县：襄城区、樊城区、老河口市、枣阳市、宜城市、襄阳县（张湾镇）、南漳县（城关镇）、谷城县（城关镇）、保康县（城关镇）
十堰市	2 区 1 市 5 县：茅箭区、张湾区、丹江口市、郧县（城关镇）、郧西县（城关镇）、竹山县（城关镇）、竹溪县（城关镇）、房县（城关镇）
荆州市	3 区 3 市 2 县：沙市区、荆州区、江陵区、石首市、洪湖市、松滋市、公安县（斗市镇）、监利县（容城镇）
宜昌市	4 区 3 市 4 县 2 自治县：西陵区、伍家岗区、点军区、猇亭区、枝城市、当阳市、枝江市、宜昌县（小溪塔镇）、兴山县（古夫镇）、远安县（鸣凤镇）、秭归县（茅坪镇）、五峰土家族自治县（五峰镇）、长阳土家族自治县（龙舟坪镇）
荆门市	2 区 1 市 1 县：东宝区、沙洋区、钟祥市、京山县（新市镇）
鄂州市	3 区：鄂城区、华容区、梁子湖区
孝感市	1 区 4 市 3 县：孝南区、应城市、安陆市、广水市、汉川市、云梦县（城关镇）、大悟县（城关镇）、孝昌县（花园镇）
黄冈市	1 区 2 市 7 县：黄州区、麻城市、武穴市、浠水县（清泉镇）、蕲春县（漕河镇）、黄梅县（黄梅镇）、英山县（温泉镇）、罗田县（凤山镇）、红安县（城关镇）、团风县（团风镇）
直辖单位	4 市 1 林区：仙桃市、随州市、天门市、潜江市、神农架林区（松柏镇）
咸宁地区（咸宁市）	2 市 4 县：咸宁市、蒲圻市、通山县（通羊镇）、崇阳县（天城镇）、通城县（隽水镇）、嘉鱼县（鱼岳镇）
恩施土家族苗族自治州（恩施市）	2 市 6 县：恩施市、利川市、建始县（业州镇）、咸丰县（高乐山镇）、巴东县（信陵镇）、宣恩县（珠山镇）、来凤县（翔凤镇）、鹤峰县（容美镇）

资料来源：根据各地政府网站"城市历史沿革"资料整理。

二 城市与区域发展战略

（一）"金三角"战略

"金三角"当时主要是指以武汉特大城市为中心，以沿江大中城市黄石、宜昌、襄樊为顶点，以江汉平原为中部腹地的区域。"金三角地区"资源、经济、技术条件优越，是湖北省经济建设的"黄金地带"。《湖北省国民经济和社会发展"九五"计划及 2010 年远景目标纲要》指出：以"金三角"地区为重点，完善生产力空间布局，要根据"金三角"地区资源和经济、技术条件的状况，按照地区倾斜和产业倾斜相结合、地区生产专门化与综合发展相结合的原则，选定区域优势产业突破发展，形成合理的地域分工，拓展和完善"金三角"的开发建设布局，加强其对周边地区的辐射功能，带动全省经济的发展。

但"金三角"在各种文件或文献中的表述不固定、不统一。有时是指武汉 - 宜昌 - 襄樊"金三角"，有时是指以武汉为中心的黄石 - 宜昌 - 襄樊"金三角"，有时是指武汉黄石 - 宜昌荆州 - 襄樊十堰这样的双核"金三角"。概念外延的不固定，表明"金三角"战略不是很成熟。①

（二）"两江三线"战略

1991 年《湖北省国民经济和社会发展十年规划和第八个五年计划纲要》指出："'八五'期间，要充分发挥长江'黄金水道'和'经济走廊'的优势和铁路大动脉的作用，加速长江经济带的改革开放开发和汉江经济带的若干重点建设，为逐步形成以长江、汉江和京广、焦枝、襄渝、汉丹、大沙铁路为主线，以武汉市为中心、中等城市为骨干、众

---

① 廖长林、秦尊文：《湖北区域经济发展战略的历史考察》，《湖北社会科学》2008 年第 1 期。

多小城市为联结点、广大农村为依托的区域经济格局，迈出坚实的步伐。"这段表述被称为"两江三线战略"。"两江"指长江、汉江，这是长江经济带开放开发战略的延伸；"三线"指京广、焦枝两条纵向铁路线，加上襄渝、汉丹、大沙线连成的一条横向铁路线。但在"九五"时期的"两江三线"有时表述为长江、汉江和京广、京九、汉渝铁路线。"两江三线"也覆盖了"金三角"地区，因此"两江三线"战略也可以视作对"金三角"战略的延伸和覆盖。[①]

（三）"一特五大"战略

从 20 世纪 90 年代初到 21 世纪初，湖北省一直在实施"一特五大"战略。1993 年湖北省第六次党代会明确要求全省建设好一个特大城市武汉，同时努力建成五个大城市：荆州、黄石、襄樊、宜昌、十堰。这被概括为"一特五大"战略。1996 年《湖北省国民经济和社会发展"九五"计划及 2010 年远景目标纲要》指出："'九五'时期，全省城镇体系的发展要与全国城镇体系规划、全省国土规划及全省经济和社会发展计划衔接，与国家和省生产力总体布局相适应，充分利用现有基础，在控制特大城市武汉市的发展规模、完善其中心城市功能的同时，重点发展现有中等城市，尽快将黄石、荆沙、襄樊、宜昌、十堰发展为大城市；完善小城市，将中部地区的一部分小城市发展为中等城市，抓好 20 个县（市）的综合改革试点，把这 20 个县（市）优先建设为中小城市。"2000 年湖北省委《关于制定全省国民经济和社会发展第十个五年计划的建议》中再次指出："加快形成和完善以武汉为中心，以襄樊、黄石、宜昌、荆州、十堰五个区域性中心城市为骨干，一批中等城市为依托，一大批县级市和星罗棋布的小城镇为纽带，辐射和带动全省经济社会发展的'金字塔型'城镇体系，加速推进城镇化，提高

---

① 廖长林、秦尊文：《湖北区域经济发展战略的历史考察》，《湖北社会科学》2008 年第
1 期。

城市化水平"。"一特五大"战略作为湖北城市化战略，20 世纪 90 年代得到确立和实施，只是"五大"的顺序因各城市实力变化有了较大变化。襄樊、宜昌的位次有所提前，而荆州位次则后移，主因是 1994 年仙桃、潜江、天门 3 市从荆州独立归省直管，1996 年钟祥市和京山县又划归荆门市管辖，使其经济总量与襄樊、宜昌相比有较大下降。尽管如此，荆州全市经济仍然发展较快，市区已经达到当时"大城市"规模。①

（四）湖北长江经济带开放开发战略

长江是我国最大的河流，也是世界开发条件最好、潜力最大的河流之一。湖北是长江经济带上的一个重要省份，地处长江中游，长江干流横贯省境 1061 千米，长江最大支流汉江斜穿省境 878 千米，其流域面积覆盖全省国土面积的 99.6%，基本涵盖了整个省域，在长江经济带的开放开发中有着十分重要的战略地位。在 20 世纪 80 年代末，湖北省就提出了"湖北长江经济带开放开发战略"，着力拓展沿江经济布局，初步形成了以武汉为龙头，以长江和汉江为依托的开放开发基本框架。随着国家做出长江经济带开放开发的战略决策，并在"九五"计划及 2010 年远景规划中把长江三角洲及沿江地区作为七大经济区之首来部署，实现经济重心从沿海向内地的战略转移。借这一大的机遇，湖北省积极实施长江经济带开放开发战略。1992 年 4 月 3 日，第七届全国人民代表大会第五次会议审议并通过了《关于兴建长江三峡工程的决议》。1994 年 12 月 14 日，三峡工程正式开工。这为湖北的跨世纪振兴提供了千载难逢的机遇，也使湖北长江经济带开放开发战略地位达到前所未有的高度。特别值得注意的是宜昌市借三峡工程建设的良机，使其在全省区域经济布局中地位得到了较大提升。省委、省政府要求，以三峡工程

---

① 廖长林、秦尊文：《湖北区域经济发展战略的历史考察》，《湖北社会科学》2008 年第 1 期。

为契机，深化改革、扩大开发、自力更生，加快三峡地区的资源开发和结构调整，把经济发展与移民安置结合起来，以开发性移民促进经济发展，以经济发展保障移民安置的长治久安，力争在较高的起点上规划和建设一个经济发达、环境优美、人民安居乐业的新型库区，把宜昌市建成全国最大的水电基地、全省新兴的工业基地、一流的风景旅游区和重要的交通枢纽。[①]

三　对本阶段城市发展的基本评价

（一）做强做大了龙头城市

上述"金三角"战略、"两江三线"战略、"一特五大"战略、湖北长江经济带开放开发战略都强调充分发挥武汉作为全省龙头城市的带动作用。这一阶段，武汉一方面重点抓了"四城""三区""两港"的开发建设。"四城"是钢城、车城、科技城、商业城；"三区"是东湖高新技术产业开发区、沌口汽车产业开发区、阳逻经济技术开发区；"两港"是武汉长江航运港、天河机场国际空港。另一方面突出发展了包括金融、信息产业在内的二、三产业，积极发展城郊农业和郊县乡镇企业，使武汉成为我国内陆最大的金融、流通、运输、信息、科教中心，带动全省经济发展。[②]

（二）抢抓三峡工程机遇壮大了宜昌

湖北省利用三峡工程这一机遇，建设了一批形成支柱产业和具有发展后劲及带动全省经济上新台阶的重点项目。一是加强交通、通信等基

---

① 廖长林、秦尊文：《湖北区域经济发展战略的历史考察》，《湖北社会科学》2008年第1期。

② 廖长林、秦尊文：《湖北区域经济发展战略的历史考察》，《湖北社会科学》2008年第1期。

础设施建设，在加快宜昌三峡机场、宜昌市 6 万门程控电话等工程建设的同时，还建设了一批港区、桥梁、公路、电力、通信等重大基础设施项目，使三峡地区的投资环境得到明显改善。二是用好国家安排的移民资金和各项扶持资金，把开发性移民与经济发展有机结合起来，建设了一批高效农业、交通、通信、能源、建材、化工、冶金、轻纺、旅游等重点建设项目，促进移民搬迁和库区经济的快速发展。三是搞好重点配套和三峡工程综合效益的利用，以三峡工程建设市场为导向，建设了一批高档新型建筑、装饰材料、高标号水泥、浮法玻璃及玻璃深加工、大件加工、农副产品基地等重点配套项目，带动全省相关产业的发展，并在沿江地带和三峡地区布点建设了一批在耗能、耗水、运量上能够承受的原材料工业，如冶金、化工及化工产品深加工等，增强经济发展后劲。四是利用三峡工程建设，带动三峡相邻地域的开发，如清江流域的梯级开发。①

（三）努力增强城市实力

为了增强经济发展后劲，在原有"一（武钢一米七轧机）、二（第二汽车制造厂）、三（三三〇水利枢纽工程）"重大项目的基础上，又改造和建设了一批重大项目，主要包括：以武钢"双一千"改造为重点的鄂东钢铁工业基地的改造；鄂西钢铁基地的兴建；湖北 100 万辆汽车工程及配套项目的建设；鄂东火电群和鄂西水电基地的建设；"云、应、天、潜"盐化工基地的改造和建设，黄麦岭、大峪口和宜昌磷化工基地的建设等。

完善省域交通运输网络。以长江及京广、焦柳和京九铁路等运输干线为骨干，多种运输方式配合，与全国运网紧密相连，建设和完善了五条运输通道。这五条运输通道是：由京广铁路、107 国道、京珠公路主骨

---

① 廖长林、秦尊文：《湖北区域经济发展战略的历史考察》，《湖北社会科学》2008 年第 1 期。

架和航空线组成的中部南北通道；京九铁路和 106 国道组成的东部南北通道；焦枝铁路和 207 国道组成的西部南北通道；长江、沪渝沿江铁路、318 国道、宜黄公路、沪蓉公路主骨架及航空线组成的中部东西通道；襄渝铁路、汉丹铁路、汉江、汉十公路及航空线组成的西北部东西通道。[①]

（四）大范围推行市带县体制

在借鉴武汉、黄石两市 20 世纪 50 年代就实行市领导县的历史经验，特别是在总结 1983 年襄阳、襄樊地市合并成功做法的基础上，在本阶段湖北省全面实施市带县体制。到 1997 年末，全省仅剩下唯一的地区——咸宁地区。

从湖北大范围推行市带县体制的实际效果来看，确实有利于打破市县之间的行政壁垒和城乡分割、工农分离的格局，能够发挥中心城市对农村的拉动作用。实行这一新体制后，湖北工业化、城市化进程大大加快，对湖北到 2000 年基本实现小康发挥了重大积极影响。

---

① 廖长林、秦尊文：《湖北区域经济发展战略的历史考察》，《湖北社会科学》2008 年第 1 期。

第四章
湖北城市稳定发展阶段（1998～2019年）

1997年国务院做出了"暂停审批县改市"的决定，民政部对撤县设市进行了严格管理与控制。从1998年起，湖北设市步伐大幅放缓，城市进入稳定发展阶段。1998年至2019年又可分为两个小的阶段：1998～2002年间的城市提质增效阶段和2003～2019年间的城市抱团发展阶段。

第一节　城市发展概述及区划调整

一　行政区划调整

1998年12月6日，国务院批准撤销咸宁地区和县级咸宁市，设立地级咸宁市。咸宁市设立咸安区，以原咸宁市的行政区域为咸安区的行政区域。地级咸宁市辖咸安区及原咸宁地区的嘉鱼县、通城县、崇阳县、通山县、赤壁市。从时间上来看，咸宁是湖北省最后一个撤地设市的地区，此后湖北省不再存在地区行署这样的机构。咸宁撤地设市之后，湖北省共有12个省辖市、24个县级市。从空间布局来看，湖北省的城市分布更加合理，城市体系也更加科学。

还需要注意的是，1998年，武汉市、荆州市、荆门市下辖区的数量发生了变化。国务院1998年9月15日批准撤销新洲县，设立武汉市新洲区，以原新洲县的行政区域为新洲区的行政区域；撤销黄陂县，设立武汉市黄陂区，以原黄陂县的行政区域为黄陂区的行政区域。这样一来，武汉市的市辖区由原来的11个增加为13个。国务院于1998年7月2日决定撤销荆州市江陵区，设立江陵县。其最主要的原因是江陵主城区距离荆州主城区有50多千米，荆州主城区的经济规模较小，辐射能力较弱，难以对江陵产生协同带动效应。1998年12月9日，经国务院批准，撤销荆门市沙洋区，设立沙洋县，其撤区设县的原因与江陵县基本相同。

此时，湖北省的城市体系战略仍然以1993年湖北省第六次党代会提出的"一特五大"战略为指导。"一特"是指省会武汉作为特大城市，提出的目标却是在控制武汉市发展规模的同时完善城市功能。从城市规模效应来看，这个思路应该说是存在问题的。武汉作为特大城市，应该是重点发挥规模效应，而不是人为控制规模。"五大"是指省内的荆州、黄石、襄樊、宜昌、十堰五个城市，作为大城市进行重点建设，与"一特"武汉市构成湖北省城市体系的骨架。

世纪之交，湖北省城市体系发生了较大的变化。其最主要的表现就是地级随州市的设立。2000年6月25日，国务院批准撤销省辖县级随州市，设立地级随州市，设立曾都区，以原县级随州市的行政区域为曾都区的行政区域，将孝感市代管的广水市划归地级随州市代管。另外，2001年，宜昌、襄樊和荆门三个城市的城区规模发生了较大的变化，均增加了区的数量。2001年3月17日，国务院批准设立荆门市掇刀区，将荆门市东宝区的何场乡、麻城镇、团林铺镇、掇刀石街道和白庙街道划归掇刀区管辖。同年3月22日，国务院批准撤销宜昌县，设立宜昌市夷陵区，以原宜昌县的行政区域（不包括土城乡、桥边镇、艾家镇）为夷陵区的行政区域。将原宜昌县的土城乡、桥边镇、艾家镇划归宜昌市点军区管辖。同年，国务院于 8 月 31 日批准撤销襄阳县，设立襄樊市襄阳区，将原襄阳县的张湾镇、东津镇、双沟镇、张家集镇、屿山镇、黄龙镇、程河镇、朱集镇、古驿镇、伙牌镇、黄集镇、石桥镇、龙王镇和襄阳市樊城区的米庄镇划归襄阳区管辖，将原襄阳县的牛首镇、太平店镇划归樊城区管辖，将原襄阳县的欧庙镇、泥咀镇划归襄城区管辖。①

2010 年 11 月 26 日，国务院正式批复同意湖北省襄樊市更名；12 月 9 日，襄樊市宣布正式更名为襄阳市，其下辖的襄阳区更名为襄州区。

表 4 – 1   湖北省 2019 年行政区划（截至 2019 年 9 月）

行政区划	具体内容
武汉市	13 区：江岸区、江汉区、硚口区、汉阳区、武昌区、青山区、洪山区、东西湖区、汉南区、蔡甸区、江夏区、黄陂区、新洲区
黄石市	4 区 1 市 1 县：黄石港区、西塞山区、下陆区、铁山区、大冶市、阳新县（兴国镇）
襄阳市	3 区 3 市 3 县：襄城区、樊城区、襄州区、老河口市、枣阳市、宜城市、南漳县（城关镇）、谷城县（城关镇）、保康县（城关镇）
十堰市	3 区 1 市 4 县：茅箭区、张湾区、郧阳区、丹江口市、郧西县（城关镇）、竹山县（城关镇）、竹溪县（城关镇）、房县（城关镇）
荆州市	2 区 3 市 3 县：沙市区、荆州区、石首市、洪湖市、松滋市、公安县（斗市镇）、监利县（容城镇）、江陵县（郝穴镇）
宜昌市	5 区 3 市 3 县 2 自治县：西陵区、伍家岗区、点军区、猇亭区、夷陵区、枝城市、当阳市、枝江市、兴山县（古夫镇）、远安县（鸣凤镇）、秭归县（茅坪镇）、五峰土家族自治县（渔阳关镇）、长阳土家族自治县（龙舟坪镇）
荆门市	2 区 2 市 1 县：东宝区、掇刀区、钟祥市、京山市、沙洋县（沙洋镇）
鄂州市	3 区：鄂城区、华容区、梁子湖区

---

① 国务院：《关于同意湖北省撤销襄阳县设立襄樊市襄阳区及调整襄樊市市辖区部分行政区划的批复》，《中华人民共和国国务院公报》2001 年 10 月 10 日。

行政区划	具体内容
孝感市	1区3市3县：孝南区、应城市、安陆市、汉川市、云梦县（城关镇）、大悟县（城关镇）、孝昌县（花园镇）
黄冈市	1区2市7县：黄州区、麻城市、武穴市、浠水县（清泉镇）、蕲春县（漕河镇）、黄梅县（黄梅镇）、英山县（温泉镇）、罗田县（凤山镇）、红安县（城关镇）、团风县（团风镇）
咸宁市	1区1市4县：咸安区、赤壁市、通山县（通羊镇）、崇阳县（天城镇）、通城县（隽水镇）、嘉鱼县（鱼岳镇）
随州市	1区1市1县：曾都区、广水市、随县（厉山镇）
恩施土家族苗族自治州（恩施市）	2市6县：恩施市、利川市、建始县（业州镇）、咸丰县（高乐山镇）、巴东县（信陵镇）、宣恩县（珠山镇）、来凤县（翔凤镇）、鹤峰县（容美镇）
直管单位	3市1林区：仙桃市、天门市、潜江市、神农架林区（松柏镇）

资料来源：根据各地政府网站"城市历史沿革"资料整理。

二　重大历史事件和重大战略决策

（一）"98"抗洪

防汛抗洪是湖北各城市"天大的事"。1998年6月30日，国家防汛抗旱总指挥部（简称"国家防总"）发出《关于长江、淮河防汛抗洪工作的紧急通知》，要求各级领导立即上岗到位，切实负起防汛指挥的重任。7月2日，国家防总、水利部派出由5名专家组成的专家组赶赴长江，指导抗洪抢险。

7月2日，长江上游出现第一次洪峰。17时宜昌洪峰流量53500立方米/秒。7月4～9日，朱镕基总理、温家宝副总理到长江中游地区视察防汛工作，慰问正日夜奋战在抗洪救灾一线的干部、群众和人民解放军、武警官兵，并对长江防汛抗洪工作做出了部署，要求确保长江大堤万无一失。[1] 7月14日，国家防总发出《关于进一步做好防汛工作的通

---

[1]　杜国志：《1998年防汛抗洪大事记》，《防汛与抗旱》1998年第4期。

知》，要求全面落实各项防汛措施，干部、劳力、物资、技术人员要全部到位。

7月18日，长江上游出现第二次洪峰。1时宜昌洪峰流量56400立方米/秒；8时沙市洪峰水位44.00米，相应流量46100立方米/秒。7月21~22日，武汉市降特大暴雨，最大降雨量汉阳532毫米、汉口434毫米、武昌375毫米，创有雨量记录以来的最高纪录。7月22日，江泽民总书记打电话给国务院副总理、国家防汛抗旱总指挥部总指挥温家宝，要求沿长江各省市特别是武汉市做好迎战洪峰的准备，抓紧加固堤防，排除内涝，严防死守，做到三个确保：确保长江大堤安全，确保武汉等重要城市安全，确保人民生命财产安全。①

7月24日，长江上游出现第三次洪峰。宜昌洪峰流量52000立方米/秒。7月24日零时，温家宝副总理连夜主持召开国家防总全体会议，分析长江防汛形势，对迎战即将到来的第三次洪峰做出紧急部署。7月26日零时，长江石首至武汉河段实施封航。7月27日8时，长江武汉至小池口河段实施封航。7月27~30日，温家宝副总理第三次到长江流域湖北、湖南、江西、安徽、江苏五省检查长江防汛工作。8月1日20时30分，湖北省嘉鱼县合镇垸溃决。该垸为长江大堤之间的洲滩民垸，溃决后湖北省防汛指挥部紧急调动2000名解放军、武警官兵和公安干警，动用150多艘冲锋舟、橡皮船，全力抢救，并空投1万件救生衣。在抢险中有19名解放军官兵牺牲。8月2日，国家防总发出《关于及时转移危险地带人员，加强大堤防守的紧急通知》，要求必须把保证人民群众生命安全放在首位，及时转移危险地区群众，同时要突出重点，切实加强长江干堤、重点圩垸堤坝和重要城区堤坝的防守。② 8月6日，湖北省宣布进入紧急防汛期。

8月7日，长江上游出现了第四次洪峰，洞庭湖水位持续上涨，造

① 杜国志：《1998年防汛抗洪大事记》，《防汛与抗旱》1998年第4期。
② 杜国志：《1998年防汛抗洪大事记》，《防汛与抗旱》1998年第4期。

成了长江中下游更为严峻的局面。22时宜昌洪峰流量61500立方米/秒。8月8～9日，朱镕基总理第二次赴长江流域湖北、江西抗洪最危险堤段察看汛情，对抗洪抢险做重要指示。8月11日，温家宝副总理在湖北省荆州市主持召开国家防总特别会议，根据长江洪水居高不下的情况，有针对性地提出了严防死守长江大堤的意见。

8月12日，长江上游出现第五次洪峰。15时宜昌洪峰流量62800立方米/秒。8月13～14日，江泽民总书记到长江荆江大堤、洪湖大堤、武汉龙王庙、月亮湾等险段指挥抢险，慰问军民，发出决战决胜的总动员令，给抗洪军民以极大的鼓舞。[1]

8月16日，长江上游出现第六次洪峰。为迎战长江第六次洪峰，温家宝副总理第五次来到湖北抗洪前线指挥抗洪抢险。8月17日9时，湖北沙市出现洪峰水位45.22米，超过1954年的历史最高水位0.55米，超过荆江分洪上限水位0.22米。[2] 在这关键时刻，以葛洲坝枢纽为龙头，隔河岩、漳河、丹江口等湖北大型水库优化调度，积极拦蓄洪水，大大减轻了下游的防洪压力。

8月25日，长江上游出现第七次洪峰。12时宜昌洪峰流量56300立方米/秒，洪峰水位53.29米。当晚，长江抗洪一线部队17.8万人全部上堤防守。由于隔河岩、葛洲坝水库拦洪错峰，这次洪峰没有引起汉口以下河段水位上涨，但高水位的持续时间进一步延长。

8月31日，长江出现第八次洪峰。2时宜昌洪峰流量57400立方米/秒，葛洲坝和隔河岩水库再次发挥了重要作用，消减洪峰流量2000立方米/秒，拦蓄洪水1亿多立方米，减轻了这次洪峰对下游的影响。[3]

9月2日，长江中下游干流水位开始全线回落。长江干流鄂州至小池口河段恢复通航，累计断航时间37天。[4] 9月7日，长江干流石首至

---

① 杜国志：《1998年防汛抗洪大事记》，《防汛与抗旱》1998年第4期。

② 杜国志：《1998年防汛抗洪大事记》，《防汛与抗旱》1998年第4期。

③ 杜国志：《1998年防汛抗洪大事记》，《防汛与抗旱》1998年第4期。

④ 杜国志：《1998年防汛抗洪大事记》，《防汛与抗旱》1998年第4期。

武汉河段恢复通航，至此长江干流全线恢复通航，最长封航时间 43
天。① 9 月 22 日，参加抗洪抢险的解放军和武警部队官兵全部撤离抗洪
第一线。9 月 25 日，长江中下游水位全线回落至警戒水位以下。9 月 28
日，全国抗洪抢险总结表彰大会在京隆重举行。江泽民总书记发表重要
讲话，宣布抗洪抢险斗争已经取得全面胜利。②

"98"抗洪，湖北保住了大武汉，保住了长江沿线十多个城市和上
百个小城镇，保住了广袤的江汉平原，但也付出了沉重的代价。据统
计，当年整个汛期湖北直接经济损失达 500 多亿元。

（二）三峡工程建成投运

1998 年 5 月 1 日，经过 5 年的建设，长江三峡临时船闸正式通航。
2002 年 3 月 17 日，三峡工程首台发电机组转轮吊装成功。2002 年 9 月
1 日，三峡工程永久船闸开始进行有水调试。10 月 26 日，全长 1.6 千
米的三峡二期大坝全线封顶，整段大坝都已达到海拔 185 米设计坝顶高
程。③ 2003 年 6 月 1 日零时，三峡大坝闸门按计划准时启动，三峡工程
正式下闸蓄水。三峡工程船闸全长 6.4 千米，其中船闸主体部分 1.6 千
米，引航道 4.8 千米。三峡船闸系双线 5 级梯级船闸，其工程规模居世
界之最。④ 2003 年 6 月 16 日，三峡船闸开始试通航。⑤ 7 月 10 日，长江
三峡工程第一台发电机组——装机容量 70 万千瓦的 2 号机组提前 20 天
实现并网发电。2004 年 7 月 8 日，国务院长江三峡二期工程船闸通航验
收委员会在三峡工地宣布，三峡船闸已经通过正式通航验收，由试通航
转为正式通航。2006 年 5 月 20 日，三峡大坝全线到顶 185 米高程，举

---

① 杜国志：《1998 年防汛抗洪大事记》，《防汛与抗旱》1998 年第 4 期。
② 杜国志：《1998 年防汛抗洪大事记》，《防汛与抗旱》1998 年第 4 期。
③ 秦尊文：《长江经济带形成中的部门推动》，《长江大学学报》（社会科学版）2018 年
第 5 期。
④ 《快讯：世界最大水坝——三峡大坝正式建成》，《中国日报》2006 年 5 月 20 日。
⑤ 秦尊文：《长江经济带形成中的部门推动》，《长江大学学报》（社会科学版）2018 年
第 5 期。

世瞩目的世界第一水坝宣告完工。①

社会上有些人士指责三峡工程得不偿失，甚至认为在此建一个特大型水电站还不如分散在上游地区建设多个大中型水电站来替代。实际上，三峡水利枢纽从名称就可以看出，其第一功能是水利、是防洪。新中国成立前，长江洪水时常泛滥。据史料记载，从公元前206年至1949年的2155年，大的洪涝灾害就发生了1029次，几乎每两年就有一次。②新中国成立后，国家虽然加强了长江防洪治理，但仍然受到洪水威胁。而长江三峡大坝建成后，经三峡水库调蓄，可有效地控制长江上游洪水，使长江变成"温顺的龙"，不再泛滥。即使遇到类似于1870年的特大洪水，通过荆江分洪等分蓄洪工程高度的配合，能够有效防止荆江河段两岸发生干堤溃决的毁灭性灾害，能减轻对武汉大都市的洪水威胁，③ 并可为湖南洞庭湖区的治理创造条件。

三峡水利枢纽的第二功能是发电。机组布置在三峡大坝的后侧，共安装32台70万千瓦水轮发电机组，其中左岸14台，右岸12台，地下6台，另有2台5万千瓦的电源机组，总装机容量2250万千瓦。三峡电站是世界上规模最大的水电站，远远超过位居世界第二的巴西伊泰普水电站。自2003年起，中国出现了严重的电力供应紧张局面，煤炭价格飙升。此时，三峡机组从当年7月起陆续有机组投产发电，有效地缓解了长江中下游地区和珠三角地区的能源紧张问题。④

三峡水利枢纽的第三功能是航运。由三峡水利枢纽形成的三峡水

①　秦尊文：《长江经济带形成中的部门推动》，《长江大学学报》（社会科学版）2018年第5期。

②　秦尊文：《长江经济带形成中的部门推动》，《长江大学学报》（社会科学版）2018年第5期。

③　秦尊文：《长江经济带形成中的部门推动》，《长江大学学报》（社会科学版）2018年第5期。

④　秦尊文：《长江经济带形成中的部门推动》，《长江大学学报》（社会科学版）2018年第5期。

库，全长 600 余千米，平均宽度 1.1 千米，正常蓄水位为 175 米，水库面积 1084 平方千米，总库容量为 393 亿立方米。三峡水库的形成，实现了毛泽东"高峡出平湖"的愿望，万吨级船队可直达重庆港。① 经三峡水库的调节，宜昌下游枯水季最小流量，可以从 3000 立方米/秒提高到 5000 立方米/秒以上，使长江中下游枯水季航运条件也得到较大的改善。

2018 年 4 月 24 日，习近平总书记来到三峡坝区，察看三峡工程和坝区周边生态环境，对三峡工程给予了高度肯定：三峡工程是国之重器，是靠劳动者的辛勤劳动自力更生创造出来的。三峡工程的成功建成和运转，使多少代中国人开发和利用三峡资源的梦想变为现实，成为改革开放以来我国发展的重要标志。这是我国社会主义制度能够集中力量办大事优越性的典范，是中国人民富于智慧和创造性的典范，是中华民族日益走向繁荣昌盛的典范。②

（三）大力实施开放先导战略

2001 年我国正式加入世贸组织后，国内经济生活逐步与国际接轨。湖北省委、省政府认为，中部地区的对外（对内）开放将面临国际和国内沿海地区产业"两个转移"的重要机遇。随着中央关于促进中部地区崛起战略决策的实施，以及中部地区基础设施的不断完善，越来越多的外国投资者谋求在区位优越、交通便利的中部地区发展。③ 同时，沿海发达地区已进入工业化后期，产业升级的内在要求和土地、劳动力等要素成本上升的压力，也迫使其将以劳动密集型为主的加工业向内地转移。沿海产业梯度转移呈现以下新态势：由传统的就近转移、沿交通线转移，向具有较好产业基础和科教优势的地区进行跳跃式转

---

① 秦尊文：《长江经济带形成中的部门推动》，《长江大学学报》（社会科学版）2018 年第 5 期。

② 谢环驰：《2018 习近平总书记视察三峡工程》，《中国三峡》2019 年第 3 期。

③ 尹汉宁：《抓住"两个转移"机遇 推进招商引资工作》，《政策》2007 年第 6 期。

移；由小规模、比较分散的转移，向大规模、产业链条整体转移。

抢抓"两个转移"机遇，湖北具有比较明显的优势。一是区位优势。武汉距北京、上海、广州等主要大城市的距离都在1200千米左右，对于着眼于中国广大腹地市场的外商具有很强的吸引力。二是铁路、公路、内河航运等交通大动脉贯穿湖北，交会武汉，具有航空、铁路、水运运输枢纽的综合功能。三是具有科技、教育和人才方面的比较优势。四是具有一定的产业基础和配套条件。五是重要生产要素的成本较低。[1] 基于这种认识，2002年6月中旬召开的湖北省第八次党代会上，时任湖北省委书记俞正声在党代会报告中指出："要牢固树立主动适应国际竞争的开放观，切实把握我国加入世界贸易组织后对外开放的新特点，实行对外开放与对内开放并举，引进外资与引进内资并重，引资与引'智'结合，既要'引进来'，又要'走出去'，把改善投资环境、扩大招商引资作为加快湖北发展的关键措施来抓，推动全方位、宽领域、纵深化的对外开放。"[2]

同时，要求各级党政主要领导要下大力气抓好招商引资工作，推进招商引资再上新水平。一方面要抓住开放领域扩大、跨国公司看好中国市场的机遇，积极引进外资；另一方面要抓住沿海地区新一轮产业结构调整的机遇，大力吸引沿海资金和技术。[3] 2004年，湖北省委、省政府又明确提出"坚定不移地实施开放先导战略"，对紧紧把握21世纪重大战略机遇期、进一步扩大对外开放工作做了全面部署，继续加强各类开发区建设，落实外商投资企业优惠政策，切实抓好招商引资工作。同时在进一步推动外贸出口、大力实施"走出去"战略、着力推动多领域对外开放、进一步改善和优化对外开放环境、不断完善对外开放促进

---

① 尹汉宁：《抓住"两个转移"机遇 推进招商引资工作》，《政策》2007年第6期。

② 俞正声：《全面贯彻"三个代表"重要思想 为加快湖北现代化建设而努力奋斗——在中国共产党湖北省第八次代表大会上的报告》，《政策》2002年第6期。

③ 俞正声：《全面贯彻"三个代表"重要思想 为加快湖北现代化建设而努力奋斗——在中国共产党湖北省第八次代表大会上的报告》，《政策》2002年第6期。

体系等方面，都制定了具体的政策措施。

（四）落实中部崛起战略

1988 年湖北省委提出"在中部崛起"战略，20 世纪初江西省委、河南省委也有类似提法。2004 年中央提出"促进中部地区崛起"。中部地区包括山西、安徽、江西、河南、湖北、湖南六省，国土面积 102.8 万平方千米，占全国陆地国土总面积的 10.7%。中部地区在全国区域发展格局中具有举足轻重的战略地位。促进中部地区崛起，是完善国家区域战略布局的重要内容，是促进东、中、西三大地带良性互动协调发展的客观需要，是优化国民经济结构、保持经济持续健康发展的战略举措，是确保如期实现全面建设小康社会目标的必然要求。

2005 年 8 月，时任中共中央总书记胡锦涛视察湖北，明确要求把湖北建设成为促进中部地区崛起的重要战略支点。湖北省委据此提出"建设支点"战略，以此统领全局和各项工作。为此，湖北省第九次党代会明确提出了建设"四基地一枢纽"的目标，即建设全国优质农产品生产加工基地、全国先进制造业基地、全国高新技术产业基地、全国现代物流基地、全国综合交通运输枢纽。经过 5 年多的艰苦奋斗，湖北对中部地区的引领、服务、辐射、带动等功能初步显现。2008～2010年，湖北综合经济竞争力上升到全国第 11 位，比 2007 年前进 3 位，晋升为中部榜首。自主创新能力全面提升，跻身全国第一方阵；研发投入位居中部地区第一，专利授权增长幅度高出全国平均水平。2010 年湖北区域创新能力居全国第 8 位。湖北资本自由化指数位居中部第一。湖北的进出口总量、加工贸易位居中部地区第一。湖北的服务功能初步显现。以武汉被确定为中部中心城市为标志，湖北作为中部发展现代服务业重要平台的功能初步形成。武汉中部金融中心地位基本确立。中部医疗中心、中部设计中心正在加速建设。辐射功能初步显现。武汉成为全国四大铁路指挥中心，交通运输枢纽辐射功能强化。① 在对外开放方面：武汉出口加工区拓展了保税物流功能；东西湖保税物流中心2009年封关运行后，服务范围涉及江西、湖南、河南等10余省市。② 2016年8月，党中央、国务院决定，在辽宁省、浙江省、河南省、湖北省、重庆市、四川省、陕西省新设立7个自贸试验区。2017年4月，中国（湖北）自由贸易区武汉片区揭牌。2018年4月，习近平总书记视察中国（湖北）自由贸易区武汉片区，重点强调自主创新的重要性，提出"大国重器必须掌握在自己手里"。如今，武汉片区已拥有全流程5G智能制造生产线、具有完全知识产权的红外探测器芯片等一批重大创新成果。在市场带动方面：汉口北市场集群是中部规模最大、设施配套最好的现代商贸物流区，正在建成中部地区第一个面向国际市场的批发市场。③

以武汉为龙头的湖北城市，在"建设支点"、落实中央中部崛起战略中积极作为，取得了长足发展。以武汉市为例：2010年武汉经济总量在中部城市中率先突破5000亿元，重返全国城市第一方阵；全国重要的先进制造业基地、高新技术产业基地和综合交通运输枢纽已经成型；国家战略赋予了"武汉牌"的新内涵，包括武汉城市圈"两型（资源节约型和环境友好型）社会"建设综合配套改革试验区、东湖国家自主创新示范区和"中部中心城市"等。这一切表明，大武汉已经站在中部乃至全国新一轮改革发展的前沿，是中部崛起的领头羊，正由区域性的"中部中心城市"向全国性的"国家中心城市"转变。

2013年7月，中共中央总书记习近平视察湖北，对湖北提出"建设成为促进中部地区崛起的重要战略支点，争取在转变经济发展方式上

---

① 湖北省委财经办省（委农办）中心学习组：《牢记打造战略支点使命　开创新世纪第二个十年辉煌——学习胡锦涛总书记视察湖北时的重要讲话》，《政策》2011年第8期。

② 赵凌云：《战略支点看湖北》，《新湘评论》2011年第7期。

③ 湖北省委财经办省（委农办）中心学习组：《牢记打造战略支点使命　开创新世纪第二个十年辉煌——学习胡锦涛总书记视察湖北时的重要讲话》，《政策》2011年第8期。

走在全国前列"的要求。① 这被浓缩为"建成支点、走在前列"8个字。湖北省委十届三次全会于 2013 年 10 月 16 日举行，审议通过了《中共湖北省委关于贯彻落实习近平总书记重要讲话精神，加快推进"建成支点、走在前列"的决定》（以下简称《决定》）。《决定》将"建成支点、走在前列"细化为"四个支点、四个前列"：一是加快建设转型升级的支点，努力在创新驱动发展上走在前列；二是加快建设充满市场活力的支点，努力在推进长江经济带开放开发上走在前列；三是加快建设民生共享的支点，努力在增进民生福祉、创新社会建设和管理上走在前列；四是加快建设绿色发展的支点，努力在生态立省、绿色发展上走在前列。

在"建成支点、走在前列"的征程上，湖北城市全面发力，特别是武汉结构调整取得重大进展。2018 年，全年三大战略性新兴产业中，智能制造产业总产值比上年增长 18.8%，生命健康、信息技术产业营业收入分别增长 19.2% 和 21.5%。全年规模以上服务业中，旅游服务业营业收入比上年增长 23.6%，体育服务业增长 21.2%，生产性服务业增长 21.2%，科技服务业增长 20.1%。全年战略性新兴产业投资比上年增长 24.3%，高技术制造业投资增长 56.5%，工业技改投资增长 28.9%。全年限额以上无店铺业态实现零售额 635.15 亿元，比上年增长 34.4%。限额以上住宿餐饮业通过互联网实现餐饮收入增长 3.6 倍。② 四个国家新基地建设全面推进，国家存储器基地第一工厂建成，国家航天产业基地火箭总装总调中心等加快建设，国家网络安全人才与创新基地在建项目总投资超过 1000 亿元，国家新能源和智能网联汽车基地吸引东风新能源、吉利汽车芯片等大项目落户。开放型经济加快发展。全年武汉地区进出口总额 2148.40 亿元，比上年增长 11.0%。其

① 李鸿忠：《深入贯彻落实习近平总书记重要讲话精神 为"建成支点、走在前列"而努力奋斗》，《政策》2011 年第 8 期。
② 武汉市统计局、国家统计局武汉调查队：《2018 年武汉市国民经济和社会发展统计公报》，《长江日报》2019 年 3 月 25 日。

中：进口 873.20 亿元，增长 12.2%；出口 1275.20 亿元，增长 10.2%。一般贸易进出口 1552.90 亿元，增长 19.3%；加工贸易进出口 391.30 亿元，下降 12.8%。全年对外承包工程及劳务合作营业额 46.68 亿美元，比上年增长 19.0%。全年实际利用外资 109.27 亿美元，增长 13.3%。新引进世界 500 强企业 10 家，累计达到 266 家。①

（五）融入长江经济带战略

早在 1988 年，湖北就制定了长江经济带开放开发战略。2009 年，湖北实施"湖北长江经济带新一轮开放开发"。2013 年底国家正式推出长江经济带战略后，湖北全省积极融入、各市全面对接。深入实施《湖北长江经济带生态保护和绿色发展总体规划》，落实湖北长江经济带产业转型升级行动计划，实施产业护江和绿色引擎工程。推进岸线资源节约集约利用，深入开展节水行动，加快武汉城市圈"两型社会"综合配套改革试验区建设。② 2018 年 8 月 8 日，湖北公布了长江经济带绿色发展"十大战略性举措"：加快发展绿色产业、构建综合立体绿色交通走廊、推进绿色宜居城镇建设、实施园区循环发展引领行动、开展绿色发展示范、探索"两山"理念实现路径、建设长江国际黄金旅游带核心区、大力发展绿色金融、支持绿色交易平台发展、倡导绿色生活方式和消费模式。

三　各市发展新定位

武汉市坚持立足中游、引领中部、服务全国、链接全球，全面提升现代制造基地、服务高地、创新源地、开放平台功能，强化长江中游航

---

① 武汉市统计局、国家统计局武汉调查队：《2018 年武汉市国民经济和社会发展统计公报》，《长江日报》2019 年 3 月 25 日。
② 《中共湖北省委关于学习贯彻习近平总书记视察湖北重要讲话精神　奋力谱写新时代湖北高质量发展新篇章的决定》，《湖北日报》2018 年 5 月 21 日。

运中心及综合交通枢纽建设，强化支撑和承启作用，拓展沿江发展新空间，挺起长江经济带脊梁，加快建成以全国经济中心、高水平科技创新中心、商贸物流中心和国际交往中心四大功能为支撑的国家中心城市。[①] 2018 年国家发改委启动了长江经济带绿色发展示范区创建工作，将湖北武汉、江西九江与上海崇明岛一起列为首批长江经济带绿色发展示范区城市。武汉深入推进防洪水、排涝水、治污水、保供水"四水共治"和海绵城市建设，打造全国绿色发展标兵。

湖北各市在"绿色长江"中，百舸争流，各显其能。宜昌市不断加大沿江化工企业"关改搬"和产业转型升级力度，受到习近平总书记表扬；襄阳市着力建设成为汉江流域中心城市，推广"减量化增长"模式，引领汉江生态经济带高质量发展；黄石市加快建设成为现代港口城市，着力建设成为长江中游城市群区域性中心城市；十堰市确保一库净水永续北送，着力建设成为汉江生态经济带枢纽城市；荆州市加强非法码头非法采砂整治和岸线复绿工作，着力建设成为长江经济带重要节点城市；荆门市深化国家循环经济示范城市建设，着力建设成为江汉平原中心城市；鄂州市推动环梁子湖建设湖泊治理示范区，着力建设成为航空都市区；[②] 孝感市加强汉江、府澴河流域环境治理和保护，着力建设成为省际区域性中心城市；黄冈市深入推进长江岸线、港口码头和化工污染整治，着力建设成为大别山核心增长极；咸宁市加强幕阜山区生态修复与保护，着力建设成为"中国绿心"；随州市构筑鄂北生态屏障，着力建设成为"谒祖圣地、专汽之都"；恩施州抓好清江生态环境保护，着力建设成为全国先进自治州；仙桃市、天门市、潜江市统筹推进汉江流域综合治理，着力建设成为"四化同步"发展示范区；神农架林区深化国家公园体制试点，着力打造国际知名生态旅游目的地。全

---

① 朱婷、刘旭辉：《九大国家中心城市何以崛起》，《智慧中国》2019 年第 Z1 期。

② 《中共湖北省委关于学习贯彻习近平总书记视察湖北重要讲话精神 奋力谱写新时代湖北高质量发展新篇章的决定》，《湖北日报》2018 年 5 月 21 日。

省各市县齐心协力，已经形成协同推进湖北长江经济带绿色发展的强大合力。

第二节 城市提质增效阶段（1998～2002 年）

一 城市提质增效的背景

改革开放初、中期，国家宏观调控不太严格，加上新中国成立后几十年的积累，设市出现了搞"批发"的火热景象，湖北省高峰时的 1986 年设 6 个市，一年设市数量相当于改革开放前几十年的设市总和。与此同时，地方领导将设市当政绩，为设市而设市，导致设市升温、城市质量下降。一些城市仅有城市的虚名，或者说还是"准城市"状态，明显存在着"小城区、大农村"的特征，在 30 个新增城市中有 18 个城市化水平低于全省的平均值，有的城市化率不足 15%。①

1997 年下半年至 1998 年，发端于泰国的金融危机席卷亚洲，中国也未能幸免。1998 年和 1999 年连续两年长江大洪水，对湖北经济和社会发展造成较大冲击。加上国务院暂停审批设市，湖北 1998～2002 年没有增设县级市，建制市进入提质增效新阶段。

二 着力提升省辖市发展水平

武汉，湖北省省会，全省经济发展的龙头，我国中部地区的开放型、多功能中心城市，全国重要的现代制造业基地、科教中心和交通通信枢纽。其重点发展功能为：首先，以提高综合竞争力为中心进行经济结构

---

① 范兴元、刘宗发、孙西克、涂世创、秦尊文、陈世强：《湖北省城市化发展战略研究》，《湖北社会科学》2003 年第 12 期。

调整，逐步加大经济结构中知识经济的比重，主要包括对传统产业的全面知识化改造和向高新技术转移，重点是以高新技术开发区为载体，建设五大产业基地，即光电子信息产业基地（即"武汉·中国光谷"）、以轿车为重点的现代制造业基地、钢材制造及新材料产业基地、生物技术与新医药产业基地、环保产业基地；其次，增强对外综合服务功能，大力发展金融、管理、综合技术服务等高层次服务业，优化商贸、旅游等传统第三产业，提高对周边城镇的经济、文化辐射吸引能力，积极培育武汉都市区；最后，完善综合交通运输体系，加快基础设施现代化建设，加大开放力度，创造良好的投资及商贸环境，吸引东部乃至国外的资金、技术、人才、信息和管理，同时积极参与西部大开发，进军广阔的西部大市场。[①]

襄樊，鄂西北地区中心城市，国家级历史文化名城，全国性交通和信息枢纽城市，全国重点汽车制造基地之一。其发展功能为：改造提升传统产业，壮大完善汽车工业，积极培育新型产业；发展外向型经济，扩大高附加值产品的出口创汇；建设水陆空立体交通网络和信息高速公路，形成全国性的物流和信息枢纽；依托现有旅游资源深度开发，成为区域旅游中心城市和国际旅游目的地；大力发展商贸流通、金融保险、社会服务和房地产产业，增强对外服务功能，推进襄樊大都市区健康快速发展。[②]

宜昌，鄂西南地区中心城市，世界水电之都和旅游名城。其发展功能为：依托三峡工程的潜在效能，加快交通网络配套建设和信息基础设施建设；利用长江三峡风光和世界水电之都两大旅游品牌，大力发展旅游业，成为世界旅游名城；抓住国家实施西部大开发战略的机遇，根据当地资源特点，在城市合理布局、功能分区的基础上，发展纺织、化工、机电工业，同时大力推进高新技术产业化和传统产业高新技术化；大力发展商贸流通、金融保险、房地产、综合技术服务和信息产业，提

---

① 范兴元、刘宗发、孙西克、涂世创、秦尊文、陈世强：《湖北省城市化发展战略研究》，《湖北社会科学》2003 年第 12 期。

② 范兴元、刘宗发、孙西克、涂世创、秦尊文、陈世强：《湖北省城市化发展战略研究》，《湖北社会科学》2003 年第 12 期。

高经济集聚和扩散能力。①

黄石，鄂东地区中心城市，长江中游重要的工业基地。其发展功能为：改造和提升传统的冶金、建材等原材料加工工业，大力扶持和发展高新技术产业，不断开发新品种，提高产品的技术含量和附加值，提高轻工业比重，增加工业门类，建立多支柱、稳定的现代工业体系；走可持续发展之路，严格控制环境污染，充分利用铁路、公路、港口交会的交通优势，大力发展商贸流通、交通信息产业；进一步发挥国有大中型企业科技力量雄厚、大中专院校较多及体育场馆建设比较优良的优势，强化教育、科技、社会服务功能，增强对鄂东地区的综合服务能力，真正形成区域性的经济、社会和文化中心。②

荆州，鄂中南中心城市，国家级历史文化名城。其发展功能为：发展新兴工业，拓宽经济增长空间，改造传统工业，增强技术创新能力，提升整体经济实力；强化商贸流通、交通运输功能，提高为周边地区服务能力；大力发展社会服务、教育、科技产业，充分发挥国家历史文化名城优势，形成区域性政治、文化中心，区域旅游中心城市和重要的国内旅游目的地。③

十堰，鄂、渝、豫、陕四省交界的区域中心城市，全国重要的汽车生产基地。其发展功能为：壮大提高汽车及汽车零配件工业，发展资源型特色工业和高新技术工业，改造提升传统工业，形成多支柱的现代工业体系；抓住银武高速公路、武当山机场建设契机，积极参与"武汉·中国光谷"的建设，发展交通信息、商贸流通产业；依托武当山世界文化遗产和现代汽车两大旅游品牌，培育旅游支柱产业；全面提升城市以外综合

① 范兴元、刘宗发、孙西克、涂世创、秦尊文、陈世强：《湖北省城市化发展战略研究》，《湖北社会科学》2003 年第 12 期。

② 范兴元、刘宗发、孙西克、涂世创、秦尊文、陈世强：《湖北省城市化发展战略研究》，《湖北社会科学》2003 年第 12 期。

③ 范兴元、刘宗发、孙西克、涂世创、秦尊文、陈世强：《湖北省城市化发展战略研究》，《湖北社会科学》2003 年第 12 期。

服务功能；大力开展水土治理，减少水土流失，改善城市生态环境。①

荆门，鄂中地区中心城市。应用高新技术加速传统产业的改造升级，重点发展石油化工、建材、食品、机电产业。全面发展第三产业，提升城市对外综合服务功能。②

鄂州，鄂东冶金工业走廊和沿江高新技术产业带的重要组成部分。重点发展钢铁、服装、食品等工业。③

孝感，湖北省汽车走廊和沿江高新技术产业带的组成部分。重点发展汽车、食品加工、化工、建材及高新技术产业，形成商贸、金融、房地产、社会服务、教育业发展比较均衡的综合服务功能，大力发展面向周边城镇特别是武汉的旅游业。④

黄冈，重点发展生物医化、机械电子、新材料等新兴产业。强化综合服务功能，成为区域商贸、信息、金融、科教中心。⑤

咸宁，鄂南地区中心城市。充分利用本地矿产、地热、旅游资源，发展工矿、旅游等支柱产业。利用地处鄂南，与湘、赣两省毗邻的区位优势和京珠高速公路、京广铁路在此交会的交通优势，大力发展商贸流通、交通运输业。加强与武汉及周边城市的互惠互利、紧密合作。提升城市服务功能，发挥作为地区中心的综合行政管理、经济辐射、文化传播功能。⑥

随州，湖北省汽车工业基地之一，国家级历史文化名城。重点扶持

---

① 范兴元、刘宗发、孙西克、涂世创、秦尊文、陈世强：《湖北省城市化发展战略研究》，《湖北社会科学》2003 年第 12 期。

② 范兴元、刘宗发、孙西克、涂世创、秦尊文、陈世强：《湖北省城市化发展战略研究》，《湖北社会科学》2003 年第 12 期。

③ 范兴元、刘宗发、孙西克、涂世创、秦尊文、陈世强：《湖北省城市化发展战略研究》，《湖北社会科学》2003 年第 12 期。

④ 范兴元、刘宗发、孙西克、涂世创、秦尊文、陈世强：《湖北省城市化发展战略研究》，《湖北社会科学》2003 年第 12 期。

⑤ 范兴元、刘宗发、孙西克、涂世创、秦尊文、陈世强：《湖北省城市化发展战略研究》，《湖北社会科学》2003 年第 12 期。

⑥ 范兴元、刘宗发、孙西克、涂世创、秦尊文、陈世强：《湖北省城市化发展战略研究》，《湖北社会科学》2003 年第 12 期。

基础较好的机械电子、纺织服装、仪器加工等行业，加强技术改造和结构升级。充分挖掘国家级历史文化名城内涵，大力发展旅游业，同时强化商贸、金融、社会服务等功能，全面提升城市综合实力。[①]

三 县级市大力发展民营经济

湖北省 1998 年做出了县域经济以民营经济为主体的宏观决策，全省各县级市把民营经济作为经济发展的重点，制定了突破性发展民营经济的宽松政策，出现了民营经济快速发展的好势头。据统计：1997 年至 2001 年全省民营经济工业增加值年均增长 15.21%，高于全省平均水平 6.7 个百分点，年税收增长 17.8%，高于全省平均水平 4.68 个百分点；至 2001 年底，全省非公有制经济工业增加值 520 亿元，社会消费品零售额 940 亿元，税收 35.4 亿元，分别占全省工业增加值、社会消费品零售总额和工商税收的 25.8%、47.6% 和 10.8%。特别是民营经济的快速发展，推动了国有集体经济的改革和所有制结构的调整，全省约有 7000 家民营企业通过购买、兼并、租赁、承包等形式参与了公有制企业改革，盘活资产存量近 2000 亿元。[②]

全省各县级市主要采取了以下做法。

一是以产权制度改革为突破口，实现资本的人格化。抓大放小，加快国有资本从一般中小企业退出，是国有经济布局战略性调整的一项重要任务，而县域经济中有大量的中小国有企业，由于体制的原因，绝大多数效益不好，有的已经成为地方政府的包袱。要改革，其核心就是以产权改革为突破口，从每个企业的实际情况出发，实行"一厂一策，分类指导"，采取拍卖、出售、整体转让、股份制、股份合作制、混合所

① 范兴元、刘宗发、孙西克、涂世创、秦尊文、陈世强：《湖北省城市化发展战略研究》，《湖北社会科学》2003 年第 12 期。

② 赵玮：《论县域经济民营化——以湖北省为例》，《湖北大学学报》（哲学社会科学版）2003 年第 3 期。

有制等多种形式，实现企业产权主体的彻底转换。①

二是以职工身份转变为突破口，实现劳动的市场化。由于县级市范围相对较小，劳动力再就业空间有限，转变职工身份遇到的阻力较大。但职工身份不转变，转变企业的经营机制就是一句空话。一些县级市在推进产权制度改革的同时，在这方面做了一些探索，如在政策上允许企业用有效的资产安置职工，但可采取多样化的延期支付办法，这样拉长改革成本的支付时间，减轻受让者的付现压力。另外，在彻底了断职工身份的同时，还是以内部安置为主，使绝大部分职工在原地甚至原岗位得到了安置。

三是以行政体制创新为突破口，营造良好的发展环境。首先是营造良好法治环境，全面清理有关民营经济地方性法规、规章和政策规定，依法取消针对民营经济的各种不公正待遇，使民营企业充分享有与公有制企业同等的权利；下大力整治针对民营企业的各种不规范、不合法行为，保护民营企业的合法权益。其次是营造良好政策环境，采取"法不禁止即可为"的原则，凡是允许国有、集体和外资企业生产经营的，都向民营经济开放。对于国有企业转制为民营企业后，经营有困难的，给予税费减免等政策扶持。最后是营造良好的信用环境，积极探索建立以民营经济为主要服务对象的信用担保体系，切实帮助民营经济解决好融资难、担保难的问题，兑现承诺政策，以良好的信用启动民间投资、吸引各方投资。

四是以"依法减免"和"阳光操作"为保证，实现企业改革的平稳过渡。企业改制成本过高是改制难以进行的又一重要制约因素，据调查，如果土地、房产、工商等有关职能部门全部按文件规定收费，则收资额将占到资产出售额的40%左右。为了降低企业改制成本，在改制企业不违背国家法律法规的前提下，具体操作时要求各相关职能部门特事特办，将各项收费降到最低，为企业改制支付一部分成本，涉及的有

---

① 赵玮：《论县域经济民营化——以湖北省为例》，《湖北大学学报》（哲学社会科学版）2003年第3期。

关收费项目能免则免，能减则减，减少企业的改制成本。在企业改制过程中，把广大职工群众当作改革的主人，紧紧依靠他们，制定合理政策，要求企业改制方案、经营者选择、资产出售价格等重大改制问题都必须经职代会 2/3 以上职工同意，并坚持公平公正的"阳光操作"，确保改革的平稳有序。[1]

五是以保证银行债权为前提，实现银企双赢。在改制企业中，多数市属企业都背负着沉重的债务包袱，这些债务大部分来自银行，也有少部分来自政府，因此，化解债务难题的关键在于得到银行的理解和支持。所以，企业改组改制必须认真落实所有债权、债务。未经破产程序，不得将债务悬空，不得将银行债务虚挂到政府部门，不得以任何理由逃废银行债务。在具体操作中将企业改制全程纳入银行监督之下，将重点放在那些净资产较少、资债大体相抵或严重资不抵债的企业上，采取多种灵活方式，实现债务的重新组合。对严重资不抵债的企业，在与银行进行债务协商后实行部分挂账停息或向上申报，争取享受政策性呆账核销。对净资产较少或资不抵债的企业，实行零值转让，原企业保留部分资产承担剩余债务，分离有效资产建新企业，政府再让税让利，无限期用于偿还老公司欠银行债务。新的债务重组机制，既降低了企业的债务压力，又减少了银行的债务损失，实现了银企双赢。

第三节　城市抱团发展阶段（2003～2019年）

一　武汉城市圈发展

（一）武汉城市圈战略的缘起

武汉城市圈，又称"1 + 8"城市圈，是指以中国中部最大城市武

---

[1]　赵玮：《论县域经济民营化——以湖北省为例》，《湖北大学学报》（哲学社会科学版）2003 年第 3 期。

汉为核心，包括周边黄石、鄂州、黄冈、孝感、咸宁、仙桃、潜江、天门 8 个大中型城市所组成的城市群。武汉城市圈土地面积不到湖北省 1/3，集中了全省一半以上的人口、六成以上的 GDP 总量。

2001 年底，湖北省社科院专家提出建设"大武汉集团城市"，得到时任湖北省委书记俞正声批示并转武汉市委。2002 年，组建了以湖北省社会科学院牵头、武汉市 7 家单位参加的联合课题组，进行了专题研究。武汉市先后使用了"武汉及周边城市群""武汉城市经济圈"这两个名称。2002 年 5 月 23 日至 25 日，武汉市委、市政府牵头主持召开了武汉及周边城市领导座谈会，武汉周边 8 市即黄石、鄂州、孝感、黄冈、咸宁、仙桃、潜江和天门的市长均参会。

2003 年 4 月 5 日，时任湖北省政府秘书长李春明主持讨论有关部门代拟的《关于武汉城市经济圈建设的若干问题的意见》（草稿），时任湖北省社科院副院长陈文科和研究员秦尊文、省政府发展研究中心副主任梁亚莉、省计委和武汉市政府研究室负责人参加会议。会上，秦尊文提出文件应该统一使用"武汉城市圈"提法，改变"武汉城市经济圈"等多种提法并存的状况。此建议得到陈文科、梁亚莉等同志赞同。6 月 26 日，上述人员再次开会，讨论省计委起草的《关于加快武汉城市圈发展的若干意见》（代拟稿）。秦尊文提出将文件题目修改为《关于加快推进武汉城市圈建设的若干意见》。7 月 3 日此稿下发省直部门和 9 市征求意见。9 月以后，陈文科、秦尊文又多次参加该文件的征求意见座谈会，并提出许多建设性意见。①

2004 年 4 月 7 日，中共湖北省委办公厅、湖北省人民政府办公厅转发《省发展和改革委员会关于加快推进武汉城市圈建设的若干意见》。该文件最大亮点有三：第一，把推进武汉城市圈建设提到了省委、省政府重大战略决策的高度；第二，明确提出了武汉城市圈建设"四个一体化"（即基础设施建设一体化、产业布局一体化、区域市场一体化、城

---

① 陈文科：《从大武汉到武汉城市圈》，湖北人民出版社，2008，第 185～186 页。

市建设一体化）的基本思路；三是成立了由省政府主要领导任组长、各城市主要负责人和省直有关部门负责人为成员的武汉城市圈建设领导小组，省发改委具体负责日常协调工作。该文件的出台，标志着武汉城市圈战略进入全面推进、实施阶段。[1]

2006年12月28日，时任湖北省省长罗清泉、副省长李春明率省直有关部门负责人视察湖北省社会科学院。罗清泉明确指出："武汉城市圈从研究到现在形成规划，社科院有很大的功劳。在整个'十一五'城市规划的编制中，国家发改委开始并没有考虑武汉城市圈，因为我们这项研究抓得比较及时，强度比较大，还有一定的影响，结果引起了中央有关部门的重视。所以，这种先导性的重大战略问题的研究意义重大。"2008年11月18日，时任湖北省委书记罗清泉在湖北省社会科学界联合会第七次代表大会上的重要讲话中，再次对省社科院提出武汉城市圈战略给予了高度评价。[2]

2007年5月8日，湖北省委常委会议原则通过《武汉城市圈总体规划》。在武汉城市圈主要推行"五个一体化"，即基础设施建设一体化、产业布局一体化、区域市场一体化、城乡建设一体化和生态环保一体化。规划兴建从武汉通往周边城市的8条出口高速公路，2006年底开工建设，到2008年底全部建成；规划建设15类50个产业集群，[3] 截至2016年已建成40多个；规划梁子湖环境整治、武汉"两江六湖连通"等生态环保项目，也已完成。2007年12月14日，经报请国务院同意，国家发展和改革委员会正式批准武汉城市圈为全国资源节约型和环境友好型社会建设综合配套改革试验区。

武汉城市圈不仅是湖北经济发展的核心区域，也是中部崛起的重要战

---

[1] 廖长林、秦尊文：《湖北区域经济发展战略的历史考察》，《湖北社会科学》2008年第1期。

[2] 秦尊文：《武汉城市圈的形成机制与发展趋势》，湖北人民出版社，2010，第3页。

[3] 廖长林、秦尊文：《湖北区域经济发展战略的历史考察》，《湖北社会科学》2008年第1期。

略支点，还是湖北省积极融入长江经济带发展的重要部分。现在，湖北省明确提出加快把武汉城市圈打造成长江中游城市群最重要的增长极，发挥武汉这一核心城市的龙头作用，带动武汉城市圈内部相邻城市联动发展。

（二）武汉城市圈人口发展状况

2007 年获批"两型"社会试验区以来，武汉城市圈聚集人口不断增加。截至 2018 年①，武汉城市圈常住人口为 3220.52 万人，占全省常住人口的 54.43%，武汉城市圈以 1/3 的土地面积承载了全省一半以上的人口。其平均人口密度为 555 人/平方千米，明显大于湖北省的人口密度 318 人/平方千米，这说明与湖北全省相比，武汉城市圈内人口密集程度更高。2007～2018 年武汉城市圈常住人口增长变化趋势如图 4-1 所示，十几年间武汉城市圈内常住人口的数量实现了持续增长，人口总数增加了 232.82 万人，年均增长率为 6.85‰。

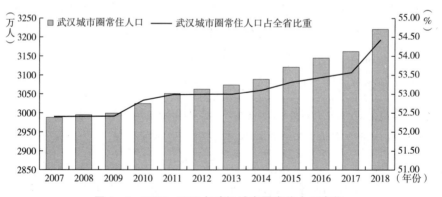

图 4-1　2007～2018 年武汉城市圈常住人口变化

资料来源：各年度《湖北统计年鉴》。

2018 年武汉城市圈内各城市人口状况如表 4-2 所示。就常住人口占武汉城市圈总人口比重而言：武汉的常住人口最多，占武汉城市圈内总人口的比重最大，为 34.41%；其次是孝感和黄冈，所占比重分别为

---

① 本章所使用的人口数据和经济数据均根据《湖北统计年鉴 2019》直接或间接计算得出。

19.60% 和 15.28%。人口密度最大的城市为武汉，其人口集聚现象最为明显，常住人口年均增长率高达 18.07‰，说明武汉作为武汉城市圈的中心城市，存在较强的人口集聚效应，其"龙头带动作用"显著。而作为副中心城市的黄石，人口密度仅为 539 人/平方千米，常住人口年均增长率为 1.66‰，对人口集聚的作用不大。孝感和天门常住人口年均增长率为负，在过去十几年里人口总量下降，人口主要在城市圈区域内迁移。

表 4 – 2　2018 年武汉城市圈内各城市人口状况对比

城市	常住人口占武汉城市圈 总人口比重（%）	人口密度 （人/平方千米）	常住人口年均 增长率（‰）
武汉	34.41	1305	18.07
黄石	7.67	539	1.66
鄂州	3.35	676	3.69
黄冈	15.28	552	4.48
孝感	19.60	363	– 4.97
咸宁	7.96	258	0.97
仙桃	4.79	608	20.6
潜江	3.00	482	2.72
天门	3.95	486	– 6.71

资料来源：《湖北统计年鉴 2019》。

（三）武汉城市圈经济发展状况

武汉城市圈开始建设以来，经济形势逐步向好。2018 年武汉城市圈地区生产总值达 24897.5 亿元，占全省的 63.25%，以占全省 1/3 的土地和 1/2 的人口，创造了全省 2/3 的经济总量。对照"武汉城市圈建设的阶段性目标预测值"[1]，武汉城市圈地区生产总值已经明显超过预期值。

---

[1] 《武汉城市圈总体规划纲要》阶段性目标预测值中 2020 年武汉城市圈 GDP 为 19746 亿元。

如表 4-3 所示，2007 年至 2018 年，武汉城市圈经济不断发展，实现了新的跨越，经济总量持续增长，从 2007 年的 5556.56 亿元到 2018 年的 24897.50 亿元，地区生产总值接近翻两番。从城市来看，除武汉地区生产总值 14847.29 亿元雄踞第一外，总量超 1000 亿元的还有黄石、鄂州、孝感、黄冈和咸宁。十几年间，武汉城市圈地区生产总值实现了 14.61% 的年均增长率，高于湖北省的 13.98%，经济增长强劲。各城市的年均增长率均超过了 10%，其中增速较快的是武汉、鄂州、咸宁和潜江，这 4 个城市的年均增长率都在 15% 以上，而黄石的增长速度最慢。

表 4-3　2007~2018 年武汉城市圈地区生产总值及年均增长率

单位：亿元，%

区域	2007 年地区 生产总值	2018 年地区 生产总值	2007~2018 年地区生产总值 年均增长率
湖北省	9333.40	39366.55	13.98
武汉城市圈	5556.56	24897.50	14.61
武汉	3142.00	14847.29	15.16
黄石	466.68	1587.33	11.77
鄂州	208.71	1005.30	15.36
孝感	480.79	1912.90	13.38
黄冈	473.74	2035.20	14.17
咸宁	284.92	1362.42	15.29
仙桃	190.40	800.13	13.94
潜江	156.63	755.78	15.38
天门	151.48	591.15	13.18

资料来源：各年度《湖北统计年鉴》。

图 4-2 所示为 2007 年和 2018 年武汉经济圈地区生产总值占比，该图中武汉城市圈表示武汉城市圈地区生产总值占湖北省的比重，武汉等 9 个城市则分别表示各城市地区生产总值占武汉城市圈的比重。从 2007 年到 2018 年，武汉城市圈占全省经济总量的比重从 59.53% 上升到 63.25%，在全省中经济集聚效应增强，作为湖北经济发展的核心增长极，武汉城市圈在全省社会经济发展中占有举足轻重的地位。而在区

域内，武汉占武汉城市圈经济总量的比重从 56.55% 上升到 59.63%，集聚能力增强，武汉在武汉城市圈中的龙头作用凸显。除鄂州、咸宁和潜江外，剩余 5 个城市地区生产总值在全省占比均有所下降。

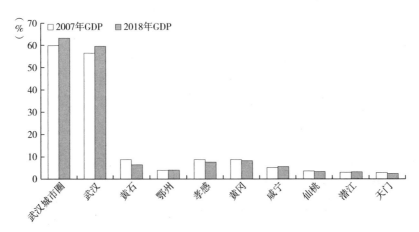

图 4 - 2　2007 年和 2018 年武汉城市圈地区生产总值占比

资料来源：《湖北统计年鉴 2008》《湖北统计年鉴 2019》。

2018 年武汉城市圈第一产业总产值为 1644.55 亿元，占湖北省第一产业总产值的 46.36%，第二产业和第三产业的产值分别达 11365.63 亿元和 11887.32 亿元，分别占全省第二产业和第三产业的 66.51% 和 63.47%，是湖北省产业和生产要素最密集和最具活力的地区。就产业结构而言，2007 年至 2018 年（见图 4 - 3），武汉城市圈的产业结构发生了显著变化，2007 年第一、二、三产业所占比重分别为 11.52%、44.57%、43.91%，在此后的十几年里，第一产业所占比重整体呈明显下降趋势，第二产业比重先上升后下降，第三产业比重先下降后上升，2018 年，第一、二、三产业占比分别为 6.61%、45.65%、47.75%，产业结构在调整中不断优化。

从城市来看，2007 年和 2018 年，武汉城市圈内各城市的产业结构都发生了明显的变化，总体上呈第一产业比重下降，第二产业和第三产业比重上升的趋势，第一产业年均增长率为 -4.93%，第二产业和第三产业的年均增长率分别为 0.22% 和 0.76%。各城市中，第一产业的年

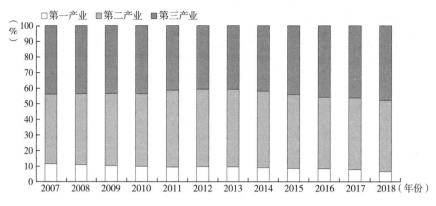

图 4 - 3 2007～2018 年武汉城市圈产业结构变化

资料来源：各年度《湖北统计年鉴》。

均增长率均为负数，其中潜江第一产业所占比重下降最快。除武汉以外，其余 8 个城市第二产业所占比重均有所上升，其中年均增长率最大的是天门，达 2.95%，第二产业比重从 2007 年的 37.22% 上升到了2018 年的 51.23%，而武汉第二产业的比重从 45.83% 下降到了42.96%。9 个城市第三产业所占比重整体呈上升趋势，仅有黄石、孝感和天门有所下降（见表 4 - 4）。

表 4 - 4 2007 年和 2018 年武汉城市圈内各城市产业结构对比

单位：%

年份	2007 年			2018 年			年均增长率		
产业	一	二	三	一	二	三	一	二	三
武汉	4.11	45.83	50.06	2.44	42.96	54.61	-4.64	-0.59	0.79
黄石	8.04	53.06	38.90	6.03	58.56	35.41	-2.59	0.90	-0.85
鄂州	15.34	51.89	32.77	9.37	52.09	38.54	-4.39	0.04	1.48
孝感	22.70	39.70	37.60	15.01	48.39	36.60	-3.69	1.82	-0.24
黄冈	31.74	33.22	35.04	18.48	40.88	40.64	-4.80	1.90	1.36
咸宁	23.84	41.80	34.36	13.72	48.65	37.63	-4.90	1.39	0.83
仙桃	21.16	45.15	33.70	10.86	51.65	37.49	-5.88	1.23	0.97
潜江	21.30	44.97	33.73	9.96	52.67	37.37	-6.67	1.45	0.94
天门	26.41	37.22	36.37	13.61	51.23	35.16	-5.85	2.95	-0.31
合　计	11.52	44.57	43.91	6.61	45.65	47.75	-4.93	0.22	0.76

资料来源：《湖北统计年鉴 2008》《湖北统计年鉴 2019》。

（四）"两型社会"综合配套改革试验区建设

通过有序引导、典型示范等举措，推进重点领域与关键环节的改革试验不断向纵深发展。

一是资源节约体制机制初步建立，严格执行耕地保护制度和集约节约用地制度。提升武汉城市圈各市城乡建设用地增减挂钩、低丘缓坡土地综合开发利用、工矿废弃地复垦利用、城镇低效用地再开发试点的质量，依托"四化同步"示范乡镇建设和国家对贫困地区易地扶贫搬迁支持政策，探索实行贫困县挂钩指标省域范围内交易。扎实推进实施最严格的水资源管理制度试点，完善节能减排长效机制。继续推行节能减排目标责任制，进一步完善节能降耗统计监测及考核指标体系，建立健全项目准入机制和能评制度，[1] 积极做好资源税改革工作。

二是环境保护体制机制日益完善，全面开展碳排放权交易试点。进一步完善碳排放权交易规则，建立碳排放权交易市场，健全碳排放权交易机构和交易平台，继续大力开展碳排放权交易试点，取得了良好成效。[2] 开展绿色低碳交通试点。推进河湖管理体制机制创新，圈域内流域面积30平方千米以上河道实现了"河长制"全覆盖。大力实施绿满荆楚行动。

三是适应"两型"的生活方式逐步形成，推广绿色环保节能产品。武汉市各大型连锁超市均对绿色环保商品实行优惠进场，并开展零售行业限塑专项整治，积极创建绿色饭店、绿色餐饮企业，将绿色餐饮创建活动向远城区延伸。继续深入开展文明餐桌行动，武汉市90%以上的餐饮企业都做到了餐桌、墙壁或前台有宣传、有提示。

四是创新驱动发展的环境不断优化。东湖国家自主创新示范区大力

---

① 陈路：《环境规制、技术创新与经济增长》，武汉大学博士学位论文，2017。

② 陈路：《环境规制、技术创新与经济增长》，武汉大学博士学位论文，2017。

推进企业与资本市场对接，积极开展"新三板"扩容试点，大力推行研发费加计扣除等三项国家先行先试政策。建立行政审批事项动态管理机制，进一步压缩行政审批权力清单，首推政务服务外包，初步营造了国际化、市场化、法治化的营商环境。科技创新综合实力持续提升。2016 年，武汉城市圈新组建 2 家省级产业技术研究院、9 家省级重点实验室、4 家省级产业技术创新战略联盟，新认定 64 家省级工程技术研究中心、45 家校企共建研发中心，进一步优化了武汉城市圈内各个领域的科技创新平台建设布局。通过创新改革举措的落实，进一步激发了市场主体活力。

五是产业转型升级促进机制不断完善，激励"两型"产业发展。打破行政壁垒，建立武汉城市圈统一的市场主体准入政策，建立健全圈域"两型社会"建设财政转移支付机制和产业双向转移税收分成制度，支持武汉城市圈内 9 市不断优化产业布局，鼓励企业双向转移，努力培育"两型"生产体系。坚决淘汰落后产能。以推进节能减排和淘汰落后产能为重点，在钢铁、有色、建材等行业开展"两型"企业试点和重点产品能效对标活动，采取"以奖代补"等综合措施促进落后产能淘汰，为发展"两型"产业让出空间和容量。[1]

六是科技金融改革创新取得初步成效。以东湖国家自主创新示范区为主体，不断探索科技金融发展路径。设立科技金融专营机构，为科技企业提供"一站式"综合金融服务；建立科技金融专营机制，为科技企业提供特色化金融服务；推广科技金融专项产品。[2]湖北省已设立创投引导基金、长江经济带产业基金和省级股权投资引导基金；建立了由 7000 家企业组成的武汉城市圈银行间债券市场融资后备企业库；构建科技金融专门监管机制。湖北省已建立了武汉城市圈科技金融专项统计制度，构建了全国首个"科技金融指数"。

---

① 陈路：《环境规制、技术创新与经济增长》，武汉大学博士学位论文，2017。
② 陈路：《环境规制、技术创新与经济增长》，武汉大学博士学位论文，2017。

七是开放型经济新体制建设进展顺利。中国（湖北）自由贸易试验区武汉片区建设稳步推进。武汉片区全面融入"一带一路"，健全重点项目工作推进机制，制定国际产能合作工作方案，围绕行业领军企业开展跨国企业培育，多方协调加快湖北境外园区建设，稳步推进富余产能、优势产业对上合组织及中东欧国家的投资合作。推动中欧班列（武汉）稳定运行。

二 宜荆荆城市群发展

（一）宜荆荆城市群的提出

2002 年春，根据湖北省委办公厅鄂办文〔2002〕6 号文件的安排，湖北省社会科学院与省委政研室、省建设厅、省民政厅、省公安厅共同开展湖北城市化问题研究。在研究过程中，湖北省社会科学院学者秦尊文提出"宜荆荆城市群"概念，引起领导和学术界的关注。2003 年，由省委政研室城市处干部、省社科院长江所专家执笔联合向省委提交的湖北省城市化研究报告中，提出围绕武汉和宜昌、襄樊（现襄阳）"一主两副"建设三个城市群。

2010 年 1 月，时任湖北省省长李鸿忠在政府工作报告中提出"在抓好武汉城市圈建设的同时，逐步形成'宜荆荆'（宜昌、荆州、荆门）、'襄十随'（襄樊、十堰、随州）等新的城市群"，[①] 这是宜荆荆城市群首次进入省级政府决策层面。此后，历年的政府工作报告都要求推进宜荆荆城市群建设。2016 年 4 月湖北省人民政府发布的《湖北省国民经济和社会发展第十三个五年规划纲要》中 3 处提到"宜荆荆"发展，强调"提升城市群主体作用，完善城市群发展协调机制，加快推进武汉城市圈、襄十随城市群、宜荆荆城市群基础设施、产业发展、公

---

① 宜昌市政协、市社科界联合调查组：《关于构筑宜荆荆城市群的调查报告》，《湖北社会科学》2011 年第 7 期。

共服务、生态环保等一体化进程，使三大城市群成为全省的区域经济增长极和人口密集区"。

（二）宜荆荆城市群的范围界定

宜荆荆城市群土地面积约 4.77 万平方千米，占全省的 25.68%；2018 年宜荆荆城市群户籍人口 1326 万人，占全省的 21.64%；GDP 为 7994.25 亿元，占全省的 20.31%。其范围包括宜昌、荆州、荆门 3 市 26 个县（市、区）和 4 个新区（开发区、管理区）。具体包括——

宜昌市远安县、兴山县、秭归县、长阳土家族自治县、五峰土家族自治县、宜都市、当阳市、枝江市、夷陵区、西陵区、伍家岗区、点军区、猇亭区 13 个县（市、区）和宜昌高新区；

荆州市江陵县、松滋市、公安县、石首市、洪湖市、监利县、荆州区、沙市区 8 个县（市、区）和荆州经济开发区；

荆门市沙洋县、钟祥市、京山市、东宝区、掇刀区（荆门高新区）5 个县（市、区）和屈家岭管理区、漳河新区（见表 4-5）。

表 4-5 2018 年宜荆荆城市群基本情况

项目	宜昌	荆州	荆门	合计	全省	占比
户籍人口（万人）	391.87	641.28	292.85	1326	6126.8	21.64
面积（平方千米）	21227	14104	12400	47731	185900	25.68
地区生产总值（亿元）	4064.18	2082.18	1847.89	7994.25	39366.55	20.31
全社会固定资产投资（亿元）	2873.82	2477.85	1996.16	7347.83	35378.55	20.77
社会消费品零售总额（亿元）	1484.01	1298.65	772.51	3555.17	18333.6	19.39
进出口总额（亿美元）	30.56	18.21	6.03	54.8	3487.2	1.57
外商直接投资（亿美元）	2.77	0.3	4.61	7.68	119.41	6.43

项目	宜昌	荆州	荆门	合计	全省	占比
财政总收入（亿元）	361.85	212.82	105.76	680.43	5684.85	11.97
财政支出（亿元）	541.17	359.27	269.14	1169.58	7257.55	16.12
年末金融机构各项存款余额（亿元）	3690.73	3149.3	2013.77	8853.8	55371.19	15.99
城镇居民人均可支配收入（元）	35011	32590	33779	33793.3	34455	98.08
农民人均纯收入（元）	16514	17300	18776	17530	14978	117.04

资料来源：《湖北统计年鉴2019》。

（三）宜荆荆城市群建设的基础条件

自古以来，宜昌、荆州、荆门三市山水相连、人文相亲，在新的历史时期又都面临着加快发展的相同任务，加强区域合作的愿望强烈，为推进城市群建设创造了良好条件。

1. 历史渊源深厚

宜昌、荆州、荆门在历史行政区划上一直有着密切的关系。据史料记载，上溯至秦汉时期，"宜荆荆"同归南郡管辖。两晋时，宜昌才从南郡分立出来，但荆门以及宜昌的当阳、枝江等地仍归属南郡管辖，这一状况一直持续到唐末。1912～1983年，荆门归荆州管辖。可见，尽管历史上这一地区时分时合，但合多于分，历史渊源深厚。

2. 区位交通互联

三市同属长江中游，中心城区相互距离不到100千米，且彼此接壤，在地理位置上正好构成一个等边三角形，可以看作一个完整的自然地理单元。汉宜、襄荆、荆宜三条高速公路相通，焦枝、荆沙和汉宜铁路互联。已建成营运的江汉运河加强了荆州与荆门及周边城市的水运联系。浩吉铁路、荆当旅游公路促进荆州、荆门、宜昌之间更加便捷地交流。宜昌三峡机场为宜昌、荆州、荆门三市居民出行提供了方便。三地之间已基本形成高速公路、国省干道、普铁高铁、水运、管道等多种方式相衔接的现代交通体系，为构建"一小时经济圈"奠定了良好基础。

3. 资源优势互补

从城市分类来看：三市各有特点，宜昌是省域副中心城市和长江中上游区域性中心城市，在国内外知名度很高；荆州为国家历史文化名城，是江汉平原和洞庭湖生态经济区现代化中心城市和长江中游重要节点城市；荆门被称为荆楚门户，处于鄂西生态文化旅游圈之内，东邻武汉城市圈，连接汉江生态经济带和长江经济带，是"两圈两带"枢纽和江汉平原中心城市。三地的水电、矿产、自然人文景观、科教文化、卫生、人力、市场等资源各具特色优势，形成相互依托、互为补充的区域发展格局。

从产业发展来看，三市各有特色。工业方面：荆州以机电、纺织见长，是轻工业为主的城市；荆门以石油、化工、医药为特色，是重工业为主的城市；宜昌是水电之都，又是新兴的"钢琴之都"，是一个轻重工业兼备的城市。农业方面，荆州、荆门粮棉油产业发达，宜昌特色种养殖业及农产品加工业发达，互补性强。服务业方面，三地同属鄂西生态文化旅游圈，在旅游客源上存在紧密的市场依附关系，同时便利的交通又为共同发展现代物流业提供了条件。[①] 早在 2011 年公布的湖北省"十二五"规划中，就将"宜荆荆物流圈"作为物流业发展重点。综合来看，三地产业相互联系又错位发展，尤其在旅游业、物流业、农业及其加工业、磷化产业、能源产业之间形成互为依托、共同发展的格局。如荆州的精细化工相当一部分是依托荆门石油化工资源发展的，而松滋临港工业园区与宜昌宜化集团、荆门葛洲坝水泥厂也开展了产能合作。

4. 经济关联度高

2003 年 9 月，湖北省政府发布的《关于加强城镇工作的决定》将

---

① 邓明亮：《加强区域合作　促进和谐共赢》，《三峡日报》2013 年 12 月 22 日。

荆州、荆门构成的"鄂中南地区"与宜昌、恩施、神农架构成的"鄂西南地区"合并，全名为"鄂西南地域"。在省域鄂东、鄂西北、鄂西南三大板块中，宜荆荆三市正式成为一个整体。荆州是轻工业城市，荆门是重工业城市，宜昌轻重兼备，三市互补性强，在化工、能源、纺织、建材等领域和循环经济方面已形成依赖程度较深的产业链。

（四）宜荆荆城市群建设的重大意义

一是探路中西部非省会城市群发展。省会城市"一树独大"，几乎是中西部地区的"通病"：湖北、安徽、河南、山西、陕西、四川、云南、贵州、甘肃、青海等，莫不如此。省会城市的辐射力在超过100千米半径之后随着空间距离的增长而迅速衰减，往往导致省际边缘地区发展滞后。宜昌距武汉300千米以上，荆州、荆门距武汉也有200多千米，如果不抱团发展，将会加剧边缘化。建设宜荆荆城市群，通过打破行政区划限制，整合和优化三市的资源要素，积极推进"五化"协同发展，缩小城乡发展差距，不仅能在湖北西部培育出一个全省性的新兴增长极，而且也为全国中西部探索出一条非省会城市共建城市群、促进省域经济社会协调发展的新路径。

二是确保国家粮食安全和生态安全。当前，我国正处于工业化、城镇化"双加速"阶段，对粮食安全和生态安全产生巨大压力。通过规划引导，力求走出一条不以牺牲粮食、损害生态为代价的新路径。宜荆荆城市群位于长江上游、中游的分界点，地处敏感区域，为三峡工程所在地，生态环境备受国际、国内关注。宜荆荆城市群既是重要的生态功能区，也是环境敏感区，既是生态脆弱区，又是生态涵养区。宜昌是全国113个环境保护重点城市之一、酸雨控制区城市和三峡库区污染控制重点城市，荆州、荆门是我国重要的商品粮生产基地。宜荆荆还是全国重要的油料、棉花、柑橘等经济作物生产以及淡水渔业养殖基地。通过建设宜荆荆城市群，从国家层面加大对江汉平原重大农田水利工程建设的支持力度，提高粮食综合生产能力，将为国家千亿斤粮食增产工程提供有力支撑。同时，通过宜荆荆城市群生态建设和环境保护一体化的推进，能有效保护长江流域生态系统，保障区域生态安全，确保一江清水永续东流、泽被后世。

三是融入国家长江经济带大战略。长江经济带是连接东中西部的重要战略通道。2014 年 9 月，国务院印发《关于依托黄金水道推动长江经济带发展的指导意见》（国发〔2014〕39 号），提出"在国际环境发生深刻变化、国内发展面临诸多矛盾的背景下，依托黄金水道推动长江经济带发展，有利于挖掘中上游广阔腹地蕴含的巨大内需潜力，促进经济增长空间从沿海向沿江内陆拓展"。① 作为长江经济带三大板块之一的长江中游城市群，承东启西，备受国家重视。2015 年 3 月，国务院批复了《长江中游城市群发展规划》（国函〔2015〕62 号），而长江中游城市群主要由武汉城市圈、宜荆荆城市群、环长株潭城市群、环鄱阳湖城市群组成，随着国家打造长江经济带、建设长江中游城市群重大战略的全面实施，宜荆荆城市群的战略地位将倍加提升，其交通区位、经济地位将备受关注。在这一大背景下建设宜荆荆城市群，将有利于增强长江上中下游尤其是中西部之间的联系，在更大范围、更广领域实现资源要素高效流动、合理配置，促进东中西部形成良性互动的发展格局。

三　襄十随城市群发展

襄十随城市群由襄阳、十堰、随州三市构成，是汉江生态经济带的重要组成部分。三市户籍人口 1186.75 万人，土地面积 53010.41 平方千米（与武汉城市圈相当），分别占全省的 19.37% 和 28.52%。

---

① 国务院印发《关于依托黄金水道推动长江经济带发展的指导意见》，中国政府网，2014 年 9 月 25 日。

（一）襄十随具有深厚的历史渊源

战国末，楚于今随州、枣阳、宜城、襄阳一带设置县、邑。秦置 8 县，分属南、南阳两郡。今郧县西北的长利县、今丹江口的武当县属南阳郡，今十堰地区其他县属汉中郡。汉末，荆州刺史部治襄阳，尔后各朝，或为郡，或为州，或为路，或为府，辖地广袤有异，襄阳之名未变。

三国时期，今襄阳、十堰地域均属曹魏之荆州。两地分分合合，区域犬牙交错。明成化十二年（1476 年），在郧县置郧阳府，析襄阳府之郧县、房县、竹山县、上津县属郧阳府。又析竹山县之尹店社置竹溪县，割郧县之武阳里、上津县之津阳里置郧西县。弘治十一年（1498 年）割房县脩文、宜阳等乡置保康县。郧阳府隶湖广下荆南道（初治襄阳，后移郧阳）。明洪武年间撤武当县入均州，成化十二年后，均州仍属襄阳府，此后州不领县。成化十二年以后，郧阳府和襄阳府及诸县统属郧阳抚治管辖。清朝十堰地区仍为郧阳府，属湖北承宣布政使司所辖。郧阳府辖郧县、房县、竹山县、竹溪县、保康县、郧西县六县。明之上津县撤入郧西县。均州属襄阳府管辖。民国初期，十堰地区有郧县、郧西县、房县、竹山县、竹溪县、保康县、均县归属湖北省襄阳道管辖。1950 年 1 月，陕西省委、省人民政府成立，今十堰范围的两郧专署隶属陕西省。同年 2 月，两郧地区划回湖北省管辖，并改为郧阳专署，仍下辖六县。1952 年 12 月，撤销郧阳专署，并入襄阳专署。1965 年 6 月，复设郧阳地委，并成立郧阳地委办事处。7 月，设立郧阳专员公署，公署机关驻郧县。8 月，郧阳专区辖郧县、郧西、房县、竹山、竹溪、均县六县。1967 年，郧阳地区党委、行政总署迁往十堰。

1949 年新中国成立后，随县由孝感专区管辖。到 1952 年，湖北省政府调整行政区划，改为襄阳专区管辖。1994 年，湖北省政府决定，随州市（原随县）从襄樊市划出，改为省直管县级市。由于武汉与襄樊之间距离较长，中间需要一个较大城市做支撑，湖北省政府提议成立地级随州市。这个提议到 2000 年 6 月成为现实，经国务院批准撤销省直辖县级随州市，设立地级随州市，以原县级随州市的行政区域为曾都区的行政区域，将孝感市代管的广水市划归地级随州市代管。2009 年，根据国务院有关精神，在现有随州市曾都区区划范围内划出部分乡镇成立随县，曾都区继续保留。

从行政区划可以看出，襄十随有着深厚的历史渊源。特别是在民国时期，今襄十随地区曾由"襄阳道"统辖。1952 年 12 月至 1965 年 6 月，襄十随地区是一个较完整的行政区划，均归"襄阳专署"管辖。而现在的随州市在 1994 年之前长期隶属襄阳管辖。

三地生活习俗相近，方言基本相同，都接近豫西方言，豫剧在此非常流行；而与武汉及其周边城市的"汉腔"、与宜荆荆地区方言差异较大。

（二）襄十随地区具有较强的经济实力

襄阳是省域副中心城市，是襄十随城市群的核心城市。而十堰市是著名的"车城"，曾经是世界 500 强东风汽车公司的总部所在地，现在是东风商用车公司总部所在地，是中国第一、世界第三大的卡车生产基地。随州市是中国专用汽车之都、中国编钟之乡、中国兰花之乡、中国花菇之乡（随县草店镇）、中国香菇之乡（随县三里岗镇）。

正在规划建设的襄十随城市群，经济发展迅速，在全省占有重要地位。2018 年实现地区生产总值 7068.79 亿元，占全省的 17.96%，比 2011 年 16.93% 的占比增加了 1.03 个百分点，这说明其在全省的经济地位在提升。

相对全省来说，襄十随城市群城乡居民收入差距较小：虽然 2018 年城镇居民人均可支配收入 31318 元，只相当于全省平均水平的 90.9%；但农民人均纯收入 14712.67 元，基本与全省平均水平持平，其中襄阳、随州还高于全省平均水平（见表 4 - 6）。

表 4 – 6　2018 年襄十随城市群基本情况

项目	襄阳	十堰	随州	合计	全省	占比
户籍人口（万人）	590.47	346.6	249.68	1186.75	6126.8	19.37
面积（平方千米）	19774.41	23600	9636	53010.41	185900	28.52
地区生产总值（亿元）	4309.8	1747.8	1011.19	7068.79	39366.55	17.96
全社会固定资产投资（亿元）	4097.96	1723.98	1260.45	7082.39	35378.55	20.02
社会消费品零售总额（亿元）	1659	915	545.6	3119.6	18333.6	17.02
进出口总额（亿美元）	28.5	6.94	9.87	45.31	3487.2	1.30
外商直接投资（亿美元）	8.8	3.31	1.52	13.63	119.41	11.41
财政总收入（亿元）	474.3	179.9	80.77	734.97	5684.85	12.93
财政支出（亿元）	725.03	374.1	163.62	1262.75	7257.55	17.40
年末金融机构各项存款余额（亿元）	3516	2365.6	1359.78	7241.38	55371.19	13.08
城镇居民人均可支配收入（元）	33947	30771	29237	31318	34455	90.9
农民人均纯收入（元）	17305	10295	16538	14712.67	14978	98.23

资料来源：《湖北统计年鉴 2019》。

（三）巩固提升汽车产业带

我国新兴的城市群能否具有活力、生命力，能否走出一条新路，关键在于特色产业集群能否崛起。而华中腹地三大汽车城趋于一体的襄十随城市群，恰好具备了这一前提条件。这不仅在于十堰汽车城作为世界500 强企业东风汽车公司的母体基础犹在，并着力打造中国第一商用汽车制造基地，更在于襄阳、随州两个新车城专用汽车及零部件产业的规模扩张、技术升级和国内外市场开拓。

襄阳是东风汽车公司的主要生产基地，是汉江汽车走廊的新中心，主要生产轻型商用车、中高档乘用车等整车和关键零部件总成。全市汽车及零部件企业200多家，其中产值过百亿元的有东风股份、风神襄阳两家，生产零部件4000多种，汽车工业聚集度居全国十大汽车工业城市前列。全市汽车产业发展迅速，是全市第一个产值过千亿元的产业。特别是位于襄阳高新区内的东风襄阳基地，经过30年发展，已成为东风谋划国际化战略的重要研发、生产基地。襄阳高新区也是汽车产业开发区，在我国汽车产业研发方面具有重要地位。

从专用汽车城随州来看，全市现有汽车及零部件生产销售企业172家，其中拥有国家资质的整车生产企业16家，可以生产62个类别300多个品种的专用汽车，产品远销全国和世界20多个国家和地区。它创造了全国专用汽车的"三个之最"和"五项第一"：品种最齐全，特色最鲜明，产业资源最富集；罐式车、环卫车、平头车身、钢质车轮和汽车铸造件产销量均居全国第一。随州专用汽车及相关产业产值约占全市工业产值的40%，已成为全国重要的专用汽车基地、全国最大的罐式车生产基地。并且，随州高起点编制全市汽车产业规划，沿316国道建设长达20千米的专用汽车走廊，打造一批龙头企业，延伸产业链，形成产业聚集、裂变发展，力争用10年左右时间建成中国最大、亚洲第一的专用汽车生产基地。

三大汽车城还加快了与外资外企全面合作的步伐，促进汽车产业与高新技术产业结合基础上的优化升级。如世界500强企业中有5家入驻襄阳高新区：生产发动机的康明斯公司，生产整车的标致和日产公司，生产车桥的德纳公司，生产轮胎的佳通公司。再如美国高士集团投资9亿元，建设随州现代化国际汽配城等。所有这些，都大大提高了襄十随城市群汽车产业的高新含量。

（四）打造襄十随文化旅游带

襄十随区域旅游资源丰富，类型多样，品位高。其自然旅游资源与人文景观组合良好，交相辉映，相得益彰，独具文化特色。

一是炎帝文化。中华民族的始祖炎帝神农诞生于今随州，他发明耒耜、种植五谷，开创了农业文明；制作陶器，推进了人类由茹毛饮血时代向文明时代迈进；首创纺织，进一步提高了人类文明程度；"尝味草木，宣药疗疾"，是我国医药学的奠基者；始创天文，始建地理观念，建立了原始历法学。神农部落始作集市，开创了贸易活动；还倡导"正德"（端正品德）、"利用"（制造器具）、"厚生"（生活富足）三事并重，体现了先进的"以人为本"的思想。炎帝神农部落创造的华夏远古文明，即使放到世界文明发展的坐标上观察，也处于发育相当早的阶段，与公元前3000年古希腊人创造的克里特文化属同一发展序列，在世界上具有十分重要的历史地位。随州是世界华人祭祖朝拜地。目前，有20多个国家、地区的华人华侨成立了烈山宗亲会，在台湾也有台北市烈山五姓宗亲会等机构，随州烈山已成为海内外炎黄子孙祭祖朝拜的圣地。农历四月廿六日是炎帝生辰祭日，每到这个日子，湖北省政府都会在烈山举办"世界华人炎帝故里寻根节"祭祖大典活动，吸引来自海内外数以万计的炎黄子孙，共同祭拜中华民族的始祖之一炎帝，缅怀先祖、祈福中华。

二是编钟文化。1978年在随县城西擂鼓墩曾侯乙墓出土的乐器，种类之全、数量之多、性能之优，迄今为世所仅见。其中首次发现了早已失传的十弦琴、五弦琴、排箫等，发现出土的笙有竹质簧片。而近代欧洲音乐家和物理学家正是通过对我国笙簧的研究才发明手风琴和口琴。曾侯乙钟磬上的铭文记载了先秦的乐理知识，十二个半音阶齐备，是世界上最早的具有十二个半音阶的定调乐器。尤其是曾侯乙墓出土的全套编钟，在中国乃至世界音乐史上堪称空前"绝响"，并成为随州和湖北的象征。运用编钟素材创作的《编钟乐舞》，不仅舞遍大江南北，还出访美国、日本、加拿大等国。

三是楚文化。在湖北提到楚文化，人们通常会想到荆州、荆门，其实楚国的发祥地——荆山就位于现在的襄阳市保康县和南漳县境内。十堰地区也有丰厚的楚文化遗存，如有史学家称之为"内长城"的楚长城。丹江口市南水北调中线工程的水源地，考虑到水库建设可能会破坏地下文物，为了文物免遭损失，长江水利委员会联合中国社会科学院、湖北省考古研究所等机构，在1994年联合组建了南水北调考古调查工作队，包括来自北京、河南、湖北等地的专家学者40多人，主要是在丹江口水库库区进行考古调查。通过工作队细致的勘查，在丹江口库区发现3200多座古墓，其中西周早中期遗址多处，楚国时期的墓葬占到了近乎一半，是研究楚文化极为难得的遗址。

四是三国文化。湖北省是三国文化的集中体现地，襄阳隆中地区是"三国之源"。襄阳是三国故事的源头和三国文化的发祥地，以诸葛亮文化为核心的三国文化，是镶嵌在这座中国魅力城市桂冠上的璀璨明珠。《三国演义》120回的故事中，就有32回发生在襄阳。

五是道教文化。武当山是中国著名道教圣地、武当武术发源地。武当山是联合国公布的世界文化遗产地之一，是中国国家重点风景名胜区、国家5A级风景区。武当山也是道教名山和武当武术的发源地，被称为"亘古无双胜境，天下第一仙山"。武当武术，是中华武术的重要流派。元末明初，道士张三丰集其大成，开创武当派，并影响至今。

湖北省有5个中国历史文化名城，鄂西北占了两个：襄阳、随州。襄十随城市群可以上述五大文化资源为基础，结合丰富的自然景观资源，打造生态文化旅游带。

第四节　新设建制市发展情况

一　咸宁市发展情况

（一）咸宁历史沿革

咸宁夏商时期属于荆楚，在秦朝的时候属于南郡，到了汉朝统一天下的时候，属于江夏郡，特别强调东汉末期的时候属于东吴。吴黄武二年（公元223年）置蒲圻县（今赤壁市）。唐代宗大历三年（公元768年）置永安镇，南唐保大十三年（公元955年）升为永安县，宋真宗景德四年（公元1007年）为避宋太祖永安陵讳，参照一部古老的文献中，"万国咸宁"与"永安"意思相近，所以取名为咸宁县（今咸安区），属鄂州，元朝时属于武昌路。明清时期属武昌府，1914年属江汉道，1932年属第一行政督察区，1949年属于大冶专区，1952年属于孝感专区，1959年后曾先后属于武汉市、孝感专区，1965年成立咸宁专区，1970年改成咸宁地区。

咸宁是中国著名的温泉、桂花、楠竹、茶叶、苎麻之乡，绿色是咸宁的魅力名片，生态是咸宁的金字招牌。咸宁森林覆盖率达49.5%，一年四季葱葱郁郁，风景宜人，被誉为"中国亚热带森林自然生态平衡之典型代表"，荣膺全国最适宜人居城市、全国首批旅游标准化示范城市、全国绿化模范城市、国家园林城市、国家卫生城市、国家森林城市等称号，入选"国家生态保护与建设示范区"。

咸宁地处鄂南，是鄂湘赣三省省会武汉、长沙、南昌构建的"中三角"内重要城市，是联合岳阳、九江打造的"小三角"之一角，是武汉城市圈的核心城市之一，有"中华桂花之乡"和"中国温泉之都"的美誉。其前身为咸宁地区，1998年12月经国务院批准撤地建市，现辖一区（咸安区）、一市（赤壁市）、四县（嘉鱼县、通城县、崇阳县、通山县），国土面积9861平方千米，人口300万人，森林植被覆盖率54.2%，是一座小康、生态、宜居、健康、和谐的实力之城、活力之城、魅力之城。2009年12月，时任中共中央政治局常委、中央纪委书记贺国强来咸宁调研，对城市建设管理做出了"山在城中、城在林中、水绕城转、人在画中"的充分肯定。近年来，咸宁市积极融入长江中游城市群，全力推进鄂南强市建设，倾力打造"香城泉都"城市品牌，先后荣膺"中国人居环境范例奖""全国最适宜人居城市""中国魅力城市""中国十大最具成长力创新型城市""全国第二批可再生能源建筑应用示范市""国家园林城市""全国首批旅游标准化示范城市""全省首批低碳经济试点市"等称号。

（二）咸宁设地级市以来发展情况

咸宁于 1998 年 12 月撤地建市后，经济进入快速发展阶段。2003 年，咸宁正式被纳入武汉城市圈建设，随之搭上长江中游城市群、中部崛起及"两型社会"建设发展的顺风车。2009 年，咸宁市委、市政府正式提出建设鄂南经济强市（后改为"鄂南强市"）的目标，跨越发展、创新发展、生态发展、开放发展等理念更加巩固，成果更加突出。市辖区建成区面积从 30 平方千米发展到 64 平方千米，扩大一倍多。

党的十八大以来特别是十九大的顺利召开，明确了经济发展速度由高速转为中高速，明确了共享改革成果，明确了生态文明发展方向，确立了新发展理念，全面实施"五位一体"总体布局和"四个全面"战略布局，咸宁改革开放事业也进入以习近平新时代中国特色社会主义思想为指引的新发展阶段。虽然国内外形势更加错综复杂，但咸宁改革的脚步也更加坚实、方向更加明确、范围更加广泛，开启了新的发展篇章，进入了更高质量的发展阶段。

在咸宁撤地设市之前，鄂东南地区只有县级咸宁市和蒲圻市（现赤壁市），难以带动周边地区的发展。湖北省原咸宁地区位于湖北省南部，包括咸宁和蒲圻（现赤壁）两个县级市，以及嘉鱼、通城、崇阳和通山四县，土地面积 9861 平方千米，总人口 272.37 万人（1997 年数据），1998 年撤地设市后，将原地区行政公署所在地温泉镇和咸宁市合并升级为省辖市，作为新咸宁市的中心城区，来组织全市一区一市四县的经济活动。

2017 年，全市城镇化率达到 52.5%，比 2010 年提高 9.8 个百分点，年均提高 1.4 个百分点。城市化进入加速发展阶段，发展内涵也有所转变。实施城市"双修"工程，加快新一轮城市总体规划修订，高标准推进"一城十区二十景"建设，擦亮"香城泉都"品牌。实施基础设施建设工程，加快推进107国道咸安绕城段、咸宁大道西延伸等重点项目建设。实施城市功能提升工程，推进淦河流域综合整治、大洲湖生态治理等工程，加快地下综合管廊、城市防洪排涝、黑臭水体治理和"海绵城市"建设。实施公共服务提升工程，配套完善学校、医院、农贸市场、公共停车场等，加快永安阁、图书馆、档案馆、体育馆、工人文化宫等项目建设，推进街景整治、公园提升和美化亮化工程，优化完善充电站场等设施。

目前，咸宁市正以先进制造业为发展重点，融合互联网、大数据和人工智能，发展战略性新兴产业，改造升级传统产业，努力构建现代化的经济体系，致力于实现"百亿企业、百亿产业、百亿园区"的目标。加强政产学研合作，加大高新技术企业培育、认定、支持力度，把咸宁国家级高新区打造成具有全省影响力的科技创新集聚地。大力发展现代农业。实施乡村振兴战略，深化农业供给侧结构性改革，加快农村体制机制创新。推进农业农村现代化，积极创建国家农业可持续发展试验示范区。实施农产品加工千亿产业发展计划，加快"一村一品、一镇一业"建设，重点做强茶叶、油茶、楠竹、蔬菜、畜禽、水产等特色优势产业，创建全国特色农产品优势区，带动农民脱贫致富。促进农村一、二、三产业融合发展，建设一批特色小镇和美丽乡村，打造田园综合体。着力发展大旅游产业。实施"一核两翼四极四带"的全域旅游空间格局，中心城区加快"一城十区二十景"建设，推动"旅游+"产业融合发展，打造区域核心旅游品牌，建成国家级旅游业改革创新先行区、国家全域旅游示范区、国际生态文化旅游目的地。

按照打造"特色产业增长极"的定位，调整完善城乡建设规划及相关专项规划，启动市域国土空间规划编制。做优主城区。推进咸宁宜居主城、横沟科学城、梓山湖健康新区、官埠生态新区、凤凰新区等"一主四辅"建设，打造对接大武汉的桥头堡。提升县城区。支持县市区按照各自定位，突出主导产业，实现错位发展，夯实县域经济实力，形成全省特色产业增长点。打造特色小镇。积极推进沿江沿边沿路城镇规划建设，强化产业支撑，提升特色内涵，重点建设 20 个特色小镇。建设宜居乡村。加强农村建房管理和规划建设，以 18 个省级试点村为重点，打造具有鄂南特色的乡村模式。①

加强基础设施和公共服务建设，实现城乡区域互促共进。强化规划引领。基本完成"多规合一"城乡总体规划，正式启动公园城市建设，北部空间长岛未来城、恒大健康谷等重大项目相继入驻，2018 年全市城镇化率 53.7%。补齐基础设施短板。武深高速嘉鱼段全线通车，嘉鱼长江大桥、赤壁长江大桥建设进展顺利，107 国道咸安赤壁绕城段、咸宁大道西延伸段开工建设。完成一、二级公路建设 204.35 千米，提档升级农村公路 1432.5 千米，创建"四好农村路"600 千米，农村公路生命安防工程四年任务两年完成。水利补短板争取投资 11.9 亿元，创历史新高。推进公共服务建设。市美术馆正式开馆，嘉鱼非遗馆、通山博物馆、通城文化馆投入使用。新增海绵城市规模 2.3 平方千米、城市地下综合管廊 7.75 千米。咸宁公交通过国家公共服务标准化试点验收。统筹推进"三带"发展。咸嘉生态文化城镇带提质增效，重点实施项目 44 个，总投资 90 亿元。幕阜山绿色产业带总体发展规划及四项政策相继出台，旅游公路主支线路段均已建成。②

大型节会活动的举办，既是大脑智慧的聚会，又是信息交流的聚会，还是财富资本的聚会。十一届国际温泉文化旅游节的成功举办，城市品质逐步提升、城市功能不断完善。制定实施全域新型城镇化总体规划，中心城区、咸宁高新区、县市城区面貌一新，咸嘉生态文化城镇带初具雏形，幕阜山绿色产业带加快推进，全市城镇化率达到 51.2%。

---

① 王远鹤：《政府工作报告——在市五届人大会第三次会议上》，《咸宁日报》2019 年 1 月 25 日。

② 王远鹤：《政府工作报告——在市五届人大会第三次会议上》，《咸宁日报》2019 年 1 月 25 日。

武广高速铁路咸宁北站、武咸城际铁路陆续建成开通，咸宁正式迈入高铁、城铁、普铁"三铁"时代。大广、咸通、咸黄、嘉通等高速公路竣工通车，中心城区外环全线贯通，高速公路县县畅通，公路通车总里程突破1.6万千米，高速公路密度位居全省前列。咸宁荣膺中国人居环境范例奖、全国最适宜人居城市、中国魅力城市、中国温泉之城、中国十大最具成长力创新型城市、全国第二批可再生能源建筑应用示范市、全国首批旅游标准化城市等荣誉称号。

2018年，咸宁市地区生产总值1362.42亿元，按可比价格计算，比上年增长8.5%。其中：第一产业增加值186.88亿元，增长2.9%；第二产业增加值662.83亿元，增长8.8%；第三产业增加值512.71亿元，增长10.6%。三次产业结构比为13.7∶48.7∶37.6，与上年相比，第一产业增加值占地区生产总值的比重下降1.9个百分点，第二、三产业比重分别提高0.3和1.6个百分点。全年人均地区生产总值53655元，增长8.1%。咸宁成为湖北"特色增长极"、长江中游城市群枢纽城市、"万里茶道"经济带源头城市，在全省和全国的地位得到进一步提升。

二 随州市发展情况

（一）随州历史沿革

随州得名于西周时期的随国，至今已经有3000年左右的历史。公元535年，当时北朝时期的西魏设置随州，这是随州这一名字最早的记载。新中国成立初期，随州划归孝感专区管辖，不久之后调整到襄阳专区。1979年，随县的城关镇从随县划出，单独成立县级随州市，随县与随州市均属襄樊市（今襄阳市）管辖。1983年8月19日，国务院批准撤销随县，并入县级随州市，属襄樊市（今襄阳市）。1994年，湖北省政府将随州市由襄樊市管辖改为省辖。2000年设立地级随州市。

随州是湖北省最年轻的地级市，土地面积 9636 平方千米，人口 258 万人，下辖曾都区、广水市和随县。随州素有"汉襄咽喉""鄂北明珠"之称，为全国历史文化名城。随州地处长江流域和淮河流域的交汇地带，东承中部中心城市武汉，西接省域副中心城市襄阳，北临南阳、信阳，南达荆门，是湖北省对外开放的"北大门"，襄十随汽车工业走廊重要城市，国家实施西部大开发战略由东向西的重要接力站和中转站。

（二）县级随州市城市发展时期（2000 年之前）

改革开放初期，随州属农业大市，城市规模小，发展以国有工业企业为主。1981 年版城市总体规划将随州城市性质定为"湖北省工业小城市"，这一定位契合当时实际。1983 年，随县并入随州市，县市合一，原随州市变为城区。行政管理体制和区划调整后，随州城作为全市域的政治、经济、文化中心，其地位与职能发生了重大变化，1981 年版城市总体规划显然不能继续起到引领、指导城市发展的作用。为适应发展需要，随州市对 1981 年版城市总体规划进行了修编，即 1985 年版随州城市总体规划，将随州定位为"全市政治、经济、文化、科技中心，发展以汽车及其配套工业为主的机械工业，相应发展轻纺、食品工业，是适合发展旅游业的我国历史文化名城之一"。基于曾侯乙编钟的影响力和琵琶形古城的魅力，1985 年版城市总体规划首次提出将随州打造成国家历史文化名城这一概念。此后十年，随州市在此总体规划指引下不断努力，于 1994 年被国务院批准为国家第三批历史文化名城，这是迄今为止随州市获得的含金量最高的两个国家级金字招牌之一，也是随州最为闪耀的城市名片。

20 世纪 90 年代，随着改革开放不断深入，随州城市经济、社会发生了较大变化，城市原有空间布局、基础设施已显得不相适应。特别是 1990 年《中华人民共和国城乡规划法》的颁布实施，原有 1985 年版随州城市总体规划必须进行调整，以推进依法行政。在这一背景下，随州市组织对 1985 年版城市规划进行了修编，于 1991 年编制了 1991 年版城市总体规划。该版城市总体规划将城市性质调整为"湖北省重要的历史文化名城，全市的政治、经济、文化和科技中心，是以机械工业为主的中等城市"。1991 年版城市总体规划首次提出了建设"中等城市"这一概念，并首次将淅河、两水纳入城市建设用地范围，城市空间采用中心城区和两水、淅河组团式布局。1992 年随州工业经济向北部两水、东部淅河方向发展。

（三）地级随州市城市发展时期（2000 年之后）

随州南连江汉，北接中原，贯通中西，区位重要。设立地级随州市是湖北省委、省政府慎重决策、多年谋划的结果，是区域经济发展的需要。地级随州市是鄂、豫两省结合部的中等城市，其南北经济"交汇带"、中西交流"中转站"、湖北开放"北大门"的地位更加突出。《随州市国民经济和社会发展第十个五年计划纲要》，明确将随州的发展目标定位为"全国重要的特色农业商品基地、鄂北新的区域经济中心、全省新型旅游城市"，这是比较符合随州市的实际发展情况的。

在行政区划调整、汉十高速等重大交通设施相继实施、城市空间结构发生变化、改革活力持续释放等多重因素叠加下，随州城市需要重新定位，发展方向需要重新考量。基于此，随州市编制了 2000 年版城市总体规划。该版本总体规划明确随州城市性质为"国家历史文化名城，鄂中北新的区域经济发展中心，湖北省新兴旅游城市"，城市空间布局上，按照紧凑发展原则，提出"一城四片，组团布局"。依据 2000 年版总体规划，市行政中心、城南商务组团建设迅速启动，随州城市发展由"量变"转为"质变"，生态宜居城市建设提上议事日程。该版总体规划实施期间，汉十高速在随城西南开口，迎宾大道、白云大道、府河大桥等市政项目的实施，打开了随州"南大门"，开启了城南建设的序幕。政务中心、碧桂园项目等先后落地，城南面貌发生蜕变。

2009 年，随县、曾都县区"分家"，随州行政区划再次发生重大变化，旅游等新兴产业发展迅猛，动车、高铁时代来临，特别是汉丹铁路东移，彻底解除了城市向东发展的约束，为拓展城市空间创造了难得机遇。在此背景下，2009 年版随州城市总体规划应运而生。该版总体规划将随州城市性质定义为"国家历史文化名城，鄂中北地区性中心城市，湖北省旅游城市"，城市发展方向延续原有脉络，提出"东拓、西抑、南控、北调"发展战略。在 2009 年版总体规划的指引下，随州城市框架进一步拉大。城东，鹿鹤大道、季梁大道、文化公园等一批市政基础设施和绿地公园建成，国家高新区获批，大批企业和高档居住小区先后落成，成为最具活力的新区；城南，不断放大区位和生态优势，成为全市政治文化和生态建设中心。人财物向新区聚集，为建设区域性"双百"中心城市奠定了基础。

从 1981 年版总体规划至今，历版随州城市总体规划对城市性质的合理定位和对发展方向的指引，对指导城市建设和生产发展都起到了积极作用。党的十八大以来，国家、省在战略层面对随州发展提出了新的定位与要求，一系列的区域发展战略、宏观形势及政策变化、区域重大交通及基础设施选址建设情况的变化等，使得处于规划实施后期的 2009 年版总体规划已不能完全适应随州城市发展的需要。乘着全省总体规划改革的东风，随州市组织编制了《随州市城乡总体规划 (2016—2030 年)》。作为全省总体规划改革试点城市之一，随州 2016 年版总体规划实现了由"城市规划"到"城乡规划"的跨越，从编制到审批、从内容到形式都进行改革创新。它将随州城市性质定为"国家历史文化名城和全国重要的旅游城市，世界华人谒祖圣地和中国专用汽车之都，鄂北区域性中心城市，国家生态园林城市"，规划至 2030 年集中建设区人口规模 108 万人、建设用地 118.5 平方千米、人均建设用地面积 109.7 平方米。

2016 年 12 月 7 日，随州市被列为第三批国家新型城镇化综合试点地区。随州经济社会发展进入发展新阶段。

2018 年，随州市实现生产总值（GDP）1011.19 亿元，按可比价格计算，同比增长 7.8%。其中：第一产业实现增加值 144.13 亿元，增长 2.8%；第二产业实现增加值 488.74 亿元，增长 8.2%；第三产业实现增加值 378.32 亿元，增长 9.4%。三次产业比重由 2017 年的 16.1∶46.8∶37.1 调整为 14.3∶48.3∶37.4，服务业占 GDP 比重比上年提高 0.3 个百分点。实现工业总产值 1378 亿元，工业用电量、货运量分别增长 8.2% 和 10.5%。专汽产业逆势上扬，产值增长 16.5%，产量突破 13 万辆，新增资质企业 4 家；"中国专汽之都"称号通过复审，随州被授予"全国机械工业引领高质量创新发展产业集聚区"，齐星家庭化重卡、恒天新能源汽车、江南高端消防车、三铃电力维护车、程力军工系列等新产品竞相推出，不断改写随州专汽发展史。农产品加工业持续壮大，出口额居全省首位，获评中国特色农产品优势区。新能源产业快速发展，并网装机容量突破 200 万千瓦，累计发电量占全省近 30%。农业基础更趋稳固。粮食生产保持稳定，建成一批"集中制袋、分散出菇"生产基地，规模化种植突破 3000 万袋，香菇酱等系列产品成功研发，"随州香菇"入列全省农产品区域公共品牌二十强。新发展农民合作社 721 家、家庭农场 154 家，新增耕地流转 7.2 万亩，"虾稻共作"面积达到 10.65 万亩。随县获批"创建全国农村一二三产业融合发展先导区"，广水市获评全国农村创业创新典型县范例，随州市供销社成为全国供销合作社系统先进集体。文化旅游稳步发展。炎帝故里文化旅游区创 5A 通过省级验收，被授予全国研学实践教育基地。千年银杏谷和编钟乐舞分别获评"魅力中国城"2018 年度魅力生态景区、魅力旅游演艺节目。戊戌年世界华人炎帝故里寻根节、首届"中国农民丰收节"湖北主会场活动成功举办，乡村赏花游品牌叫响全省。大洪山新区重点工程启动建设，洛阳镇胡家河村、淮河镇龙泉村、武胜关镇桃源村等民宿示范点各具特色，工业游、度假游和田园综合体等旅游新业态加快成长。全年接待游客 2500 万人次，旅游综合收入 155 亿元，分别增长

12% 和 10%。①

三 京山市发展情况

（一）京山市概况

京山位于鄂中，因京源山而得名。《太平寰宇记》记载郢州京山县"因县界京山为名"。京山为京源山简称。其实京源山的"京"字在古代是个数目名，指"一千万"，京源山也就是京山的水源之地和山源之地。

京山市历史悠久，人文丰厚。春秋时期，京山为楚郧子国及雍澨、远澨、汉澨地（即今司马河、大会桥河、钱场河），这是京山县地著迹之始。秦始皇统一中国后，废封建为郡县，新市属南郡。汉初置云杜县，属江夏郡，县治在京山。西汉末年，新市人王匡、王凤领导的绿林起义，更使新市名震古今。东汉初年，分安陆西境立南新市侯国。因当时中山（今河北）有新市，故加"南"以别之，晋初仍因汉置江夏郡，统县七：安陆、云社、曲陵、平春、郢、竟陵、南新市。现京山地域当时为云社和南新市县地。西魏废帝三年（公元 554 年），现京山地域设角陵县。隋炀帝大业三年（公元 607 年），改角陵曰京山，盘陂县并入。嘉靖元年（公元 1522 年），封驸马都尉崔元为京山侯。京山属承天府。清顺治二年（公元 1645 年），承天府改为安陆府，县隶之，辖于荆西道，守巡各一。康熙六年（公元 1667 年）裁巡守，辖于荆南道；十三年辖于安襄郧荆道。民国时期，废府存县。京山曾属湖北第六行政督察区。1949 年新中国成立后，京山县属荆州专区，1970 年属荆州地区，1994 年属荆沙市，1996 年属荆门市。2018 年 2 月 24 日，经国务院批准，同意撤销京山县，设立县级京山市。京山市总面积 3520 平方千米

---

① 郭永红：《政府工作报告——2019 年 1 月 22 日在随州市第四届人民代表大会第四次会议上》，《随州日报》2019 年 2 月 1 日。

（含屈家岭管理区 173 平方千米、太子山林场 75 平方千米），总人口 71 万人。京山市辖新市、永兴、曹武、罗店、宋河、坪坝、三阳、绿林、杨集、孙桥、石龙、永漋、雁门口、钱场等 14 个镇和京山经济开发区、京山温泉新区，356 个村民委员会，2343 个村民小组，30 个社区居民委员会。

京山市地处大洪山南麓、江汉平原北端，跨东经 112°43′～113°29′，北纬 30°42′～31°27′，东西距 75 千米，南北距 86 千米，东为安陆、应城市，南临天门市，西连钟祥市，北接随州市。其最高处为西北部与随州市交界的山峰娘娘寨，海拔 950.2 米；最低处为永隆河潘家湾河床，海拔 27 米。新市镇东南距省城武汉市 150 千米，处于湖北经济最活跃的武汉—宜昌—襄阳大三角中心。全市版图面积 3520 平方千米，约占湖北省总面积的 1.78%。京山市山川秀美，物产丰富，交通便利，被誉为"鄂中绿宝石，武汉后花园"。

（二）京山县时期发展概况（2018 年之前）

2011 年，京山县城镇化率达 45%，城区建成区面积扩大到 22.8 平方千米，人口增加到 16 万人，建成区绿化覆盖率 42.5%，人均拥有公共绿地 11.9 平方米。建成人民大道、新阳大道、温泉景观大道等城市主干道，"五横八纵"的城市道路骨架全部拉开；完成新市大道综合改造、城中路综合改造、温泉路改造、文峰污水处理厂等重点工程；占地 419 亩的文峰公园完成改扩建并全面对外开放，华尔靓浦项硅整体搬迁出城区，实施"禁麻"、"限鞭"、城区亮化工程，城市形象极大改善，城市品位显著提升。2012 年，京山县成为湖北省唯一的"国家园林县城"。

2016 年，京山县成功创建国家生态县，启动国家生态文明建设示范县创建，荣膺全国十佳生态文明城市、全国十佳生态休闲旅游城市。完成城市总体规划修改，启动中心城区控规、"四线"管制等规划，完善永兴镇、孙桥镇与中心城区同城化建设、京山温泉新区建设等规划。

实施规划区内道路畅通工程，新建幸福北路、中环线、东环路等 8 条道路，续建云杜路、八一南路、富水大道等 9 条道路，启动京源大道、轻机大道、绿林路等 6 条道路改造。构建东连永兴、西接孙桥、北通宋河、南到钱场的城区快速外环通道。充分利用城区高压线走廊建设生态智能停车场。实施京源大道人防工程、城北防洪工程，推进海绵城市建设。实施城乡安全饮水一体化提升工程，实现一水厂、二水厂提档升级和中心城区供水管网全覆盖。实施县城建成区绿化全覆盖工程，完成南环路及城区绿化。实施老城区棚户区改造工程，完成八一南路、老机械厂、老石油公司等棚户区改造项目 7 个。加强城市建筑风格、建筑色彩管控，留住城市特有的地域环境和文化特色。与软通动力深度合作，结合"智慧京山"统筹推进"互联网 + 网球"、智能公交、无线城市、"农事无忧"等项目。借鉴"人在干、云在算、天在看"城市综合管理经验，完善网格化社会管理和数字化城市管理信息平台，常态化开展市容市貌、交通秩序、经营秩序和环境卫生整治。

到 2017 年，京山县城区建成面积达 30 平方千米，"A"字形空间结构基本形成。四大特色产业园区竞相发展，温泉新区建设日新月异，轻机大道综合改造基本完成。荆京"四化同步"示范带实施重点项目 23 个，对节白蜡艺术小镇加快建设。这一年完成智造小镇规划、京山·美国风情小镇规划、京山河景观带修建性详细规划等编制，开展城区地下综合管廊、海绵城市规划编制；完成京空路、南环线绿化工程等 9 个工程，加快了惠山大道、屈场东路等 8 条道路建设；实施保障性安居工程 8 个，开工建设房屋 3689 套，基本建成 2033 套。市、县、镇、村四级网格化平台稳步运行，智慧城市"一中心四平台"全面启动建设。

（三）京山设市以来发展情况（2018 年以来）

千年古县凤凰涅槃，有两千多年建县史的京山，沐浴着改革开放的浩荡春风，经过 40 年的风雨同舟、40 年的披荆斩棘、40 年的砥砺奋进，在 2018 年终于实现了由"县"到"市"的华丽蝶变，翻开了跨越发展的崭新一页。坚持以规划为切入点、以建设为立足点、以管理为突破点，加快城市"双修"，城市能级和品位不断提升，成功创建全省县城规划管理改革试点市。完成文峰大道、新阳大道、东环线及城区绿化景观工程，建成区新增绿地面积 12.3 万平方米，绿地率达 38.5%，人均公园绿地面积达 15.3 平方米。幸福路北延段、中环线、惠山大道等道路建设完成年度目标任务。引进"3390"模式，启动棚改项目 14 个，改造住房 2195 套。探索实行"路长制"，严格实施经营秩序、交通秩序和环境卫生三大提升行动，城市面貌明显改观。城管、交通、环卫统一纳入智能管理平台，实现全市数据资源集中使用，超市、餐饮、公交等领域移动支付加快推广应用。投入 4.5 亿元，推动小城镇雨污管网、道路交通、绿化配套等提档升级。

京山作为武汉城市圈观察员，主动对接全省区域战略布局，积极融入大武汉。在发展中，京山市争做乡村振兴践行者，加快对节白蜡小镇创建，开展集镇综合改造、美丽乡村建设及生态修复等工程，对对节白蜡产业、桥米产业、旅游产业进行了特色产业升级；争做绿色发展先行者，全力推进循环经济，突出低碳集约抓工业，突出绿色循环抓农业，突出特色优势抓服务业；争做协同发展参与者，精准融入大武汉，强化人才支撑、优化产业布局、积极建设"后花园"。

2018 年，京山高质量发展实现新突破。抢先布局谋产业，智能制造产业园、汽车零部件产业园、农机装备制造产业园产业格局基本形成，京山智能制造产业集群入选 2018 年度全省重点成长型产业集群，获批国家新型工业化产业示范基地。税收增长成为财政增长的主导模式，税收占地方一般公共预算收入比重提高到 66.3%。成为全省县域经济发展的先进典型。省委领导来京山专题调研指导，对京山发展给予高度肯定，对外影响再上新高度。成功举办第三届中国（京山）网球节，时间跨度之长、赛事活动之多、参与人数之众前所未有。京山本土拍摄的首部院线电影《云做的翅膀》成功上映，2018 中国（京山）国际观鸟节在柬埔寨成功举办，京山观鸟文化正在辐射全国、走向世界。巴拿马、赞比亚等14个发展中国家的官员到京山参观考察，点赞京山发展。中央电视台3次走进京山、宣传京山，《湖北京山：喜看稻菽千重浪，万亩农田秋收忙》成为首个"中国农民丰收节"的新闻亮点。

2019年7月1日，根据湖北省委宣传部、省发改委的安排，湖北省政府咨询委员秦尊文带队到京山市调研，在听取市政府领导汇报之后他指出：京山市要高度重视城市定位，把握好撤县设市后的发展机遇，谋划好城市发展的鲜明构图，在新的历史发展阶段找准方向，做好城乡总体规划、社会经济发展规划；要高度重视经济高质量发展，利用好较深厚的工业基础，充分发挥"制造业"优势，突出发展农机装备等特色产业，引导工业企业转型升级，走向智能化、循环化发展模式；响应全省"引领型发展"号召；要高度重视乡村工作，尤其是乡村振兴战略的实施，利用荆京新型城镇化示范带建设契机，建设好对节白蜡艺术小镇等有京山特色的发展项目，总结、提炼、升华乡村振兴经验，力争在"十四五"期间进一步发挥作用；要高度重视绿色发展，要有决心、有定力，始终保持"生态优先"发展理念；要高度重视对接大武汉，抓好武汉新型都市圈建设契机，充分利用中心城市辐射带动作用推动京山高质量发展。

第五章
武汉城市发展历程

　　武汉市地处长江、汉江交汇处，历来有"九省通衢"之称，在中国近代有"东方芝加哥"美誉。武汉市是国家历史文化名城，楚文化的重要发祥地，历史悠久。经过 70 多年的努力奋斗，武汉已成为全国 9 个国家中心城市之一，长江经济带三大核心城市之一，长江中游城市群龙头城市，中部六省唯一的副省级城市，也是中央军委武汉联勤保障基地驻所，被称为全国"新一线城市"。

第一节　武汉城市发展 70 年概述

　　历史上武汉一直是中国中部地区的商业重镇，明清时期成为"楚中第一繁盛处"、"天下四聚"之一。新中国成立以后，武汉市的经济总量不断跃上新台阶，在中部地区率先跨入"千亿俱乐部"，雄踞中部首位。新中国成立初期，武汉市的生产总值仅为 3.28 亿元，到 1978 年生产总值上升为 39.91 亿元，提高了 11.2 倍；而迈入改革开放的浪潮后，武汉市的生产总值则从 1978 年的 39.91 亿元跃升至 2018 年的 14847.29 亿元，提高了 371 倍。其中从 1978 年上升到 1998 年的 1001.89 亿元突破千亿元大关用了 21 年时间，上升到 2010 年的 5565.93 亿元突破 5000 亿元大关用了 13 年时间，上升到 2014 年的 10069.48 亿元突破万亿元大关用了 5 年时间，扩张步伐明显加快。

新中国成立以后，工业镇依然是武汉的"城市名片"。"一五"计划国家确定的 156 个重点建设项目中，武汉有武钢、武重、武锅等 7 个项目，武钢钢铁产量一度占据全国钢铁产量的 10%。改革开放后，武汉将产业结构调整作为主要任务，削减传统重工业产能。不断地改革开放，不断地积极进取，武汉从一个冶金、机械、纺织三大支柱产业的老工业基地，变成拥有钢铁及深加工、汽车及零部件、信息技术、生物医药和医疗器械等完整工业体系的现代化城市。从"钢城"到"车都""光谷"，目前武汉拥有钢铁及深加工、汽车、信息技术、医药等完整工业体系。武汉市是国内首个聚集法、日、美、自主四大车系五大整车企业的城市，被誉为"中国车都"。在信息技术领域，重点布局光电子、新型显示、集成电路等产业链。拥有国内高水平存储芯片技术的长江存储、国内高水平显示技术的华星光电、国内高水平光纤技术的长飞光纤等一大批高新技术企业。

随着我国高速铁路技术的不断发展，武汉市交通枢纽的优势进一步得以发挥。武汉地处长江与京广铁路大动脉的十字交会点，距离北京、上海、广州、成都、西安等中国大城市都在 1000 千米左右，"米"字形高铁网辐射大半个中国，还是华中地区唯一可直航全球五大洲的城市。近年来，武汉市的综合实力在全国范围内不断提升，2017 年，武汉 GDP 达 1.34 万亿元，位居副省级城市第三，进入全国城市第一方阵，再次撑起中部经济的脊梁。武汉市的城市地位不仅在全国范围内得到公认，在全世界范围内也得到了认可，由全球化与世界城市（GaWC）研究网络编制的全球城市分级排名《世界城市名册 2018》中，武汉市位于城市的 Beta（全球二线）级别，排名先于国内的重庆、厦门等城市。

一 行政区划调整与变革

武汉的城市格局素来有"两江三镇"的说法,"两江"指长江和汉江,"三镇"则指汉口镇、武昌镇和汉阳镇。早在明代的时候,就形成了"武汉"的概念。1949 年 5 月 16 日,武汉三镇解放,汉口市、武昌市和汉阳县城合并为武汉市;随后成立武汉市人民政府,由中央人民政府直接管辖。1949 年 12 月,武汉市调整为 12 个区。1950 年,武汉市改为中南军政委员会领导,驻地设在汉口。1952 年,武汉市由中南行政委员会领导,同年武汉市调整为 9 个区,全部以地域命名。1953 年,武汉市增设水上区。

1954 年,中央人民政府委员会第 32 次会议决定将武汉市由中央直辖改为湖北省辖,至此,武汉市成为湖北省省会城市。此后,中央人民政府、湖北省人民政府陆续将武昌县、汉阳县部分乡镇划入武汉市管辖。到 1958 年底,全市划分为 9 个行政区,其中城区 7 个,郊区 2 个,全市面积扩展到 1553 平方千米。

1959 年,原孝感专区所属孝感、通城、应山、蒲圻、大悟(驻二郎店)、嘉鱼、黄陂、汉阳(驻蔡甸镇)、武昌、汉川、咸宁、应城、通山、云梦、崇阳、安陆 16 县划归武汉市领导。1960 年,撤销通城县,并入崇阳县;撤销嘉鱼县,并入武昌县;撤销蒲圻县,并入咸宁县;撤销云梦县,并入安陆县。1961 年,将孝感、应山、大悟、黄陂、汉阳、武昌、汉川、咸宁、应城、通山、崇阳、安陆 12 县划归孝感专区。1979 年,将原属咸宁地区的武昌县(驻纸坊镇)和原属孝感地区的汉阳县(驻蔡甸镇)划归武汉市。1983 年,孝感地区的黄陂县和黄冈地区的新洲县划归武汉市。1984 年,武汉市设立汉南区。到 1985 年底,武汉市共设置 9 个市辖区、4 个市辖县。

汉阳县、武昌县、黄陂县和新洲县四个市辖县先后于 1992 年、1995 年和 1998 年(黄陂县和新洲县)撤县设区,设立蔡甸区、江夏区、黄陂区和新洲区。至此，武汉市下辖 13 个市辖区的行政区划格局形成，东邻鄂州市，南接咸宁市，西至仙桃市，北及孝感市。

2000 年，武汉市下辖江岸区、江汉区、硚口区、汉阳区、武昌区、青山区、洪山区、蔡甸区、江夏、黄陂、新洲区、东西湖区、汉南区 13 个行政区，共 108 个街道办事处、21 个镇、15 个乡。

到 2018 年，全市下辖 13 个行政区和武汉经济技术开发区、东湖新技术开发区、东湖生态旅游风景区、武汉临空经济技术开发区、武汉化学工业区、武汉新港 6 个功能区；区下辖 156 个街道办事处、1 个镇、3 个乡，共 1331 个社区居民委员会和 1815 个村民委员会。

二 武汉市历轮总体规划

1945 年抗日战争胜利后，湖北省政府组建成立了"武汉区域规划委员会"，首次系统性地编制了武汉区域规划。此次规划范围包括武汉三镇及近邻，以及周围 8 县境内的沿江沿河地带，简称"大武汉市区"。而在新中国成立后，先后于 1954 年、1959 年、1982 年、1988年、1996 年、2010 年 6 次编制或修订更为详细的城市总体规划，并依据总体规划编制实施各专项规划，城市规划管理部门依法进行了规划管理。武汉市的蓬勃发展，离不开战略性的城市规划。2010 年编制的武汉城市总体规划获得全球城市规划金奖，是我国城市首次获得世界级城市规划奖。

1954 年，为了积极推进国家在武汉投入建设的一批重点工程项目，调整和补充完善了 1953 年编制的武汉规划草图，内容更具前瞻性的《武汉市城市总体规划》面世。城市建设的重点在规划中得到了调整，即由以往的"恢复经济，改造旧城"向"为大型工业建设服务"转变。此时，洪山区成为武汉发展的重要方向之一，规划在该区建设大型居住区。工业区和铁路枢纽的选址工作也同期进行，具备公路和铁路交通功能的长江大桥建设也提上日程，并考虑到未来进一步建设第二长江大桥。规划提出以长江为主轴进行城市交通系统建设，长江两侧道路对称，让武汉汉口、汉阳和武昌互通连接，并形成主干道。

1959 年，根据调整后的工业建设计划，武汉市基本建设委员会重新编制了《武汉市城市建设规划（修正草案）》，对武汉进行了明确定位，把武汉明确为钢铁生产、机械制造、化学生产等基地及科技、文化教育基地和交通枢纽，武汉市对于湖北省和华中协作区工农业的发展担负着重大任务。规划提出对城市规模进行有效控制，同时提出要把一些不适合在市区存在的工业迁出到一些中小城镇和卫星城镇。在市区内，重点布局了 8 处工业区，并建立了与之配套的居住区。

党的十一届三中全会后，为贯彻大会精神，1982 年武汉市按照"计划经济为主，市场调节为辅"的思想出台的《武汉城市总体规划（1982—2000 年）》获得国务院正式批准，这也是新中国成立后武汉市第一次出台经过国家批准的总体规划。此次规划提出，武汉是湖北省政治、经济、科学、文化中心，是中国重要水陆交通枢纽之一，是以冶金、机械工业为主，轻、化、纺、电子工业都具有一定规模的综合性大城市。这一规划奠定了武汉三镇的发展格局。总体规划的布局设想：一是调整三镇布局；二是加速发展小城镇；三是利用三镇的自然地形特点，城市建设形成分区成片的布局。

根据中共中央办公厅的要求，武汉市于 1988 年编制了《武汉市城市总体规划修订方案》，对原总体规划再次进行了调整补充。规划中进一步指出，武汉市城区布局按照"三镇鼎立、分区成片建设"的思路，明确了三镇各片的主要功能：汉口中心地区布局主要突出商业贸易、金融信息中心和对外交通；汉阳规划布局突出旅游和涉外设施；武昌地区规划布局突出科研、教育和发展新兴产业；青山地区以钢铁工业为主。规划建设沌口工业区和阳逻工业港，关山作为新兴工业用地。围绕"交通""流通"发展，规划确定主要建设公共服务设施和基础设施，大力推进汉口火车站、武汉客运港、天河机场以及大批货运站场的建设。通过旧城改造，提升市区金融贸易、信息服务、保险旅游等第三产业，以强化武汉的服务业地位。

1992 年邓小平南方谈话之后，中国加快了对外开放的步伐，经济呈现加速发展的态势。武汉市第八次党代会乘此东风，提出了建设现代化国际性城市的总体目标，做出了将武汉建设成为我国中部地区集经济、贸易、金融、交通、科教中心于一体的综合性大城市的战略部署。在此背景下，武汉又一次开展了总体规划修编工作。修订后的 1996 年版《武汉市城市总体规划（1996—2020 年）》提出确定主城按核心区、中心区片、综合组团结构，规划江北、江南两个核心区，在核心区周围布局 10 个中心区片，在主城边缘布局 10 个综合组团，区片组团之间道路交通联系，形成"多中心组团式"的布局结构。规划加强卫星镇的建设，在主城外围，将建设阳逻、北湖、金口等 7 个重点镇，适当疏散主城人口，在主城外围形成一批特色鲜明、环境幽雅、经济繁荣的新型城镇。

国家实施"中部地区崛起"战略后，武汉城市圈成为全国"两型社会"建设综合配套改革试验区，东湖高新区成为国家自主创新示范区，武汉接连不断地被提升到国家发展战略层面。经过几年的修编工作，2010 年 3 月 8 日国务院以国函〔2010〕24 号文批复了《武汉市城市总体规划（2010—2020 年）》，并且确定了武汉市的城市性质为：湖北省省会，国家历史文化名城，我国中部地区的中心城市，全国重要的工业基地、科教基地和综合交通枢纽。总体规划的主要内容有：基于空间集约、节约发展考虑，将武汉市域划分为都市发展区和农业生态区；优化调整主城区分布，推动主城工业外迁，腾出用地空间，大力引进和发展现代服务业，提升区域辐射能力；规划了 6 个新城组群为武汉城镇化的重点对象，主要布局工业、居住、对外交通、仓储等功能，承担疏散主城人口、转移农村人口的职能，实现优势互补、差异化发展，成为具有相对独立性、综合配套完善的功能新区。

三　武汉市改革开放进程

1978 年党的十一届三中全会召开，确立了解放思想、实事求是的思想路线，中国开启了改革开放的新征程，驶入历史新轨道。1978 年以来，历届武汉市委、武汉市人民政府认真贯彻 1984 年十二届三中全会通过的《中共中央关于经济体制改革的决定》、1993 年十四届三中全会通过的《中共中央关于建立社会主义市场经济体制若干问题的决定》、2013 年十八届三中全会通过的《中共中央关于全面深化改革若干重大问题的决定》的要求，坚持走符合自身实际的改革发展道路，进行经济体制和其他各项改革。武汉市的改革开放可以大致分为如下几个阶段。

1978～1983 年，是武汉改革开放的启动阶段，改革的重点放在农村。1979 年春武汉市放开近郊和城市边缘集市贸易，同年秋天试办东西湖农工商联合企业，1981 年全市蔬菜由统购包销改为产销合同制，出台《农村生产联产计酬责任制试行草案》。此后，城郊农村"三级所有，队为基础"的经营管理体制逐步被打破，至 1983 年基本实现家庭联产承包责任制，农村经济呈现出蓬勃发展的新局面。在城市主要推行经济责任制，进行扩大企业经营自主权试点，并开放集市贸易，恢复发展个体经济。1979 年 11 月，汉正街小商品市场在全国率先恢复。1980 年 2 月，国务院批准武汉港为对外开放港口，发展对外经贸，开放通商口岸；4 月武汉海关开关，武汉港被批准为对外开放口岸。1982 年全国小商品现场会在武汉召开，会议总结推广了武汉市 1979 年重新恢复、全面开放汉正街小商品市场的经验。1983 年 2 月，中共武汉市委决定成立经济体制改革领导小组。

1984～1991 年，武汉改革开放进入全面推进阶段。1984 年 5 月，中共中央、国务院批复同意在武汉进行经济体制综合改革试点的报告，同时做出三项决定，即对武汉市实行国民经济计划单列、赋予省一级经济管理权限、在汉中央企业原则上下放到市。1984～1986 年，全市以搞活"两通"（交通、流通）为突破口，敞开三镇大门，引来四方商贾，三镇物流、人流骤增，给城市和企业带来活力。开展"城城通开，城乡通开"，发展横向经济联合。1984年8月，我国第一个跨省市"信息 – 咨询 – 开发"三位一体的区域性经济信息联合体——华中（经委）信息中心在武汉诞生。1986年创建并组织长江沿岸经济协调会，随后又成立了长江中游地区最大的区域性经济合作组织——武汉经济协作区。1987～1991年，企业改革成为当时政府工作的重要内容。按照政企分开的原则，调整了国家与企业的关系，在大多数工商企业实施两轮企业承包经营和租赁经营。1988年、1991年，武汉先后设立东湖新技术开发区和武汉经济技术开发区。

1992～1997年，是初步建立社会主义市场经济体制基本框架阶段。1992年1月18日，邓小平在视察南方的首站——武昌发表了进一步解放思想、加快改革开放步伐的重要讲话。随着改革开放的重点由沿海拓展到沿江，国务院于当年7月正式批准武汉等为沿江对外开放城市，武汉市及时确定20世纪90年代的发展目标，即围绕建立社会主义市场经济体系，把武汉建成"四城（钢铁城、商业城、科技城、汽车城）雄踞、三区（东湖新技术开发区、武汉经济技术开发区、阳逻经济开发区）崛起、两通（交通、流通）发达"的全国重要城市，打造中部地区经济、贸易、金融、交通和科教中心，进而逐步建设成为经济实力强、文明程度高、城乡一体化的开放型、多功能、现代化国际性城市。1993年12月，国家经济体制改革委员会正式批准武汉为全国综合配套改革试点城市，原则同意《武汉市建立社会主义市场经济体制综合改革试点总体方案》。在以后近两年的时间里，武汉市先后出台一系列改革举措。1994～1997年，全市以加速市场体系建设为中心、建立现代企业制度为重点、科技体制改革为基础、转换政府职能为保障，全面推行综合配套改革。

1998～2012年，是武汉市不断深化改革的阶段。为应对1998年亚洲金融风暴对中国的影响，中央实施积极的财政政策扩大内需，国有企业一些深层次矛盾和问题集中暴露，武汉市有针对性地深化企业改革，促进国有经济战略改组，加快市场体系建设，规范产权交易行为；拓展社会保障体系范围，改善投资环境，实行全方位开放。跨入 21 世纪后，武汉市围绕全面建设小康社会，继续深化改革，扩大开放，重点抓了以下几个方面工作：促进产业结构调整，提升产业竞争力；企业改革着重于推进"武字头"国有大中型企业；继续完善社会保障体系；创新招商模式，提升城市对外开放度；积极推进武汉城市圈资源节约型和环境友好型社会建设综合配套改革试验。

2013 年武汉迈入了全面深化改革阶段，进入了以改革促发展、以创新促转型的高质量发展新时代。在中央、湖北省委的领导下，武汉市全面深化供给侧改革，加快新旧动能转换；全市加快推进全面创新改革试验，以国务院批复的《系统推进全面创新改革试验方案》为指导，重点聚焦信息技术、生命健康、智能制造三大产业；全市统一构建"互联网＋政务服务"大平台，全面推行"互联网＋居家养老"新模式，推进"互联网＋医疗健康"改革；大力推进国家服务贸易创新发展试点，建立融入全球投资、贸易、创新的新格局；完善生态文明机制体制建设；推进全面从严治党，开展基层作风和"微腐败"问题巡查，推动基层作风巡查常态化。

70 年的春风化雨，70 年的敢为人先，刻画着武汉写满成就与梦想的鸿篇巨制，在改革开放浪潮的推动下，武汉逐步实现经济高质量发展、城市建设日新月异、国际化水平稳步提升的华丽蝶变。武汉市发展70 年的轨迹，大致可以分为三个阶段：1949～1978 年，在曲折中发展前进；1979～1997 年，在改革开放中快速发展；1998～2019 年，在不断深化改革中稳步发展。

第二节　武汉城市曲折发展阶段（1949～1978 年）

从新中国成立至 1978 年，是武汉市艰难探索城市发展道路的时期。受

"大跃进"和"文化大革命"的影响，武汉城市发展在探索中曲折前进。

一　人口与劳动力发展

武汉解放后，得益于国民经济的快速发展，人口数量和就业也得到了快速增长。1949～1978 年，武汉市人口从新中国成立初期的 276.47 万人增长到了 538.29 万人，人口数量增加近一倍。1949～1953 年，4 年间武汉市人口增长了 30.92%，人口数量达到 361.96 万人。1956 年，武汉市人口突破 400 万人。1972 年，武汉市人口突破 500 万人。

1949～1978 年，武汉市总就业人口从 93.45 万人增加到 271.92 万人，增加了近 2 倍，年均增长率为 3.75%。在这期间，城镇非私营单位从业人员、农村经济从业人员、个体经济从业人员的增长呈现出不同的特点。

从总量上来看，城镇非私营单位从业人员增长速率快于农村经济从业人员，城镇非私营单位从业人员从 1949 年的 18.38 万人增加到了 1978 年的 158.22 万人，增长了 7.6 倍，年均增长率达到 7.71%；农村经济从业人员 1949～1978 年从 70.86 万人增加到 113.7 万人，增加量为 42.84 万人，年均增长率仅为 1.64%；个体经济从业人员在计划经济期间出现大幅度下降，1949 年有 4.21 万人，到 1966 年从业人口仅为 0.8 万人。

从不同的时间段来看，1949～1955 年，全市就业总人数和城镇非私营单位从业人数呈稳步增长态势，农村经济从业人员增长缓慢，个体经济从业人员逐年下降。到 1956 年"三大改造"完成时，武汉市全市就业人数、城镇非私营单位从业人数、农村经济从业人数和个体经济从业人数分别为 150.61 万人、59.7 万人、88.03 万人和 2.88 万人。1949～1957 年，武汉全市就业人员主要集中在农村经济。到 1958 年，城镇非私营单位从业人数首次超过农村经济从业人数，达到 91.28 万人，武汉市就业结构发生转变，此种状态一直保持到 1961 年。受"大跃进"的影响，武汉市非私营单位从业人员在 1960 年、1961 年和 1962 年连续 3 年出现下降，到 1962 年人数下降到 71.42 万人，再一次低于农业经济从业人员。这一关系一直持续到 1970 年，1971 年城镇非私营单位从业人数重新超过农村经济从业人数，此后至 1978 年，城镇非私营单位成为武汉市劳动者就业的主要途径。

1949～1978 年，就业率整体呈上升趋势。1949 年武汉市就业率为 33.8%，1978 年就业率为 49.59%，29 年间上升了 15.79 个百分点。就业率除 1949～1952 年、1957 年、1960～1962 年等时间段出现了下降外，其余年份就业率均保持上升态势，整体波动较小。

二 经济发展

改革开放前，武汉市的经济得到了一定程度的恢复与发展，经济总量在波动中增长，大致经历了发展、下降和再调整三个阶段。

总体来看：1949～1978 年，武汉市地区生产总值从 1949 年的 3.28 亿元增长到 1978 年的 39.91 亿元（见图 5–1），增加了 11.17 倍，年均增长率为 9%；人均生产总值从 118 元增长至 735 元（见图 5–2），增加了 5.23 倍，年均增长率为 6.5%。

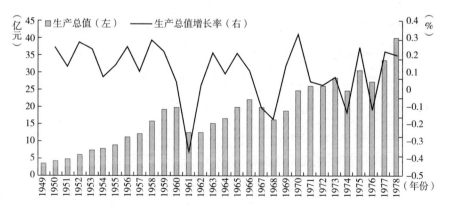

图 5–1 1949～1978 年武汉市地区生产总值及其增长率
资料来源：根据历年《湖北统计年鉴》整理。

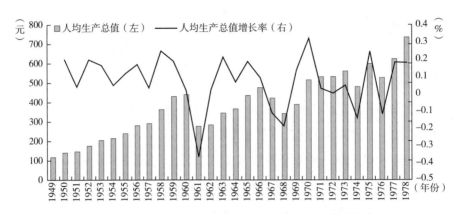

图 5 - 2　1949～1978 年武汉市人均生产总值及其增长率
资料来源：根据历年《湖北统计年鉴》整理。

1949～1957 年，国民经济逐步恢复，得益于第一个五年计划的实施，武汉市经济总量稳步上升。1950～1952 年，在 3 年内，武汉市完成了国民经济恢复的任务；武汉市"一五"计划开始于 1951 年，于 1956 年正式实施，极大地促进了武汉市经济的发展。武汉市地区生产总值由 1949 年的 3.28 亿元增长至 1957 年的 12.08 亿元，增长率保持在 7% 以上，最高达到 27%，平均增长率为 17.93%；人均生产总值从 118 元上升到 291 元，增长率在 3%～20% 内浮动，平均增长率为 12.13%。

1958～1978 年，受到"大跃进"运动和"文化大革命"的影响，武汉市经济发展状态较为曲折。1958 年至 1960 年，尽管武汉市地区生产总值和人均生产总值保持三连增的状态，但是地区生产总值增长率从 1958 年的 28.97% 下降到 1960 年的 4.27%，人均生产总值增长率从 24.74% 下降到 2.32%。到 1961 年武汉市地区生产总值和人均生产总值均出现"断崖式"下降，生产总值为 12.3 亿元，下降了 38%，人均生产总值仅为 277 元，下降了 37.19%，经济发展水平相当于倒退了 5 年。此时，武汉市及时进行经济调整，1963 年出台了《武汉市国民经济 12 个方面的 3 年（1964—1966 年）调整规划》。1961～1966 年，武汉市生产总值从 12.3 亿元增长到 22.02 亿元，人均生产总值从 227 元上升到 476 元，基本走出了"大跃进"运动的影响，国民经济得到了恢复和提

高。1966 年开始，全国上下开始开展"文化大革命"，这使得此后 10
年武汉市的经济发展走向了更加曲折征程。1968 年武汉市地区生产总
值和人均生产总值分别下降至 16.19 亿元和 342 元，相比 1966 年下降
了 26.48% 和 28.15%。1969~1973 年，武汉市的国民经济得到一定的
恢复和发展，地区生产总值和人均生产总值在 1973 年分别达到 28.26
亿元和 560 元。1974~1978 年，武汉市的经济发展起伏较大，地区生产
总值和人均生产总值均在 1975 年、1977 年和 1978 年处于上升状态，而
在 1974 年和 1976 年则出现下降。随着 1978 年党的十一届三中全会的
召开，中国开始全面改革开放，武汉市的经济发展迎来了全新时期。

三　产业发展

武汉从传统手工业到近代工业再到社会主义现代化工业，经历了曲
折的发展道路。1949 年新中国成立以后，武汉市工业在得到恢复和发
展的同时，也经受了挫折，在不断的探索中艰难前进。

总体来看，1949~1978 年，武汉市第一产业发展较为缓慢，整体
波动较小，占全市产业结构的比重始终不高。第一产业生产总值从
0.84 亿元逐渐增长至 4.69 亿元，年均增长率为 6.11%。第二产业发展
轨迹大致与武汉市整体国民经济相同，到 1978 年，武汉市第二产业生
产总值为 25.24 亿元，相较 1949 年的 0.79 亿元，生产总值增长近 31
倍，年均增长率为 12.69%。第二产业产值占全市生产总值的比重在
波动中不断上升，从 24.09% 上升到 63.24%。第二产业在不断壮大
的同时，遭受到"大跃进""文化大革命"等历史事件的冲击，发展
起伏较大。第三产业生产总值从 1.65 亿元增长到 9.98 亿元，年均增
长率为 6.4%，但占全市生产总值的比重不断下降，从 50.3% 下降到
25%（见图 5-3）。第三产业在社会主义三大改造完成前，一度是武
汉市产业结构的主体，随着武汉市对工业发展的重视，发展逐渐落后
于第二产业。

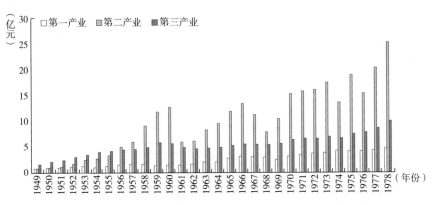

图 5 – 3　1949～1978 年武汉市第一、二、三产业总产值

资料来源：根据历年《湖北统计年鉴》整理。

　　1949～1955 年，武汉的产业结构以商业贸易为代表的第三产业为主，第三产业产值曾一度占到全市生产总值的 53.04%，第二产业快速发展，第一产业发展较为缓慢。由于武汉市具有良好的工业基础，其第二产业生产总值在 6 年间增长 249.37%，每年的增速保持在 15% 以上，最高时达到 47.01%；第三产业从新中国成立初的 1.65 亿元上升至 4.18 亿元，生产总值增速起伏较大，最低值为 4.5%，最高值为 29.07%；第一产业在 1955 年的生产总值为 1.27 亿元，相比 1949 年增加了 0.43 亿元，年均增速为 7.13%（见图 5 – 4）。这段时期内，武汉市工业仍以轻工业为主，重工业的比重缓慢上升，轻重工业存在比例不协调的现象。

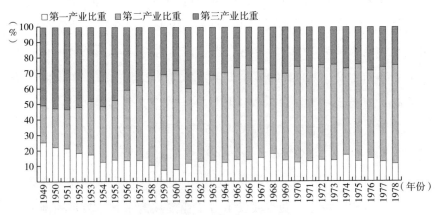

图 5 – 4　1949～1978 年武汉市第一、二、三产业比重

资料来源：根据历年《湖北统计年鉴》整理。

1956 年，武汉市完成"三大改造"，当年实现第一产业、第二产业和第三产业生产总值分别为 1.53 亿元、5 亿元和 4.45 亿元，分别占全市生产总值的 13.93%、45.53% 和 40.53%。第二产业生产总值和占全市生产总值比重在新中国成立后首次超过第三产业，武汉市的产业结构出现了变化。1958～1960 年，全国上下开展"大跃进"运动，在"以钢为纲，全面跃进"思想的指导下，武汉市工业快速发展；加上"一五"计划期间兴建的冶炼、机械制造、船舶制造等工厂的投入生产，武汉市第二产业生产总值迅猛增长。1958 年，武汉市第二产业生产总值达到 9.05 亿元，同比上升 53.13%，占武汉市生产总值的 58.08%，武汉市正式进入了以第二产业为主的经济建设时期。到 1960 年，武汉市第二产业生产总值 12.56 亿元，占全市生产总值的 64.02%，比重达到了改革开放前的最大值。尽管此后武汉市第二产业在 1960 年和 1968 年遭遇两次重大挫折，但当年生产总值仍维持在全市的 48% 左右。1977 年，武汉市第二产业生产总值突破 20 亿元；到 1978 年，武汉市第二产业生产总值达到 25.24 亿元，占全市生产总值的 63.24%。在第二产业不断发展的同时，第二产业内部结构也在发生变化。1956～1960 年，武汉市重工业比例快速上升，从 18.54% 上升到 47.17%。1970 年以前，武汉市第二产业始终以轻工业为主导，到 1970 年，重工业比例上升到 49.33%，几乎与轻工业持平。1971～1978 年，武汉市轻重工业比例基本保持持平状态。

与武汉工业的快速发展形成鲜明反差的是，武汉市 1956 年之后的第三产业发展较为缓慢，生产总值始终低于第二产业，且差距在波动中不断扩大，其占全市生产总值的比重也在不断缩小。这表明武汉逐渐从"工商重镇"转变为"工业大城"。到改革开放前夕，武汉市第三产业生产总值为 9.98 亿元，不及第二产业的一半，占全市生产总值的比重下降到 25.01%。相较于二、三产业，武汉市第一产业新中国成立初期处于占比较低地位。到 1978 年，第一产业产值为 4.69 亿元，仅占当年全市生产总值的 11.75%。武汉自明清以来，便不是一个依靠农业发展的城市，加上新中国成立以后对工业建设的重视，武汉市第一产业占比低便不难理解。至此，在计划经济阶段，武汉市基本形成了以第二产业为主、第三产业为辅、第一产业为补充的产业结构。

四 城市建设

从 19 世纪到 20 世纪中期，从汉口开埠到洋务运动，再到武汉三镇城市形态初步形成，构成现在的武汉老城区，先后修筑、重修了张公堤、武青堤和武金堤，使"泽国化为陆地"，市区的地域范围迅速扩大，成为武汉市至今中心城区的基本范围。20 世纪 50 年代至 20 世纪 70 年代是武汉城市建设发展的第二个重要历史时期。从 20 世纪 50 年代国家重点工程建设到"三线"建设时期，武汉钢铁厂、武汉重型机床厂、青山热电厂、武汉锅炉厂、武汉造船厂等规模巨大的现代化工厂在武汉兴建，迅速形成多个分散的综合组团。这些成就了武汉作为老工业基地的基础，武汉也因此从一个商贸城市演变成为中国第四大工业城市。这对武汉市的城市空间结构产生了两个重要的后果：一是武汉市原有繁华的城市中心逐渐消失，为众多的工厂所代替；二是由于当时大量工厂选址并未远离城区以及当时企业办社会的思路，武汉的内城变得更加拥挤。同时，国家将大量科研教育力量集中在武汉，武汉城市功能不断扩展与提升，武汉城市形态发生明显变化，在老城区周边形成新城区。

伴随新中国成立以来武汉城市建设的发展，武汉市工业的空间布局也经历了一些变化[①]：1949~1960 年，汉口地区主要在解放大道沿线向两侧填充扩展和向两端轴向延伸，形成堤角工业区和易家墩工业区；汉阳地区主要在旧城与汉阳大道、拦江堤间相对紧凑地填充发展；武昌地区重点企业远离旧城进行建设，形成相对分散的空间布局，特别是武钢

---

① 罗名海：《武汉市城市空间形态演变研究》，《经济地理》2004 年第 4 期。

及其配套生活区形成了一个规模巨大的独立组团。[1]

1960～1978年，汉口地区继续沿解放大道两端轴线推进发展，同时沿新修道路向北腹地纵深发展，形成唐家墩工业区，呈现"手指状"的发展态势。汉阳地区以主城为基础，沿鹦鹉大道向南发展，在拦江堤和长江之间形成鹦鹉洲工业区，同时沿汉阳大道向西发展，形成七里庙工业区，呈现"L"形的发展形态。武昌地区向东沿武珞路—珞瑜路发展，形成石牌岭工业区和关山工业区；向南沿武咸公路发展，形成白沙洲工业区；向北沿中南—中北路形成中北路工业区，沿和平大道形成余家头工业区。[2]

五　人民生活

武汉市计划经济时期的单位就业人员平均工资波动较大。1949年新中国成立时，武汉市单位就业人员年平均工资为548元，第二年下降到464元。1951～1957年，工资水平继续上升，到1957年全市单位就业人员年平均工资达到637元。之后，全市工资水平再次出现下降，1961年工资水平为555元。1962～1969年，武汉市工资水平第二次向上调整，从595元/年上升至681元/年。681元/年达到武汉市改革开放前最高的工资水平。1970年和1971年，武汉市单位就业人员年工资连续两年下滑，1971年下降到498元，相比1969年减少了26.87%。1972～1978年，武汉市工资水平得到恢复，逐渐上升至1978年的620元。

1949～1978年计划经济时期，商品价格、物资分配统一由国家进行宏观调整。在此期间，武汉市居民消费价格指数较为稳定，除个别年份外，居民消费价格指数波动控制在6%以内。新中国成立后，武汉市

---

① 罗名海：《武汉市城市空间形态演变研究》，《经济地理》2004年第4期。

② 罗名海：《武汉市城市空间形态演变研究》，《经济地理》2004年第4期。

国民经济百废待兴，市场商品紧缺。武汉市居民消费价格指数在 1950 年涨幅一度达到 98.3%。之后武汉市国民经济得到一定程度的恢复，居民消费价格指数快速下降至 1951 年的 112.6，涨幅缩小至 12.6%。一直到 1960 年，武汉市居民消费价格指数涨幅与跌幅维持在 6% 以内。受"大跃进"的影响，商品物资较为紧缺，物价水平上涨，武汉市 1961 年居民消费价格指数上涨 23.5%。1962 年物价水平重新回落，居民消费价格水平同比下降 1%。1963～1978 年，武汉市物价水平保持平稳，居民消费价格指数没有出现巨大波动，居民的生产生活得到有效保障。

随着武汉市国民经济的恢复与发展，居民的消费水平也在逐步提高，武汉市居民消费品零售总额总体呈上升趋势。1952～1978 年，武汉消费品零售总额从 4.11 亿元上升至 15.71 亿元，增长 282.24%。1952～1955 年，全市消费品零售总额始终低于 6 亿元。1956 年"三大改造"完成，消费品零售总额迅速增加至 7.76 亿元，同比增长 38.9%。随后几年保持增长态势，到 1960 年，全市消费品零售总额逼近 10 亿元，达 9.89 亿元。1961 年出现大幅下降，至 1966 年，武汉市消费品零售总额一直未能突破 9 亿元。1967 年消费品零售总额再次回到 9 亿元水平，达到 9.47 亿元。此后至 1978 年，武汉市消费品零售总额维持稳定增长的势头，1972 年突破 10 亿元大关，1978 年突破 15 亿元。

第三节　武汉城市快速发展阶段（1979～1997 年）

1976 年 10 月"江青反革命集团"被粉碎后，武汉正式从十年"文化大革命"的动乱中走出来，随后积极开展了一系列初步的拨乱反正和国民经济恢复工作。1978 年 12 月，中共中央召开了十一届三中全会，将全党工作的重点放在经济建设上，由之前的"以阶级斗争为纲"转为"以经济建设为中心"。十一届三中全会实现了新中国成立以来中国共产党和中华人民共和国历史上的伟大转折。武汉市委、市政府积极贯彻十一届三中全会以来确定的路线、方针、政策，结合武汉实际，领导人民不断地把武汉市的改革开放和社会主义建设事业推向前进，自此武汉全面进入充满生机和活力的改革开放新时期。

一　人口与劳动力发展

改革开放后计划生育政策的调整，使得由于新中国成立后经济快速发展所造成的高出生率得到了控制，全市的人口增长格局发生了显著变化。1980 年武汉市的人口出生率为 12.86‰，此后的十年里，出生率整体还保持在一个较高水平，到 1990 年到达最高水平为 17.88‰。1990年 4 月 1 日，《武汉市计划生育管理办法》正式实施后，武汉市 1991 年的出生率骤降到 12.68‰，并从此后开始逐年下降，到 1997 年人口出生率水平仅有 1990 年的一半，为 8.98‰。相比之下死亡率的变化则非常平缓，从 1980 年的 6.86‰到 1997 年的 5.97‰，这得益于社会发展所带来的科技和医疗技术的提升。

全市人口净迁移率的波动较大，但整体上都属于净流入状态。其中净迁移率最高在 1981 年达到 10.16‰，最低在 1991 年也有 3.1‰的净流入人口，人口迁移对于人口增长的作用逐步显现。1979 年武汉市户籍总户数为 126.53 万户，到 1997 年突破 200 万户达到了 201.28 万户，年平均增加 4.15 万户。全市户籍人口数也从 1979 年的 558.36 万人增长到 1997 年的 723.9 万人，增加了 0.3 倍，年平均增长率为 1.45%。另外全市的常住人口由 1979 年的 563.08 万人增加到 1997 年的765.94 万人，净增 202.865 万人，增加了 0.34 倍，年平均增长率为1.72%。其中 1985 年超过 600 万人达到 611.86 万人，1991 年突破700 万人。常住人口的不断增加，体现出了武汉市人口吸纳能力在不断增强。

1979～1997 年，武汉劳动就业工作取得很大成效。改革开放初期，武汉市认真贯彻实行"调整、改革、整顿、提高"的方针，为解决历史遗留问题做了大量工作。成立了劳动服务公司以发挥统筹社会劳动力的作用，大办集体所有制经济，发展个体、私营经济，就业人数持续增加。"六五"到"八五"时期（1980～1995年），就业人数年均增长1.28%～3.59%，"九五"计划时期年均增长1.37%。非公有制就业人员迅速发展。改革开放以来，多种经济成分得以快速发展。私营经济和个体就业人员增加迅速。1987年武汉市城镇非私营单位就业人员219.5万人，占全部就业人员的63.0%。其中国有经济就业人员159.9万人、个体经济3.96万人，分别占全部就业人员的45.90%、1.15%。

二　经济发展

党的十一届三中全会后，武汉市的经济建设进入新的历史阶段。根据中央提出的"用三年时间来对国民经济进行调整、改革、整顿和提高"的要求，全市开展协调主要比例关系、理顺经济的工作，开始大力压缩基础设施建设规模，调整产业、产品、所有制、积累与消费等结构；大力发展和生产适销对路的消费品，对扩大再生产轻纺工业所急需的投资、贷款、能源、原材料、外汇、引进新技术、运输条件实行优惠政策；大力发展第三产业，加强投资居民住宅，改善居民消费结构。武汉市逐渐开始形成以公有制为主体，多种经济形式和经营方式并存的新格局。

1984年5月，中共中央、国务院批准武汉市进行城市经济体制综合改革试点，中央、省属在汉企业下放给武汉市管理，赋予武汉市省一级经济管理权限。武汉率先面向海内外敞开三镇大门，以工业为主体，以交通、流通为"两翼"，积极打造"内联华中，外通海洋"的多功能经济中心。到20世纪80年代末90年代初，武汉充分发挥已具备的科教优势和制造业基础，创建东湖新技术开发区和武汉经济技术开发区，并以超常规的速度发展,逐渐形成规模。之后又创建阳逻、吴家山等各具特色的经济开发区和发展区,使其成为工业结构调整的"加速器"。1992 年,全市按照"以开放为先导,以开放促改革、促发展"的发展战略,实施全方位对外开放,迅速发展成为外商投资的热点地区之一。武汉经济由 20 世纪 80 年代的调整中发展转变为发展中调整,并在 90 年代中期成功实现"软着陆"。

1979~1997 年武汉市的经济健康快速发展,不仅增长速度快而且持续时间长,经济总量和人均水平都实现了大跨越(见图 5-5、图 5-6)。武汉市地区生产总值在 18 年间增长了将近 19 倍,从 1979 年的 46.2 亿元增长到 1997 年的 912.33 亿元。其中有 15 年的经济增速保持在两位数以上,增长率最高的 1993 年达到 39.86%,平均年增长率高达 18.02%。1979~1997 年武汉市人均生产总值趋势与地区生产总值一致,人均生产总值在 18 年间增长了 14.2 倍,从 1979 年的人均 835 元增长到 1997 年的人均 12673 元,年平均增长率达到 16.3%。1995 年武汉人均生产总值为 8609 元,按当时汇率(1 美元 = 8.4462 人民币)折算后首次超过 1000 美元,比全国提前 7 年达到这个水平。到 1997 年,武汉市人均生产总值比 1980 年翻了两番,提前 3 年实现了现代化建设的第二步战略目标。

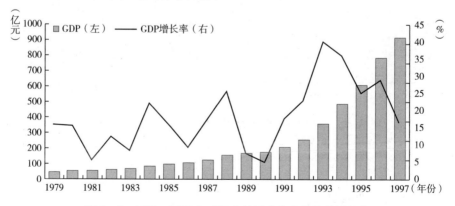

图 5-5 1979~1997 年武汉市地区生产总值及其增长率

资料来源:根据历年《湖北统计年鉴》整理。

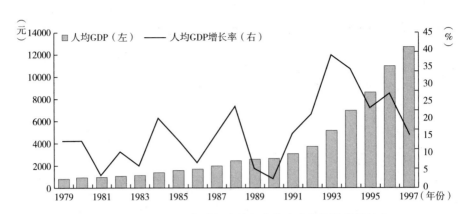

图 5 – 6　**1979～1997 年武汉市地区人均生产总值及其增长率**

资料来源：根据历年《湖北统计年鉴》整理。

1979～1997 年武汉市地区生产总值的产业构成有较大变化，第一产业和第二产业在生产总值中的占比呈波动下降趋势，18 年间占比分别下降了 5.7 个百分点和 15.4 个百分点。而第三产业则是逐年增长，到 1997 年已经占到地区生产总值的 45.1%，相比于 1979 年上涨了 20 个百分点（见图 5 –7）。

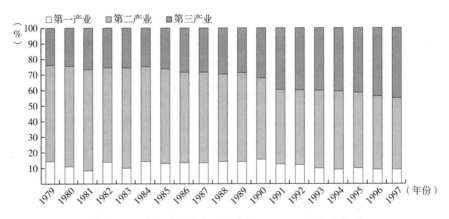

图 5 –7　**1979～1997 年武汉市第一、二、三产业比重**

资料来源：根据历年《湖北统计年鉴》整理。

三　产业发展

党的十一届三中全会后，武汉市工业生产和建设开始进入新的历史阶段，武汉市的工业总产值在改革开放之后一直呈现逐年上升的趋势。尤其是1992年邓小平南方谈话发表后，中共武汉市委、市人民政府提出改革开放的10个新突破，武汉工业逐步加大改革、改造和改组力度，使得工业生产持续快速增长，武汉工业经济的总体实力跃上一个新台阶。1979年，武汉市的工业总产值为88.05亿元；1996年闯过千亿元大关，达到1012.66亿元；到1997年，工业总产值达到1154.19亿元，比1979年增加了12.1倍，年均增长率为15.4%，1993年工业总产值增长率达到了45.49%。

武汉市的工业在飞速发展的同时，其内部结构也发生了一些改变。改革开放之初，武汉市的工业体系基本上是以重工业为主，轻工业辅之。随着改革的不断深入，武汉市的工业结构越发朝着重工业倾斜。1979年武汉市的工业总产值中重工业占到了53.4%，而随着工业的不断发展，重工业所占比重呈现波动上升的趋势，最高在1997年达到70.5%。此后由于一系列生态环境政策的出台其比重有所回落，但到1997年为止，重工业产值仍在工业总产值中有59.7%的占比。

改革开放以来，武汉市农业和农村经济取得了巨大成就。1979～1997年武汉市农林渔牧业总产值呈现波动上升趋势，由1979年的8.8亿元提高到1997年的121.3亿元，年平均增长率为15.7%。从每年的增长率来看，由于受到工业发展的部分冲击，除1980年、1983年以及1991年存在负向增长外，其他年份均为正向增长，增长率最高在1994年达到49.2%。

十一届三中全会以后，农村改革春风也吹到武汉郊区。洪山区洪山公社关山大队、马湖大队和十里公社星火大队开始实行家庭联产承包责任制。到1984年，全市所有生产队和农户都实行了这项改革，家庭联产承包责任制从此被确立为了武汉市农村一项最基本的生产经营制度。这一制度的推行全面提高了农民的生产积极性，农产品产量得到大幅提高。1992年9月，武汉市全面放开粮棉油种植计划，把广大农民引入市场；随后，又大力发展"两高一优"

（高产、高效、优质）农业，推进农业产业经营化。这一系列措施让武汉市农村加快了面向"市场"种田的步伐。一系列的农业经营体制改革使得武汉市农业生产的经济效益得到大幅度提高，农村人民温饱问题基本解决。

四 城市建设

1957 年，万里长江第一桥——武汉长江大桥的竣工象征着武汉城市交通"天堑变通途"，使得三镇更为紧密。改革开放以后，武汉城市建设高速发展，城市交通从"一线牵"发展到"平面通"。20 世纪 90 年代开始对城区进行由内向外、逐步推进的大规模城市基础建设，新建了一大批城市主干道。1995 年 6 月份建成武汉长江二桥，同时建成的还有武汉市内环线。

改革开放之初，武汉市的市内公共交通主要是公共汽车和电车，轮渡作为辅助交通工具，另外还配置了少量的客运出租车。1980 年，全市拥有的公共交通车辆为 3.23 标台/万人。随着城市经济体制改革的推进，武汉市的公共交通开始多元化发展。公交基础设施逐步完善，老旧公共交通工具逐渐被淘汰，取而代之的是新型车船以及大幅增加的公交线路，一批大型停车保养场和公交枢纽站也都建设完成。到 1990 年底，全市万人拥有的公共交通车辆增加至 8.5 标台。进入 20 世纪 90 年代后，国有、集体、个体和中外合资等不同所有制共同兴办公共交通，公共交通客运市场的多元化、多层次发展格局逐渐成熟。投入使用的交通工具数量更多、种类更多、配置更高，线路网络更加科学合理，至此武汉的城市功能得到了显著提升。

为消除"文化大革命"给市容卫生和公共交通所造成的混乱现状，武汉市于 1977 年成立了武汉市市容整顿办公室和整顿公共交通指挥部两个临时机构。党的十一届三中全会后，武汉掀起了一股城市植树绿化的高潮。至 1985 年底，武汉市公园增至 18 座，公共绿地增至 517.6 公顷，人均公共绿地面积增至1.9平方米，全市绿化覆盖率达到28%。1986年后，根据武汉市的具体特点，提出园林绿化建设以山水为依托的大环境绿化格局发展思路，构建武汉城区的山水特色园林景观，武汉市逐渐向生态环保型城市不断努力。到1990年，全市城区绿化覆盖率达29.28%，并于1994年底突破30%达到32.91%，绿化水平在全国同类城市处于中等偏上水平。

自改革开放至20世纪90代初的这一段时期，武汉市城市建设工作也在快速发展，其工作重心主要放在市民居住区的建设方面，以轴向发展和填充式发展为主。可以看到随着城市建设工作的不断推进，武汉市的已建成区域在空间形态的分布上逐渐呈现一种较为饱满的"折扇状"（见图5-8）①。这是由于武汉市的城市规划建设除了一贯地沿着新修道路的轴线进行推进外，还开始产生了以原有用地为中心向四周扩散以及在前一时期已建成的发展轴之间进行填补发展的模式。这一时期武汉市的空间形态整体上表现为一种组团靠拢、轴向变粗的趋势。

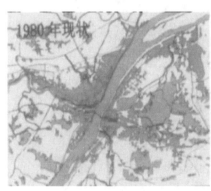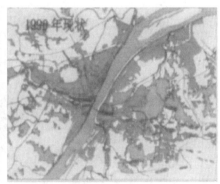

图5-8　1980年、1990年武汉市城市空间形态变化

资料来源：武汉市城市规划局《武汉市城市规划志》，武汉出版社，1999。

到了20世纪90年代，随着我国改革开放的不断深化，武汉市的城市

---

① 董宏伟：《转型经济条件下城市空间结构的演变——以武汉为例》，武汉大学硕士学位论文，2004。

建设工作进入了快速发展的高潮期，城市空间形态呈现跳跃式发展的形势。沌口、东湖开发区以及吴家山工业区的相继建成使得武汉市的城市建设发展有了新的增长极，这也为之后城市建设的跳跃式快速发展奠定了良好基础。从空间形态上来看，武汉市城区建设的轴向推进在这一时期仍在继续，但其推进力度呈现持续减缓的趋势，同样减缓的还有在上一时期势头强劲的填充式发展。此时跳跃式发展成为武汉市城市建设的重点模式，在突破以往用地框架束缚的基础上，形成了汉口—常青、汉口—沌口以及武昌—关山三大新兴发展区，为武汉三镇开辟了新的发展空间①。另外，武汉市的居民住宅建设逐渐向近郊扩展，而经济开发区的建成发展带动着一大批新型住宅小区在近郊的出现，形成了城乡接合部的新区域。总体来看，自改革开放以来到20世纪90年代末这一期间，武汉市的城市空间形态变化主要分为向外扩展和向内扩充两个方向②（见图5-9）。

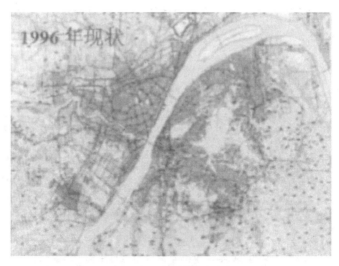

图5-9 1996年武汉市城市空间形态变化

资料来源：武汉市城市规划局《武汉市城市规划志》，武汉出版社，1999。

---

① 罗名海：《武汉市城市空间形态演变研究》，《经济地理》2004年第4期。

② 杨云彦、田艳平、易成栋、何雄：《大城市的内部迁移与城市空间动态分析——以武汉市为例》，《人口研究》2004年第2期。

五　人民生活

自改革开放以来，全市以经济建设为中心，坚定加强城市综合实力和提高人民生活水平的目标，在社会经济发展方面取得了卓越成就，也让人民生活水平发生了翻天覆地的改变。1979 年武汉市非私营单位就业人员的年平均工资仅为 679 元，1997 年已经涨至 6406 元，增长了 8.4 倍；其增速虽然波动较大，但除 1981 年之外均为正向增长，最高在 1993 年达到了 39.93% 的增长速度，年平均增速为 13.28%。

改革开放后经济发展增速，居民收入增长也明显加速。1984 年武汉市以城市为重点的经济体制改革全面开展，居民就业渠道逐年增多，多种形式就业和自谋就业已被越来越多的人所接受，其收入方式不再僵化，形成了多来源、多渠道并存的格局。因此从 1984 年开始，武汉市常住居民人均可支配收入逐年上升，1979 年仅为 401.64 元，1987 年突破千元大关，1992 ~ 1996 年连续突破 2000 元、3000 元、4000 元大关，并于 1997 年迈过了 5000 元的门槛，增至 5573.04 元，是 1979 年的将近 14 倍，年平均增长率达 15.73%。武汉市经济发展和居民收入水平的提高为居民消费水平的提高奠定了坚实基础，居民的消费观念和消费方式逐渐向多元化发展，消费结构不断优化升级。1979 年武汉市城镇常住居民平均消费支出 320.64 元，到 1997 年增加至 4719.12 元，年平均增长率为 16.11%。1980 ~ 1997 年武汉市社会消费品零售总额呈逐年上升趋势，1980 年仅为 21.9 亿元，到 1997 年已经增长至 438 亿元，是 1980 年销售总额的 20 倍，年平均增长率为 19.27%。另外，1980 ~ 1997 年武汉市城镇居民的恩格尔系数呈波动下降趋势，1980 年武汉市城市居民的恩格尔系数为 54.8%，到 1993 年首次低于 50% 大关，为 49.1%，中间的年份虽然有些许上下波动，但到 1997 年仍保持 50% 左右的水平，为 49.7%。恩格尔系数的降低意味着居民生活正逐渐地向富裕型迈进。

与此同时，1978 年后武汉市采取的"米袋子""菜篮子"等一系列重大工程措施，使食品供应匮乏的现状得到有效改善；住房制度的改革和房地产业的快速发展使得居民购买商品房呈上升趋势。1980 年武汉市城市居民人均居住面积仅为 4.3 平方米，无房、缺房和居住拥挤的情况高达 38.7%，改革开放后，各收入阶层的人都有能力迁入居住条件更好的新居；随着改革开放和市场经济进程的推进，武汉市不断深化养老、失业和医疗保障制度的改革，强化社会福利和社会保障。1986 年还仅在国有企业中推行的养老保险制度，到 1991 年范围开始扩大，到 1995 年基本形成覆盖全市城镇各类职工的养老保险体系。失业保险也于 1986 年开始试行，到 1997 年纳入了国有企业职工和集体企业职工社会保险范畴，显著提高了保险受益范围。广大人民分享到了改革开放结出的累累硕果，武汉市城乡居民的生活水平和生活质量显著提高。

第四节　武汉城市稳步发展阶段（1998～2019 年）

1998 年 9 月 15 日，国务院批准武汉市撤销新洲县、黄陂县，设立武汉市新洲区、黄陂区。此后，武汉市再没有进行大的行政区划调整，城市进入稳步发展新阶段。迈入 21 世纪以来，武汉市承载多项国家发展战略，经济社会蓬勃发展，在中部地区率先步入"万亿元城市"。特别是党的十八大以来，武汉市以习近平总书记视察湖北重要讲话精神为指引，在武汉市委、市政府的坚强领导下，全面落实各项重大战略和决策部署，开启了"复兴大武汉"的伟大征程。在 2019 年 4 月恒大研究院发布的《中国城市发展潜力排名 2019》报告中，武汉位居前十，排名第七。

一　人口与劳动力发展

2010 年第六次全国人口普查（以下简称"六普"）数据显示，武汉市人口呈现如下特点：出生率比"五普"时的 7.10‰ 上升 0.08 个百分点，死亡率比"五普"时的 5.17‰ 下降了 0.88 个百分点，出生率与死亡率此升彼降；总人口性别比更趋合理，出生婴儿性别比男性仍偏高；人口文化素质大幅提升，文盲人口降幅超过四成。2018 年武汉市常住人口 1108.1 万人，比 1998 年常住人口 777.4 万人增加了 330.7 万人，年均增长率为 1.79%。武汉市常住人口城镇化率由 2010 年的 77.07% 提高到 2018 年的 80.04%。

"六普"数据显示，武汉市劳动年龄人口（15～64 岁人口）占总人口的比重为 81.89%，总人口抚养比为 22.11%，分别低于全国、全省 12.07 个百分点和 7.77 个百分点。武汉市"六普"人口抚养比低于全国和全省水平，也大大低于"人口红利"期临界值（50%），人口年龄结构呈典型的"中间大、两头小"橄榄状。这表明，武汉市仍然处于人口红利期，有利于推动武汉市经济跨越式发展和社会转型。但是在随后的 10 年内，出生于 20 世纪五六十年代人口将逐步步入老龄阶段，武汉市人口老龄化程度会加深。

1998 年以来，武汉市就业人口持续增长，劳动力由第一产业向第二、三产业集聚。武汉市一、二、三产业劳动力人口从 1998 年的 415.2 万人增长到 2017 年的 564.03 万人，增加了 0.36 倍；一、二、三产业劳动力人口占比分别由 1998 年的 22%、37%、41% 变化为 2017 年的 9%、37%、54%，第一产业劳动力占比减小，第三产业劳动力占比增大。

二　经济发展

迈入 21 世纪以来，武汉着力强化在全省的"主中心"地位，经济持续快速发展，对全省经济发展发挥了龙头带动作用，为 2020 年全面建成小康社会、2035 年基本实现社会主义现代化奠定了坚实的基础。

2007 年，武汉市地区生产总值在中西部地区首次成为全国 13 个超

3000 亿元的城市之一，改变了由东部沿海城市垄断"3000 亿元俱乐部"席位的局面。武汉市地区生产总值总量在 2014 年首次突破万亿元大关，达到 10069.48 亿元，成为中部地区率先跨入"万亿俱乐部"的城市。

武汉市地区生产总值由 1998 年的 1001.81 亿元上升到 2018 年的 14847.29 亿元，提高了约 14 倍，比全省高 2.2 倍（见图 5 - 10），年平均增长率为 14.43%，从 1998 年至 2013 年连续 16 年增长率维持在两位数。其中超过 15% 的有 2 年：2007 年（15.6%）和 2008 年（15.1%）；超过 14%、低于 15% 的有 3 年：2004 年（14.5%），2005年和 2010 年（均为 14.7%）。2014 ~ 2018 年增速均为个位数：2014 年9.7%，2015 年 8.8%，2016 年 7.8%，2017 年 8.0%，2018 年 8.0%。

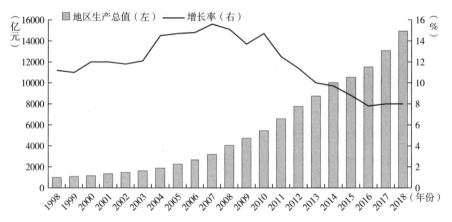

图 5 - 10　1998 ~ 2018 年武汉市地区生产总值及其增长率

资料来源：历年《武汉统计年鉴》。

武汉市人均生产总值从 1998 年的 12983 元增长到 2018 年 135877元（比全省的 66700 元高 69602 元），年均递增 12.46%（见图 5 -11）。按汇率（1 美元 = 6.8803 人民币）折算，2001 年武汉市人均GDP 达到 2500 美元，2005 年超过 3500 美元，2008 年超过 5000 美元；2011 年突破 10000 美元。按照世界银行的划分标准，已实现由低收入水平跃升至高收入水平的行列；2018 年突破 20000 美元，达到更高收入水平。

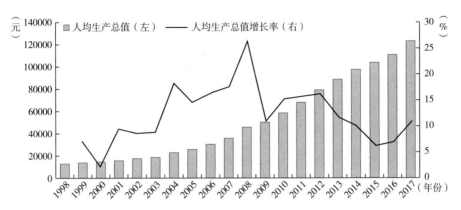

图 5 - 11　1998 ~ 2017 年武汉市人均生产总值及其增长率
资料来源：历年《武汉统计年鉴》。

2001 年，国家"十五"计划纲要明确提出了"带动产业结构优化升级"，使各产业实现协调发展，并在满足社会不断增长的需求过程中合理化和高级化。武汉市三次产业结构持续优化，2018 年一、二、三产业占比由 2001 年的 6.4%、43.6%、50% 变化为 2.4%、43.0%、54.6%（见图 5 - 12、图 5 - 13），第一产业比重下降 4.0 个百分点，第三产业比重上升 4.6 个百分点。2018 年，三次产业贡献率分别为 1.1%、32.3%、66.6%，服务业占比和贡献率比 2017 年提高 1.3% 和 7.6%，服务业占比提升幅度在"万亿元城市"中居于第二，仅次于广州，服务业主体地位进一步巩固，成为武汉市经济增长的新动力、新引擎。现代化经济体系不断完善，武汉东湖高新技术开发区、武汉经济技术开发区和临空港开发区三大国家级开发区，形成了信息技术、生命健康和生物医药三个具有一定规模优势和比较优势的战略性新兴产业集群，形成了武汉市经济增长的新动能。2017 年，信息技术产业营业收入 2670.41 亿元，增幅为 18.2%，营业收入居三大产业首位；生命健康产业营业收入为 1817.00 亿元，增幅为 18.7%；智能制造产业营业收入为 1073.59 元，增幅为 22.0%，营业收入增幅居三大产业首位。

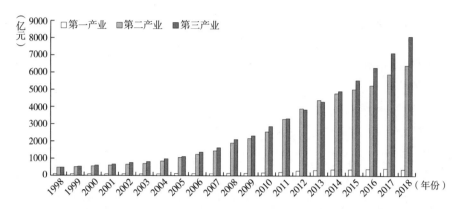

图 5 - 12　1998 ~ 2018 年武汉市第一、二、三产业总产值
资料来源：历年《武汉统计年鉴》。

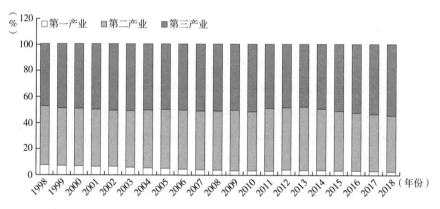

图 5 - 13　1998 ~ 2018 年武汉市第一、二、三产业占比
资料来源：历年《武汉统计年鉴》。

武汉市的对外贸易经济由稳步发展进入高速发展和多元布局的阶段。2001 年 12 月 11 日中国加入世贸组织，武汉对外贸易也乘着快车进入了高速发展时期。2003 ~ 2007 年武汉外贸进出口年净增额在 10 亿美元以上，年均增长 33.5%；而且，进口和出口均衡增长，进口年均增长 33.2%，出口年均增长 33.8%。2012 ~ 2017 年，是武汉市对外贸易多元布局的五年，外贸发展方式转型升级步伐加快，贸易结构不断优化改善。截至 2017 年底，武汉与 205 个国家和地区形成贸易往来，初步形成了多元化的外贸进出口市场格局。工业制成品出口占出口总额比重、初级产品进口占进口总额比重上升，其中机器、机械器具、电气设备及其零件出口额占出口总额比重 2017 年达到 63.2%，高新技术产品出口额占比达 59.5%。

坚持"开放先导"战略不动摇，武汉着力优化经济发展环境，大力开展产业招商和园区招商，2011 年后武汉进一步整合招商体制机制，大力推进全域招商、产业招商、项目招商。武汉市实际利用外资实现跨越式发展，2006 年武汉实际利用外资额突破 20 亿美元，标志着武汉利用外资水平跃上了一个新台阶，2011 年达到 37.6 亿美元，2018 年达到 109.27 亿美元，再创历史新高。至 2017 年末，在武汉的外商及港澳台投资企业已达 5392 家，注册资金 269.83 亿美元。2018 年，世界 500 强企业在武汉已经多达 266 家，武汉对外开放及国际化水平进一步提升，对外交流日趋频繁。武汉国际友好城市从 1998 年的 9 个提高到 2018 年的 28 个，国际航线由 1998 年的 1 条增加到 2019 年 5 月的 62 条。外国驻武汉领事馆从无到有，法国、美国、韩国、英国领事馆相继落户武汉，数量居中部地区第一位。2012 年"家在武汉"工程启动，2019 年约有 1.7 万名外籍人士常住武汉。

三　产业发展

农业方面，1998 年以来，武汉市高度关注农业经济发展中的矛盾，着力解决"三农"问题，强化强农惠农富农扶持政策，积极推进农业供给侧改革，加快建设现代都市化农业体系，大力部署"互联网＋农业"，在政府和农民的共同努力下，武汉农业发展迎来了全新的格局：农业经济总体发展态势保持平稳，农村经济结构不断优化，农业发展质量有效提升，为全市国民经济持续稳中向好的发展态势提供了重要支撑。

1998 年武汉市发布《武汉市人民政府关于进一步鼓励社会资金投资农业若干政策的通知》，鼓励社会资金投资农业，推动农业产业化经营；2003 年推行的农村税费改革，2004 年在中西部地区率先全面免除农业税和农业特产税，2005 年在中西部地区率先免除农民负担的排涝水费，切实提高农民收入；2007 年发布的《市人民政府关于印发武汉都市农业发展规划（2006－2020 年）的通知》，聚焦"建设与特大城市发展相协调、具有鲜明地域特色的都市农业体系"。近年来武汉市认真贯彻中央提出的构建"立体式复合型现代农业经营体系"，认真学习习近平总书记"三农"重要论述，坚持推进农业供给侧结构性改革，加快推进农业农村现代化，并要求加快构建现代农业产业体系、生产体系、经营体系。目前，临空港已形成"互联网＋农业指挥中心"，该体系有 1 个指挥中心、17 个物联网示范基地、30 个村级示范点，形成了"区场村＋基地"的网络全覆盖。

依据武汉市第三次全国农业普查数据（以下简称"三农普"），2016 年，武汉农业生产经营人员 70.85 万人，主要从事种植业，以男性为主。根据对生产经营人员的数量和结构分析：36 岁及以上人员占89.9%，其中 55 岁及以上人员占 44.6%；初中及以下从业人员占90.4%。和 10 年前的武汉市第二次全国农业普查数据比较，武汉农业从业人员数量，从 2006 年的 88.1 万人下降至 2016 年的 70.85 万人，年龄结构也有老龄化趋势，但文化程度在逐步提升。同时，调查数据还显示，10 年来武汉农户生活质量大幅提升。2006 年末，武汉农村居民家庭每百户拥有彩电 95 台、固定电话 54.5 部、手机 75.9 部、摩托车24.7 辆、生活用汽车 3.5 辆。10 年后，除了固定电话在农村被淘汰外，平均每百户拥有彩电、手机、摩托车/电瓶车、空调、小汽车、淋浴热水器的数量分别达到了 124.4 台、259.3 部、96.1 辆、97 台、25.9 辆、86.7 台。

武汉市农林牧渔业总产值从 1998 年的 117.6 亿元增长到 2017 年的611.8 亿元，增长了 4.2 倍，年平均增速为 9%。农林牧渔业总产值中，农业总产值从 1999 年的 75.8 亿元增长到 2017 年的 384.5 亿元，增长了 4.1 倍。农产品供给从"温饱型"向"优质型"转变，武汉市始终把农业生产放在事关全局的战略高度，千方百计促生产、调结构，不断适应人民日益增长的生活需要。2018 年武汉市粮食播种面积 150.78 千公顷，蔬菜及食用菌面积 164.18 千公顷，茶叶采摘面积 5.84 千公顷，果园面积 8.21 千公顷，水产品产量 44.31 万吨，保证了市民"菜篮子"的稳定供给。

工业方面，随着中部崛起战略的实施、"两型社会"建设、长江经济带发展和丝绸之路经济带建设，武汉市坚持以结构调整为主线，实施主攻工业战略，全面推动老工业基地改造，加快先进制造业建设，改造提升传统产业，加快发展高新产业，努力打造特色产业集群，初步建成了适应中心城市功能的现代产业布局。特别是"工业强市"战略的实施，极大地推进了武汉工业供给侧结构型改革的步伐，加快产业结构的优化升级，淘汰了一大批高污染、高能耗的传统工业企业。同时，武汉在以光电、医药、高端设备制造为代表的战略新兴行业全面发力，"腾笼换鸟"，为经济快速发展提供新的动力，工业总产值已突破万亿元大关，生产力布局日趋合理，运行质量显著提升，为武汉国民经济发展做出了重要贡献。

2000～2012 年，是武汉市工业增长的快速期，工业总产值年平均增长速度高达 19.3%；2013～2017 年，是武汉市工业增长的平稳期，工业总产值年平均增长速度为 10.4%。2017 年规模以上工业增加值增长 7.7%，增速分别高出全国、全省 1.1 个百分点和 0.3 个百分点，为 2014 年以来再次超过全省水平。

自 2011 年起武汉开始实行工业倍增计划，其目的是为了积极调整经济结构，着眼长远谋划，加大重大工业项目实施力度，推动产业集群发展。2013 年，依靠工业倍增计划带来的巨大成效，武汉 GDP 首次跨上 9000 亿元台阶。武汉市的工业实力显著增强。2017 年，武汉有工业行业大类 38 个，占全部工业行业大类的 92.7%。工业单位迅速增加，2017 年规模以上工业企业 2555 家，其中千亿元企业 1 家，500 亿元企业 5 家，百亿元企业 21 家，经济效益不断提升；形成了 6 个过千亿元产值的产业，分别是汽车及其零部件、钢铁及其深加工、信息技术制造、装备制造、能源及环保和食品烟草。

武汉市充分利用本地科教和人才资源优势，高新技术产业加速发展，形成了信息技术、生命健康、智能制造三大战略产业集群，有力地推动了武汉市产业结构升级和经济发展。截至 2017 年末，武汉有高新技术企业 2827 家，在全国 15 个副省级城市排名第四，占湖北省高新技术企业总数的 52.65%，全年高新技术产业产值达到 9479.64 亿元，是建立高新技术统计的 1998 年的 52.2 倍，年均增长 23.14%，占全市规模以上工业总产值的 53.92%；高新技术产业增加值 2670.57 亿元，占武汉地区生产总值的 19.91%，比 1998 年提高了 13 个百分点。2017 年生产手机 4179.69 万台，电子计算机整机 1279.75 万台，光缆 6699.57 万芯千米，乙烯 86.70 万吨，轿车 113.95 万辆，新能源汽车 5963 辆。经过多年发展，武汉形成了信息技术、生命健康、智能制造三大优势特色战略性新兴产业集群，成为推动武汉工业的"新三驾马车"，国家存储器基地项目、华星光电、天马微电子、华工科技、烽火科技、药明康德、华大基因、人福医药等一大批龙头企业和重点项目相继落户武汉。

新业态迅猛发展。特别是互联网行业的迅猛发展催生出各类新兴业态，并呈现出快速增长势头。2017 年武汉市电子商务交易额 6569.63 亿元，比上年增长 26.5%。限额以上单位无店铺零售额 511.51 亿元，增长 41.1%。网上零售额过亿元的限额以上单位达到 10 家。2017 年全市快递服务企业业务量完成 70249 万件，增长 28.3%，2012~2017 年年均增长 44.5%；业务收入 81.07 亿元，增长 34.96%，2012~2017 年年均增长 40.4%。培育独角兽企业 5 家（估值 10 亿美元以上的企业），排名全国第五。

四 城市建设

武汉市加强基础设施建设，规范城市管理，提升城市综合功能，武汉市城市建设驶入集约、节约、生态发展的轨道。2010 年，科技部认定武汉为首批创新试点城市，成为国家 863 智慧城市项目试点城市。武汉抓住机遇，开始全面推进智慧城市建设工作，探索城市治理的新道路、新方法、新举措；2012 年，武汉市政府将"智慧城市"建设作为一项重要战略任务列入武汉"十二五"规划纲要。2015 年武汉市正式入选全国首批"海绵城市"建设试点，率先在全国开展海绵城市建设。近年来武汉市城市建设成效显著，由深圳市智慧城市研究会和上海社会科学院联合发布的 2018 年中国城市建设水平综合评估结果显示，综合轨道交通建设、公交覆盖率、高楼指数、城市品质和绿化标准 5 个指标，武汉市的城市建设水平仅次于深圳、北京、上海、广州、南京，排名第六。

进入 21 世纪后，武汉市的城市交通进入了快速发展时期，武汉市入选全国首批国家发展和改革委员会和地方政府共建的综合交通枢纽示范工程城市，铁、水、公、空、城市公共交通"网网相连、衔接紧密"的综合交通网络快速形成。跨长江大桥由武汉长江大桥、武汉长江二桥 2 座变成了 9 座。轨道交通在武汉遍地开花。从 2000 年开始建设地铁一号线以来，截至 2019 年 7 月，武汉市已经开通了 9 条地铁线；统筹升级铁路、地铁、常规公交等多种方式交通衔接，提高枢纽的客流集散能力和换乘效率，截至 2019 年 9 月，天河机场、汉口火车站、武昌火车站、武汉火车站等大型枢纽都各有 1 条运行的轨道交通线路衔接，所有在建轨道交通线路、城际铁路、客运站正在或者已经实现了与轨道交通和常规公交的无缝衔接；市内所有行政村均实现"村村通客车"。货物周转量由 2006 年的 1312.73 亿吨千米增长到 2017 年的 3360.19 亿吨千米，年均增长 8.92%；旅客周转量由 2006 年的 543.14 亿人千米增长到 2017 年的 1244.75 亿人千米，年均增长 7.83%。

邮电通信发展速度快。武汉市邮电业务总量由 2000 年的 51 亿元增长到 2017 年的 471.47 亿元，增长了 8.2 倍，年均增长率为 13.98%；手机从 20 世纪 90 年代的奢侈品变成现在生活中的日常用品，2017 年普及率达到每百人 147 部；互联网设施迅猛发展，武汉市作为国内首个全城实施光速宽带服务的城市，2017 年互联网宽带接入用户达到 429.84 万户，是 1999 年的 79 倍。

武汉坚持统筹城乡协调发展，促进全民共享资源，建立健全城乡融合发展体制机制和政策体系，实施乡村振兴战略。2008 年初，武汉市以"六个一体化"（城乡规划布局、基础设施建设、公共服务、劳动就业、社会管理、人口素质提升）为突破口，形成了新时期武汉市城乡一体化建设的重要政策目标；十八大以来，武汉市进一步加大"以工补农，以城带乡"的支持力度，迅速推进了武汉城乡融合发展；2017 年，武汉大力实施"市民下乡，能人回乡，企业兴乡"的"三乡工程"。这些政策，都大力促进了城乡协调发展，为乡村振兴奠定了基础。近年来，武汉市不断加大农村基础设施建设投入，农村面貌得到较大改观，道路交通、卫生环境、居民饮水等基础设施水平进一步提升。2018 年，武汉市 1981 个村级单位中：进村主要道路路面状况主要为水泥和柏油，占比已达 99.7%；生活垃圾集中处理的村有 1960 个，占比 98.9%，比"三农普"时期（2016 年）提高 0.8 个百分点；生活污水集中处理的村有 1213 个，占比 61.2%，比"三农普"时期提高 26.5 个百分点；通公共交通的村有 1610 个，占比 81.3%，比"三农普"时期提高 6.2 个百分点。16825 个村民小组中：安装有线电视的村民小组有 16597 个，占比 98.6%，比"三农普"时期提高 4.1 个百分点；完成改厕的村民小组有 13971 个，占比 83.0%，比"三农普"时期提高 26.1 个百分点；通宽带互联网村民的小组有 16329 个，占比 97.1%，比"三农普"时期提高 6.7 个百分点。

党的十八大做出了把生态文明建设放在突出地位的决定。武汉市认真贯彻中央精神，牢抓生态环境的保护和改善不放松，采取系列措施，不断加大投入，环境保护工作取得了长足进展，为"生态化"大武汉建设奠定了坚实的基础，努力践行"绿水青山就是金山银山"的发展理念。自 2012 年以来，武汉不断协调城市发展和生态保护两者之间的关系，坚守"生态红线"，将发展理念付诸实践，先后发布《武汉市基本生态控制线管理规定》《武汉市都市发展区 1 ∶ 2000 基本生态控制线规划》《武汉市湖泊保护条例》等多个法规、规划等，完成 166 个湖泊"三线一路"保护规划编制，基本形成生态控制保护制度体系。2014 年 5 月，武汉市被水利部确定为全国第二批水生态文明城市建设试点城市，2018 年 12 月武汉市水生态文明城市建设试点通过验收。2016 年底开放的东湖绿道一期，截至 2019 年 8 月已经接待游客总量超 4000 万人次，成为游客旅游休闲和当地市民户外活动的首选地之一、武汉生态文明建设的一张新名片。

武汉市环境污染防治工作力度不断加大，坚持预防为主，坚持综合治理，全面推进，重点突破。2018 年武汉市环境空气质量优良天数为 249 天，优良率为 68.2%，比 2013 年的 160 天增加了 89 天。2013 年以来，武汉市集中式地表水饮用水源地水质达标率稳定在 100%，江河、湖泊检测结果均稳中趋好，一般工业固体废物综合利用处置率为 99.02%。2017 年，武汉市出台《长江武汉段跨区断面水质考核奖惩和生态补偿办法》，对 13 个监测断面实行水质"改善奖励""下降扣缴"的生态补偿奖惩措施。2018 年《办法》试行期间，长江汉江断面考核共奖励 400 万元、扣缴 1100 万元；2019 年，长江汉江断面考核共计奖励 850 万元、罚款 600 万元。形成了从上而下的水质改善压力，长江大保护的核心意识进一步巩固，长江沿线的污染源整治工作进一步加强，长江武汉段水质持续改善。

五 人民生活

1998 年以来，武汉市深化经济体制改革，居民生活水平不断提高，进入了平稳增长阶段。城镇常住居民人均可支配收入从 1998 年的 5912.52 元增长到 2018 年的 47359 元，年均增长率为 10.96%，2004 ~ 2014 年，人均可支配收入增长率均保持在两位数；2005 年人均可支配收入首次突破万元，2010 年首次突破 2 万元。城镇居民恩格尔系数由

2000 年的 38.5% 下降到 2018 年的 27.7%，农村居民的恩格尔系数由 2000 年的 50.2% 下降到 2018 年的 28.8%，城镇居民生活蒸蒸日上，农村居民生活由小康迈向了富裕。

民生保障事业全面推进。进入 21 世纪以来，武汉市全面推进社区治理创新。2002 年，武汉市启动社区建设"883 行动计划"，形成了民主管理、民主监督、平等协作的新型社区管理机制；2005 年 4 月 29 日，民政部将武汉市列为全国唯一的国家社区示范教育基地；2014 年，武昌区社区治理经验被民政部确定为"2014 年度中国社区治理十大创新成果"，武汉市"1 + 4"社区治理经验被民政部向全国推广。1996 年建立低保制度之后，武汉市城市低保待遇提标 15 次，农村低保待遇提标 10 次，不断加大社会救助力度，增强托底保障功能；2019 年，城市低保标准达到 780 元/人·月，农村低保标准达到 635 元/人·月，城乡差距不断缩小。2000 年以后，随着经济体制改革的逐步深入，武汉市社会保险覆盖范围不断扩大，政策体系逐步完善。2018 年末，参加城镇职工基本养老、基本医疗、失业、工伤和生育保险人数分别为 453.84 万人、456.40 万人、229.00 万人、287.11 万人和 250.75 万人。①

1998 年以来，按照党中央、国务院的部署和要求，武汉市坚决贯彻执行"鼓励兼并、规范破产、下岗分流、减员增效、实施再就业工程"，建立和完善国有企业下岗职工基本生活保障制度、失业保险制度、城市居民最低生活保障制度"三条保障线"等政策措施，为大量下岗职工的基本日常生活提供了坚实有效的保障，并使一大批下岗职工通过多种途径实现了再就业。2002 年以来，组织实施积极的就业政策，按照"劳动者自主择业、市场调节就业、政府促进就业"的方针，全市就业再就业工作取得了明显成效。2013 年以来，财政每年投入 15 亿元以上资金，推动全市新增就业岗位从 2002 年的 10 万个增加到 2018 年的 21.9 万个，城镇登记失业率由 2002 年的 5% 下降到 2018 年的 2.14%。

---

① 资料来源：《武汉市 2018 年国民经济和社会发展统计公报》。

武汉科教文卫等各项社会事业取得长足发展。教育事业覆盖面不断扩大，质量逐步提升，资源分布更加均衡；科技事业成果丰硕，形成了一大批科研成果和具有自主知识产权的技术专利；卫生事业成效显著，医疗卫生资源均等化步伐不断加快，人民健康水平得到显著提高；文化体育事业繁荣发展，各类文体活动深入社区和乡村，群众性文体活动日益丰富。武汉现代化教育体系基本建成并加快完善，学前教育短板已基本补齐，义务教育正在由"有"向"优"转变，高中阶段教育全面铺开，高等教育资源优势显著，普通高等学校由1998年的34所增加到2017年的84所；以现代远程教育、社区教育、老年教育和休闲教育为代表的现代教育模式方兴未艾，针对不同学历层次、不同类型群体的各类职业技能培训正在如火如荼地开展。中小学适龄人口入学率保持在99%以上。

武汉从在全国率先确立"科教兴市"战略到进一步确立"创新武汉"的奋斗目标，再到提出建设"国家创新型城市"和"区域创新中心"的新目标，科技发展理念与发展战略与时俱进，科技事业呈现蓬勃发展的良好势头。2018年，武汉地区有科技研究机构111个，中国科学院院士31人，中国工程院院士36人；重大科技成果就地转化1072项，签约总金额371.4亿元；技术合同认定登记17541项，技术合同成交额722.54亿元，比上年增长19.8%。专利申请量由1998年的1238件增长到2018年的60511件，年平均增长率高达21.5%；专利授权量由1998年的598件增长到2018年的32397件，年平均增长率高达22.1%。①

依托丰富的医疗资源和雄厚的经济实力，武汉大力建设国家医疗卫生服务中心，基本卫生健康公共服务资源总量稳步提高，卫生计生人员队伍不断扩大、素质显著提高，人民生活健康水平提升卓有成效，武汉市先后获得国家卫生城市、全国基层中医药工作先进市、全国创建幸福

---

① 资料来源：《武汉市2018年国民经济和社会发展统计公报》。

家庭活动示范市等多项国家级荣誉。全市卫生机构数由2000年的2241个增加到2018年的6340个；亿元卫生院床位数由2000年的2.9万张增加到2018年的9.59万张；每千人拥有医院病床7.48张。卫生技术人员10.67万人，其中执业（助理）医师3.82万人，护师、护士5.35万人；每千人拥有医生3.42人。全年甲乙类法定传染病报告发病率180.00人/10万人。公民无偿献血22.5万人次。人均期望寿命81.3岁①。

文体事业繁荣发展。文化产业发展领域不断拓宽。2018年，全市公共图书馆藏书452.7万册，接待读者459.10万人次；博物馆10个，接待观众543.58万人次；群众艺术馆1个，艺术表演团体8个，新排上演剧目12台，获国家奖4个。全年共有电影院线16条，电影院129家，放映电影197万场，比上年增长14.0%，观影人数4467.00万人次②。体育事业成果辉煌，全市体育单项运动协会发展到32个，90%以上的街道和乡镇建立了文体站或文体服务中心，全市体育健身场地达到22000个，体育场地总面积达到1460.24万平方米；体育赛事开创新局面，先后举办了武汉网球公开赛、世界中学生田径锦标赛、国际名校赛艇挑战赛、武汉马拉松等100多项次高水平体育赛事，成功申办了第七届世界军人运动会，运动会于2019年10月18日至27日举行③。

① 资料来源：《武汉市2018年国民经济和社会发展统计公报》。
② 资料来源：《武汉市2018年国民经济和社会发展统计公报》。
③ 资料来源：武汉统计局《开辟新征程　实现新跨越——改革开放40年武汉市经济社会发展成就综述》，武汉市政府网，http：//tjj. wuhan. gov. cn/details. aspx？id = 4152，2019年10月28日。

第六章
省域副中心城市建设创举及经验

"省域副中心城市"最早由湖北省社会科学院学者提出。湖北省委、省政府及时做出正确决策，将"一主两副"（即一个省域主中心、两个省域副中心）作为全省城市化的重点战略。经过十多年建设，已取得成功经验。

第一节　湖北"省域副中心城市"的提出

一　提出背景

"一主两副"是作为"一特五大"对立概念提出的。"八五"期间（1991～1995年），为了推动省会城市——武汉当时一城独大唱"独角戏"的局面发生改变，湖北省委、省政府提出了"一特五大"的城市发展战略，即在继续发展武汉这个特大城市的同时，也将黄石、荆沙（1996年11月更名为荆州）、襄樊（2010年11月更名为襄阳）、宜昌和十堰 5 市作为大城市来规划发展。这次提出的城市发展战略既能推动湖北省这几个大城市的共同发展，也能进一步加速湖北省城市化的步伐。

按照新中国成立后到 2014 年对城市规模的划分标准，我国的小城市是非农业人口 20 万人以下的城市，非农业人口 20 万 ~ 50 万人为中等城市，50 万 ~ 100 万人为大城市，100 万人以上为特大城市。武汉原本非农业人口就超过 300 万人，黄石、荆州、襄樊、宜昌和十堰 5 市的非农业人口当时都是三四十万人。进入 21 世纪后，湖北各地城市发展和形势发生了较大变化，武汉非农业人口超过 400 万人，黄石、荆州、襄樊、宜昌非农业人口也都超过了 50 万人，十堰也接近这一规模。至此，"一特五大"目标已基本实现，这一城市发展战略不再适应湖北经济发展的形势，需要调整。这时，湖北省社会科学院的学者进行了多方的研究与探讨，提出了相应的城市发展思路。

2001 年 7 月，时任湖北省社科院长江流域经济研究所副所长的秦尊文在《要文摘报》发表《关于宜昌市发展战略定位的建议》一文（以下简称《建议》），提出由于湖北省人多地广、地域上东窄西宽，而省会武汉又偏于鄂东，客观上需要在西部地区培育"二传手"，建议在发挥武汉这一全省中心城市龙头作用的同时，还要确立全省的"副中心城市"。他认为，能够在一个省份局部地区承担经济发展核心带动作用的城市可以作为省域副中心城市，宜昌能够发挥这样的作用，可以这样定位。此建议得到省主要领导批示，并批转给省建设厅和《湖北省城镇体系规划》编制工作承担单位（该单位认为《建议》改变了 20 世纪 90 年代初期以来湖北省一直沿用的"一特五大"的城市布局，对编制《湖北省城镇体系规划》起到了参考作用）。① 秦尊文在《建议》中还提议将宜昌定位为特大城市，并将宜昌市主要领导实行高配，认为这样

---

① 夏振坤、秦尊文：《湖北"一主两副"战略与武汉中心城市建设》，《学习与实践》2012 年第 9 期。

做不仅有利于带动周边，还有利于与长江三峡总公司等高级别的在宜中央单位协调关系（后来，在 2008 年再次向省委、省政府书面建言由副省级领导兼任宜昌、襄樊市委书记）。这篇文章虽然题目是针对宜昌市的战略定位，但内容实质上涉及全省城市化战略。

《关于宜昌市发展战略定位的建议》发表后，时任湖北省社会科学院党组书记刘宗发研究员向作者秦尊文提出，应明确襄樊也是"省域副中心城市"。此后，省社科院逐步形成了湖北省"一主两副"中心城市布局的战略思路。2002 年 5 月起，省社科院兵分两路，到宜昌、襄樊两个拟议中的省域副中心城市调研。赴宜昌一组，由院党组书记刘宗发研究员带队，秦尊文、徐楚桥参加。经过调研，6 月中旬成稿，7 月 1 日三人以"湖北省社会科学院课题组"名义在第 35 期《要文摘报》上刊出《关于宜昌市建设"世界水电旅游城"的考察》，向省领导专文建议，在全省布置两个"省域副中心城市"——宜昌、襄樊，得到时任湖北省委书记俞正声的批示和肯定。[①] 与此同时，由省社科院副院长李锦章研究员带领初玉岗、周志斌组成的调研组专门赴襄樊调研，对襄樊城市定位进行了研究，7 月下旬在第 39 期《要文摘报》上专文提出：襄樊具备优越的区位优势、交通优势和雄厚的产业优势，具有国家级高新技术开发区的政策优势和深厚的文化积淀，可以将其建成省域副中心城市。

2002 年 11 月 26 日，秦尊文研究员在第 53 期《要文摘报》上刊出《关于改善我省城市化工作的几点建议》，提出：一是发展方针变小城镇主导为大城市主导；二是布局重点变"一特五大"为"一主两副"；三是户籍管理变被迫松动为积极引导；四是推进方式变单兵作战为整体联动。在现有文献中，这是第一次明确提出"一主两副"用语。在第二点建议中，明确指出："确立'一主两副'的总体布局后，原来的'一特五大'应当废止。'一特五大'抓得太多，缺乏重点。广东主要

---

① 夏振坤、秦尊文：《湖北"一主两副"战略与武汉中心城市建设》，《学习与实践》2012 年第 9 期。

抓广州、深圳，浙江主要抓杭州、宁波、温州，江苏重点抓南京、苏州、徐州。重点太多等于没有重点。"这篇《建议》被当时分管城市建设工作的湖北省副省长韩忠学批转给省建设厅参阅。[①] 此前，2000 年湖北省委关于"十五"计划的建议和 2001 年湖北省第九届人民代表大会第四次会议批准的湖北省"十五"计划纲要，在布局"区域经济协调发展"时仍然用的是"一特五大"理念。2003 年及以后，湖北省委、省政府文件再也没有提过"一特五大"。

二　决策演进

（一）2002～2003 年：调研与决策

2002 年 5 月，湖北省委政研室、省建设厅、省公安厅、省民政厅、省社科院 5 家单位根据省委主要领导同志的指示，联合进行湖北城镇化问题研究。2003 年 5 月完成总报告，秦尊文研究员是三位主笔之一。上述"一主两副"的提法、三大城市群的设想均进入总报告。调研报告得到了时任中央政治局委员、湖北省委书记俞正声的批示肯定。

2003 年 8 月，国务院批准了《湖北省城镇体系规划》（以下简称《规划》），《规划》明确将宜昌、襄阳定位为"省域副中心城市"。之后湖北省不断出台相关政策，支持宜昌、襄阳两个省域副中心城市的建设。2003 年 9 月，湖北省政府《关于加强城镇建设工作的决定》（鄂政发〔2003〕30 号）明确指出："全力支持武汉发展壮大""加快省域副中心城市襄樊和宜昌的发展""襄樊和宜昌市要充分发挥区位交通和周边城镇相对密集、人口与产业较为集中的优势，优化和整合资源，做好大都市区发展规划，实现区域内城镇合理分工和基础设施共建共享，形成强有力的群体效应，更好地发挥其对省域西北部地域和西南部地域的

---

① 夏振坤、秦尊文：《湖北"一主两副"战略与武汉中心城市建设》，《学习与实践》2012 年第 9 期。

辐射带动作用"。至此，省域副中心战略正式成为全省区域经济发展的一项重大战略。①

（二）2004～2010 年：持续推进

2004 年 4 月，中共湖北省委办公厅、湖北省人民政府办公厅转发省发展和改革委员会《关于加快推进武汉城市圈建设的若干意见》，确立武汉与周边 8 市"四个一体化"（即基础设施建设一体化、产业布局一体化、区域市场一体化、城市建设一体化）的总体思路。

2004 年 7 月，湖北省委八届五次全会要求省域副中心城市"增强实力，完善功能"。

2005 年 12 月，湖北省委八届九次全会将省域副中心城市发展纳入全省"十一五"规划建议。

2006 年 1 月，湖北省第十届人民代表大会第四次会议通过《湖北省经济和社会发展第十一个五年规划纲要》，继续明确两个省域副中心城市的定位，并"支持襄樊、宜昌两个省域副中心城市加强铁路、公路、航运和城市基础设施建设，提升城市综合竞争力和辐射带动力"。

2007 年 6 月，湖北省第九次党代会进一步确立襄阳和宜昌作为省域副中心城市的地位，明确提出支持省域副中心城市加快发展，"进一步增强襄樊、宜昌两个省域副中心城市的经济实力，完善城市功能"。②

2008 年 5 月，时任湖北省委书记罗清泉，时任湖北省委副书记、省长李鸿忠到宜昌调研，要求增强机遇意识和战略意识，增强责任感和紧迫感，坚持"好"字优先、好中求快、统筹城乡、协调发展，加快建设省域副中心城市。

2009 年 1 月，时任湖北省委书记罗清泉在省"两会"上指出，省

---

① 廖长林、秦尊文：《湖北区域经济发展战略的历史考察》，《湖北社会科学》2008 年第 1 期。

② 廖长林、秦尊文：《湖北区域经济发展战略的历史考察》，《湖北社会科学》2008 年第 1 期。

委、省政府提出继续重视和加强襄樊、宜昌两个省域副中心城市的建设和发展，是根据统筹全省区域协调发展的要求，从城市整体布局做出的战略决策。希望宜昌、襄樊在新一轮发展中，真正形成"副中心"，当好"二传手"，再上新台阶，走在中部地区同类城市的前列。①

2010 年 1 月 26 日，时任省长李鸿忠在湖北省第十一届人民代表大会第三次会议上所做的《政府工作报告》中明确指出："支持宜昌、襄樊两个省域副中心城市加快发展，在鄂西圈建设中发挥支撑带动作用。""坚持大中小城市协调发展，在抓好武汉城市圈建设的同时，逐步形成'宜荆荆'（宜昌、荆州、荆门）、'襄十随'（襄樊、十堰、随州）等新的城市群。"② 这是 2002 年、2003 年学术界提出"宜荆荆城市群""襄十随城市群"之后，湖北省政府首次在正式文件中就此做出明确表态。

2010 年 11 月，时任湖北省委书记罗清泉率省直有关部门负责人在宜昌调研，要求以科学发展为主题，以加快转变经济发展方式为主线，抓住"十二五"这个具有决定性意义的重要战略机遇期，把宜昌建成具有较强竞争力、辐射力、创新力的省域副中心城市，努力建成经济发达、文化繁荣、环境优美、社会和谐、人民安居乐业的特大城市。当月，时任省委副书记、省长李鸿忠在宜昌参加市委常委民主生活会时强调，要进一步解放思想、抢抓机遇，突出科学发展主题，突出发展第一要务，决战"十二五"，把宜昌真正建成省域副中心城市，建成宜荆荆城市圈雏形。③

2010 年 11 月 26 日，国务院批准襄樊市更名为襄阳市，襄阳区更名为襄州区。

---

① 李迎鑫：《"一主两副"城市发展战略的推进历程：为荆楚崛起打造战略支点》，《三峡日报》2011 年 12 月 20 日。

② 夏振坤、秦尊文：《湖北"一主两副"战略与武汉中心城市建设》，《学习与实践》2012 年第 9 期。

③ 李迎鑫：《"一主两副"城市发展战略的推进历程：为荆楚崛起打造战略支点》，《三峡日报》2011 年 12 月 20 日。

（三）2011年以来：力度空前加大

2011年2月，在湖北省"两会"期间通过的"十二五"规划纲要中，直接书写"一主两副"三市发展的笔墨超过40处，表明省委、省政府和全省人民对三市的倚重和厚望，其中明确支持三市跨越发展的态度坚决、措施坚强有力。

2011年4月2日，湖北省委、省政府召开"一主两副"中心城市跨越式发展武汉现场办公会，研究部署深入推进"一主两副"战略，支持武汉进一步做强做大，更好地发挥支撑、引领和辐射带动作用，在全省科学发展、跨越式发展中做出更大贡献。4月7日，湖北省委、省政府召开"一主两副"中心城市跨越式发展襄阳现场办公会，会议强调：加快实现科学发展、跨越式发展，使湖北尽快形成多点支撑格局。4月8日，湖北省委、省政府召开"一主两副"中心城市跨越式发展宜昌现场办公会，省委书记李鸿忠指出，建设"一主两副"中心城市，是省委、省政府贯彻落实科学发展观，统筹全省区域协调发展的一项重大决策。

2011年6月，湖北省委发出17号、19号和20号文件，分别做出了加快武汉市、襄阳市、宜昌市跨越式发展的决定，对实施"一主两副"重大战略决策进行了全面部署。[①]

2011年以来，湖北省政府有关部门与三市建立厅市对接合作机制，签订各类"意见""合作协议""合作共建备忘录"等文件，细化支持跨越发展的具体政策。

2012年6月9日，时任湖北省委书记李鸿忠在湖北省第十次党代会报告中指出：加快实施主体功能区规划，按照用地集约、人口集中、产业集聚的思路，构建以"一主两副"为龙头、区域中心城市为支撑、

---

① 夏振坤、秦尊文：《湖北"一主两副"战略与武汉中心城市建设》，《学习与实践》2012年第9期。

县城和中心镇为节点的现代城镇体系。

武汉、襄阳和宜昌在各自区域有着明显的技术优势，武汉通过技术扩散效应带动襄阳和宜昌的发展，襄阳和宜昌在接受武汉的辐射后，也通过技术扩散效应带动周边区域的发展，从而形成了襄十随城市群和宜荆荆城市群，这两个城市群与武汉城市圈一起带动湖北全省的发展，共同打造"中部崛起重要战略支点"。这可以概括为："一主"带"两副"，"三极"建"三群"，"三群"带全省，全省建"支点"。①

三　建设省域副中心城市的重大意义

湖北实施"一主两副"战略，对其区域经济发展有着十分重大的意义，在全国也有一定的示范效应。

（一）建设省域副中心城市有利于深入推进湖北区域发展战略实施

武汉市作为省域主中心城市，其职责不仅是带动武汉城市圈的发展，而且要拉动湖北长江经济带和湖北汉江生态经济带的发展，即带动湖北全省发展；宜昌市作为省域副中心城市，是湖北长江经济带的重要发动机，其职责是拉动鄂西南地域和湖北长江经济带的中西段；襄阳市作为省域副中心城市，是汉江流域中心城市，其职责是拉动鄂西北地域及湖北汉江经济带的上中段。由于"一主两副"职责比较清晰，湖北区域发展战略能够真正落到实处。

省域副中心城市建设是湖北省区域和产业战略的重要落子。襄阳、宜昌是湖北省长江经济带以及汉江生态经济带发展的重要支点，是鄂西绿色发展示范区的中心城市，带动了湖北省西部经济和长江中游、汉江

---

① 夏振坤、秦尊文：《湖北"一主两副"战略与武汉中心城市建设》，《学习与实践》2012 年第 9 期。

流域经济的发展。在当前经济发展转型期，要继续赋予省域副中心城市自主创新的权利，探索生态优先、绿色发展的道路，实现新旧动能转换，其必将以点带面促进湖北省区域经济协调发展。

（二）建设省域副中心城市有利于加快构建促进中部崛起重要战略支点

中央要湖北成为"促进中部地区崛起重要战略支点"，就是要使湖北成为促进中部地区崛起的关键区域和战略枢纽，成为国家发展战略和政策杠杆撬动中部地区崛起的增长极、着力点与支撑点。[①] 只有构建"一主两副"三个支撑点、受力点，才能使湖北"中部支点"能够真正"支"起来。现在湖北省委省政府更加重视"一主两副"战略的实施，实际上对建设中部地区重要战略支点具有十分重要的意义。特别应当注意的是，如果没有两个"省域副中心城市"为核心的鄂西崛起，湖北就没有资格成为"中部支点"。

（三）湖北建设省域副中心城市在全国具有示范效应

继湖北率先推出"省域副中心城市"之后，其他省区市开始接受这一理念甚至使用这一概念。2005 年 12 月，江西省建设厅提出："加快省域和区域中心城市建设，继续增强南昌市作为省域中心城市的辐射带动作用，加快发展九江、赣州，使之成为省域副中心城市。"[②] 此后，河南洛阳、广东汕头、甘肃酒泉、青海格尔木、陕西宝鸡、山西大同、安徽芜湖、湖南岳阳、云南曲靖等陆续在当地城市总体规划或城市发展战略中被定位为"省域副中心城市"。2018 年 6 月，在四川省委号召下，该省有 7 个城市在争创"省域副中心城市"。广西壮族自治区、重庆市等不是省，但在研究和确立柳州、万州的行政区域内次中心城市地

---

① 《中央要求湖北构建中部崛起的战略支点》，《领导决策信息》2012 年第 25 期。
② 黄颖、熊丹：《架构新型城镇化发展新格局》，《江西日报》2005 年 12 月 24 日。

位时也借用甚至直接使用"省域副中心城市"概念。可以说，湖北建设省域副中心城市的做法，在全国也产生了积极的示范效应。

第二节　襄阳市省域副中心城市建设

一　襄阳市省域副中心城市建设举措

2011 年 4 月 7 日，湖北省委、省政府召开"一主两副"中心城市跨越式发展襄阳现场办公会，时任省委书记李鸿忠要求襄阳加快建设名副其实的省域副中心城市，并根据襄阳的发展基础和特色优势，提出了建设"四个襄阳"，即产业襄阳、都市襄阳、文化襄阳、绿色襄阳的战略定位。时任省长王国生指出：加快建设"四个襄阳"，为湖北跨越发展提供有力支撑，是历史和全省人民的重托。"四个襄阳"的提出，充分体现了科学发展观的要求和省委、省政府对襄阳的殷切期望，非常符合襄阳实际和民众期待，犹如车之四轮，必将驱动省域副中心城市建设驶上快车道。[①]

（一）"产业襄阳"是省域副中心城市建设的基本动力

一是大力发展先进制造业。充分发挥襄阳高新技术产业开发区和经济技术产业开发区平台优势，在更高水平上推进"工业强市"战略，切实转变工业发展方式，加快工业结构调整优化，加速工业化与信息化融合，大力提升工业经济整体素质和核心竞争力，着力打造一批知名品牌，形成一批制定行业标准的企业，实现总量扩张与优化升级互动双赢，努力构建集约化、清洁化、可持续的现代工业体系，把襄阳建成区域性先进制造业中心。

---

① 秦尊文：《"四轮"驱动省域副中心》，《湖北日报》2011 年 11 月 13 日。

二是积极发展现代服务业。重点发展关联性强、拉动作用大的现代物流、金融、信息和中介等服务业，引导资源要素集聚，带动产业调整升级；规范市场秩序，创造良好环境，促进旅游、文化、商贸、房地产、社区为主的生活性服务业繁荣发展。

三是稳步发展现代农业。坚持用工业化理念发展现代农业，把发展农产品加工业作为推进农业产业化经营、建设现代农业的关键举措来抓。①

（二）"都市襄阳"是省域副中心城市建设的应有之义

襄阳围绕建设省域副中心城市的总体目标，按照"用新理念提升名城品位，用活机制凸显古城特色，用大手笔张扬魅力韵味"的工作思路，坚持以人为本和科学发展观，拉框架、强功能、建平台，掀起了前所未有的城市建设高潮。通过市区共建，襄阳市高标准在襄州区谋划建立了湖北深圳工业园，在樊城区建立了航空航天工业园，在襄城区建立了余家湖工业园。

重点对城市外围水系、排水管网、排水泵站、社区排水等排水体系进行改造，城市排涝能力显著增强。中心城区已全部消灭泥巴路、"无灯街"，市区公厕全部免费开放。打造街心花园、园林小品，使襄阳城区依山傍水的山水园林城市特色更加突出。全面构建和完善住房保障供应体系，已形成租金补贴和实物配租有机结合的廉租住房保障机制。

通过工业园区基础设施体系、城市道路体系、排水防涝体系、经济支撑体系、城市照明体系五大体系的建设，使市区基本达到"骨架丰满、特色鲜明、功能完备、环境优美、交通便捷、居住舒适"的目标。实施城市"路网工程"，丰富城市骨架，随着城市内外环线的建成通车，襄城、樊城、张湾、东津4个区域将实现贯通，形成"两纵八横"

---

① 引自《襄阳市国民经济和社会发展第十二个五年规划纲要》，《襄阳日报》2011年4月22日。

的大交通格局。以景观特色化改造为亮点，提升城市品位，打造异彩纷呈、特色鲜明的城市景观带。对于历史文化名城的保护，要实行"古新分治"。尤其是对襄阳古城，要明确古城墙内的文物古迹、历史街区与传统民居都需要提高保护力度，同时也应逐步弱化和分离"古城"的行政、交通、居住等功能，重点突出其旅游观光和文化交流的功能。

（三）"文化襄阳"是省域副中心城市建设的历史使命

襄阳有 2800 多年的建城史，具有深厚的历史文化底蕴，是三国文化和楚文化的发祥地，是中国书法名城，1986 年被国务院公布为国家级历史文化名城。深厚的文化积淀为襄阳壮大城市软实力提供了强大支撑。

一是加快发展文化事业。适应群众精神文化需求新变化、新要求，弘扬主旋律，提倡多样化，大力支持创作先进文化精品。二是大力发展文化产业。组建文化领军企业，抓好产业园区建设，推动文化与旅游深度融合，鼓励社会资本建设广播影视创作、拍摄和制作基地，整合传媒资源，不断推出精品版面和精品栏目，推动重大文化产业项目带动战略的实施，加快建设文化产业基地以及富有当地特色的文化产业群，培养一批文化产业的骨干企业以及战略投资者，大力支持发展书法、绘画、雕刻等文艺创作，积极为推进产业化提供条件。三是打好"诸葛亮"牌，促进文化与旅游有机融合。一篇《出师表》使得诸葛亮"智圣、忠臣"的美名深入人心，名垂千古。为了更大限度地获取名人资源，湖北襄阳、河南南阳两地全力"争夺"诸葛亮的"躬耕之地"名分，并可追溯数百年。"躬耕地"之争，实际上并不是两败俱伤，而是皆大欢喜：使双方都提高了知名度，也让人们对此更加好奇，可能吸引更多的游客。襄阳要打好"诸葛亮"牌、三国牌，促进文化与旅游有机融合。

（四）"绿色襄阳"是省域副中心城市建设的崇高追求

"一江春水穿城过，十里青山半入城"是襄阳最大的城市特色，也是襄阳灵气之所在。山清水秀的资源禀赋为襄阳未来的发展提供环境容量和承载力。产业襄阳、都市襄阳、文化襄阳的建设，都必须与"绿色襄阳"协调一致，这是转变发展方式、建设"两型社会"、培育生态文明的必然选择。以"绿色襄阳"为目标，通过发展循环经济和低碳经济，建设低碳城市，强化节能减排，促进绿色经济发展，推动形成节约能源资源、保护生态环境和适应气候变化的产业结构、增长方式和消费模式，加快建设资源节约型和环境友好型社会，增强可持续发展能力。

二 城市建设成果

2018 年以来，面对稳中有变、变中有忧的新挑战，襄阳市以习近平新时代中国特色社会主义思想为统领，认真贯彻落实党的十九大和习近平总书记视察湖北重要讲话精神，深入践行新发展理念，着力实施高质量发展十大重点工程，"一极两中心"（长江经济带重要绿色增长极、省域副中心城市、汉江流域中心城市）建设迈出坚实步伐。

（一）经济运行稳中有进

主要经济指标持续回升，2018 年襄阳市地区生产总值同比增长 7.8%，规模以上工业增加值增长 8.1%，固定资产投资增长 11.5%，社会消费品零售总额增长 11.9%，地方一般公共预算收入可比增长 8%，外贸出口额增长 26.7%，实际外商直接投资额可比增长 16.5%，全面完成年初确定的目标任务，其中规模以上工业增加值、固定资产投资、社会消费品零售总额、外贸出口额、实际外商直接投资额增速均高于全省平均水平。综合实力进一步增强，经济总量全省第二的地位更加巩固，纳入全省考核的 7 个县（市、区）均被评为"全省县域经济工作成绩突出单位"。经济结构优化效益向好，预计地区生产总值中服务业占比达到 38% 以上，同比提高约 3 个百分点；工业增值税增幅高于全省平均水平，税收占地方一般公共预算收入的比重达到 70%。[①]

（二）新旧动能转换加快

产业转型升级成效明显，2018 年 10 个产业集群获得省考核认定，39 个工业大类行业中 34 个实现增长，高技术制造业产值增长 13.8%，新能源新材料、电子信息、农产品加工、装备制造等产业产值同比分别增长 32.4%、14.1%、12.2% 和 15.4%；襄阳汽车产业在全国汽车产销负增长的情况下逆势而进，整车产量 38.4 万辆，同比增长 23.4%，其中新能源汽车产量突破 4 万辆，同比增长 23.8%，国家智能网联汽车质量监督检验中心获批，东风汽车试验场四期扩建及智能网联汽车小镇开工建设，智能网联汽车道路测试工作正式启动。创新能力持续增强，新认定高新技术企业 65 家，规模以上高新技术产业增加值同比增长 13.3%；新增国家级和省级研发创新平台 9 个、院士专家工作站 20 个，转化科技成果 105 项；高新区成为国家高端装备制造业（新能源汽车）标准化试点和国家知识产权示范园区，枣阳市、老河口市获批省级高新技术产业开发区。[②]

（三）发展活力明显增强

要素集聚力持续提升，2018 年新引进世界 500 强、中国 500 强及上市公司 37 家，新引进亿元以上项目 650 个，其中有 42 个工业项目投资超 10 亿元，3 个工业项目投资超 50 亿元。市场主体加快成长，新注册企业 1.53 万家，新增规模以上工业企业 80 家、限额以上商贸企业 112

---

① 郄英才：《政府工作报告——2019 年 1 月 8 日在襄阳市第十七届人民代表大会第四次会议上》，《襄阳日报》2019 年 1 月 23 日。

② 郄英才：《政府工作报告——2019 年 1 月 8 日在襄阳市第十七届人民代表大会第四次会议上》，《襄阳日报》2019 年 1 月 23 日。

家、骆驼集团、立晋钢铁等 5 家企业入围湖北民营企业 100 强，美亚达新型建材、龙蟒钛业等 13 家企业入围湖北民营企业制造业 100 强，葵花药业、新火炬等 19 家企业成为全省隐形冠军和科技小巨人企业，三环锻造获得"湖北省第七届长江质量奖"。

"双创"活力持续迸发，新增国家级和省级"双创"载体 17 个，市人才创新创业超市成为国家级中小企业公共服务示范平台，新引进 53 个高层次团队创新创业、718 名高层次人才全职工作、2.25 万名大学生就业创业，成功举办中国创新创业大赛湖北赛区总决赛和汉江创客英雄汇。[①]

（四）绿色发展深入推进

减量化增长方式扎实推行。2018 年 75 个工业节能和清洁生产项目投入运行，东风康明斯被评为国家级绿色工厂，老河口市成为国家资源循环利用基地；化肥施用量亩均减少 0.5 公斤，化学农药使用量减少 1%，襄阳成为全国畜禽粪污资源化利用整市推进试点；城市生活垃圾、厨余垃圾、建筑垃圾无害化处理能力和资源化利用水平全省领先；新增绿色建筑 750 万平方米、装配式建筑 40 万平方米；预计单位生产总值能耗、二氧化碳排放量分别下降 4% 和 4.3%，化学需氧量、氨氮、二氧化硫、氮氧化物比"十二五"末分别下降 8.2%、9.3%、25% 和 12.8%，全面完成省定目标。坚决整治突出环境问题，中央和省环保督察反馈问题年度整改任务全面完成。以前所未有的力度实施大气污染综合整治，在全年降雨量比上年减少 1/3（减少 428 毫米）的不利条件下，中心城区 PM10 平均浓度同比下降 1.1%，PM2.5 平均浓度同比下降 7.6%，空气质量优良天数比例达到 67.1%，完成省定考核目标。水环境质量持续改善，国家和省考核襄阳的汉江及其支流 9 个断面水质均值达标率 100%，县级以上集中式饮用水水源地水质达标率 100%，襄

---

① 郄英才：《政府工作报告——2019 年 1 月 8 日在襄阳市第十七届人民代表大会第四次会议上》，《襄阳日报》2019 年 1 月 23 日。

阳在全国水生态文明试点城市验收中获得优秀等次。生态建设成效显著，保康县成为国家生态文明建设示范县，新增 3 个省级森林城镇、125 个省级绿色乡村。①

（五）人民生活持续改善

2018 年，年度脱贫攻坚任务全面完成，76 个贫困村出列，76247 人脱贫，南漳、保康、谷城三县"摘帽"通过中央和省考核验收。城镇新增就业 10.4 万人，社会养老保险待遇连续 14 年提标，15 家医院实现异地就医结算，城乡居民医保个人支付比例进一步降低，提供医疗救助 13.6 万人次、困难群众生活救助 13.4 万人，解决了 32 万名农村居民饮用水安全问题。城乡居民人均可支配收入增速高于地区生产总值增幅，物价保持总体稳定。扫黑除恶专项斗争取得阶段性胜利，打掉涉黑犯罪组织 11 个、涉恶犯罪集团和团伙 132 个，群众安全感进一步提升。②

第三节　宜昌市省域副中心城市建设

一　宜昌市省域副中心城市建设进程与举措

（一）宜昌省域副中心城市建设进程

新中国成立以来，宜昌市经历了三次大机遇：20 世纪 70 年代葛洲坝工程兴建为第一次机遇，使宜昌由小城市（当时的标准为城区常住人口 20 万人以下）演变为中等城市（当时的标准为城区常住人口 20 万人以上、50 万人以下）；20 世纪 90 年代三峡工程的上马为第二次机遇，

---

① 郄英才：《政府工作报告——2019 年 1 月 8 日在襄阳市第十七届人民代表大会第四次会议上》，《襄阳日报》2019 年 1 月 23 日。

② 郄英才：《政府工作报告——2019 年 1 月 8 日在襄阳市第十七届人民代表大会第四次会议上》，《襄阳日报》2019 年 1 月 23 日。

促使宜昌又由中等城市向大城市（当时的标准为城区常住人口 50 万人以上、100 万人以下）转变；宜昌市将"省域副中心城市"视为第三次机遇，并将其作为打开通向特大城市（当时的标准为城区常住人口 100 万人以上）的阀门。宜昌市委、市政府十分珍视"第三次机遇"，换届不换蓝图。

宜昌"省域副中心城市"建设得到了历届省委、省政府领导的高度重视。2007 年 8 月中旬，时任中央政治局委员、湖北省委书记俞正声，时任湖北省省长罗清泉带领省直部门领导同志，深入宜昌，就加快省域副中心城市建设进行调查研究。俞正声指出，"确定宜昌、襄樊这两个城市为省域副中心城市，不单纯是看经济总量，也跟他们的地理位置相关。鄂西南、鄂西北这两个地方，需要省域副中心城市。"俞正声在宜昌调研时，总结"宜昌八好"，即人文传统好、工作基础好、创业精神好、资源优势好、三峡带动好、地理条件好、发展势头好和班子团结好，要求宜昌更好地发挥和利用这些优势，实现发展新突破，创造更多的新鲜经验，为全省各个方面的事业发展提供榜样。时任省长罗清泉强调，省域副中心城市的发展问题，是全省区域发展战略中的重大问题，是城市化战略的重大问题，也是全省经济发展的重大问题，事关全局，事关长远，明确要求重点扶持，全力支持。建成湖北省域副中心城市，这既是对宜昌在全省城市体系中的明确定位，也是对宜昌城市未来发展的明确定向，更是对宜昌在全省经济发展中的明确定责。

2011 年初，《湖北省经济和社会发展第十二个五年规划纲要》提出："加强宜昌省域副中心城市建设，将其建设成为鄂西南地区经济社会发展的核心增长极。"2011 年 4 月 8 日，湖北省委、省政府召开"一主两副"中心城市跨越式发展宜昌现场办公会。时任省委书记李鸿忠认为：建设"一主两副"中心城市，是省委、省政府统筹全省区域协调发展的一项重大决策；湖北由于历史原因一直是武汉一市独大，武汉地处鄂东，对鄂西南"老、少、边、穷"地区，特别是恩施州的辐射带动作用有限，迫切需要宜昌在现有基础上加快发展，做强做大，成为一个阶梯性、接续式的区域性中心；省委、省政府决定进一步加快宜昌省域副中心城市建设，就是希望宜昌在鄂西南担负起带动"两荆"（荆门、荆州）、辐射恩施的重任，在湖北长江经济带战略中发挥更大作用，与武汉和地处鄂西北的襄阳一起形成多点支撑格局，推动全省区域协调发展、实现湖北整体崛起。时任省长王国生在讲话中指出：站在新的历史起点上，谋划宜昌发展，必须具备世界眼光；要高起点确定发展定位，力争在"十二五"期末，把宜昌建成经济发达、文化繁荣、环境优美、社会和谐、宜居宜旅宜业的现代化、都市化大城市，建成名副其实的省域副中心城市、长江中上游区域中心城市和世界水电旅游名城；要高标准确立和实现发展目标，在经济总量上实现跨越式发展，在城市功能上实现跨越式发展，在对外开放上实现跨越式发展，在社会管理上实现跨越式发展；要冷静分析目前存在的差距，看到发展的机遇和优势，充分利用有利条件，奋力赶超、奋勇当先，为全省跨越式发展担重任、挑大梁。省发改委、省经信委、省财政厅、省国土资源厅、省住房和城乡建设厅、省交通运输厅、省旅游局负责人，分别就支持宜昌建设省域副中心城市提出了意见和建议。

（二）宜昌省域副中心城市建设举措

"十三五"期间，作为湖北省域副中心城市和长江中上游区域中心城市，宜昌市在生态保护、产业转型与区域协调发展方面承担着示范者与排头兵的角色。

一是积极对接国家长江经济带等重大战略。深入对接国家"一带一路"、长江经济带、长江中游城市群等重大战略，积极谋划推进"三峡生态经济合作区"等战略对接平台建设，加快建设内陆开放开发试验区。充分发挥宜昌地处武汉城市圈与成渝城市群节点位置的区位优势，主动加强与荆州、荆门、恩施、神农架及渝东湘西地区城市的密切合作，共同推进"三峡生态经济合作区"建设纳入国家战略，建设交通物流枢纽区、创新创业先行区、开放开发试验区、特色旅游名胜区、绿色发展引领区和协调发展示范区，打造长江中上游经济社会发展新的支撑带。以跨区域的枢纽型、功能性、网络化重大基础设施建设为重点，推进城市群交通、能源、水利、信息、生态环保等基础设施一体化。按照"错位发展、集群发展和转型发展"的思路，深化区域分工合作，推动区域产业协同发展。积极推进具有三峡地区特点的新型城镇化建设，合作联动解决三峡地区的贫困问题。[①]

二是积极推进三峡生态治理。在落实中央长江治理方略中主动担当、率先作为，启动长江三峡生态治理"宜昌试验"，探索集区域合作、生态综合守护、生态产业发展、生态公民建设等为一体的绿色发展之路，受到中央媒体的广泛关注。2018年习近平总书记考察湖北，第一站来到宜昌，考察了三峡坝区等地生态修复情况，对长江沿线城市的绿色发展提出了明确要求。宜昌坚定不移践行习近平生态文明思想，坚持生态优先，加快绿色发展；坚定不移以人民为中心，努力增进民生福祉，切实把总书记的关怀厚爱、殷切期望转化为推动宜昌高质量发展的实际行动。

三是建设国家产业转型升级示范城市。坚持战略性新兴产业优先发展战略，瞄准未来制造业竞争制高点，实施智能制造计划，突破性发展新材料、生物医药、新一代信息技术、先进装备制造、新能源和节能环保五大战略性新兴产业，培育一批具有国际竞争力的大企业和引领产业升级的新兴产业集群。同时，改造提升传统优势产业。实施企业技术改造提升行动计划，鼓励传统产业设施装备智能化改造，推动生产方式向数字化、精细化、柔性化转变，推进传统制造业绿色化改造，促进传统产业向中高端迈进。[②]

---

① 引自《宜昌市国民经济和社会发展第十三个五年规划纲要》宜昌市人民政府网，http：//www. yichang. gov. cn/html/zhengwuyizhantong/zhengwuzixun/jinriyaowen/2016/0621/956070. html，2016 年 6 月 21 日。

② 引自《宜昌市国民经济和社会发展第十三个五年规划纲要》宜昌市人民政府网，http：//www. yichang. gov. cn/html/zhengwuyizhantong/zhengwuzixun/jinriyaowen/2016/0621/956070. html，2016 年 6 月 21 日。

四是加大对内对外开放力度。依托长江黄金水道,立足长江中上游区域,以沿江综合运输大通道为支撑,统筹推进铁路、水路、公路、管道以及航空等运输方式的建设与衔接,打造网络化、集约化、智能化的综合立体交通运输体系,实现宜昌市与周边城市群、市域内各城市之间的互联互通,着力增强综合枢纽功能,将宜昌建成全国重要的区域性综合交通枢纽、长江三峡航运物流中心和"宜新欧"水公铁联运国际新通道。深入实施开放先导战略,根据经济全球化新趋势和宜昌转型升级新需求,强化开放思维,创新开放路径,完善开放体制,提升开放层次,优化开放布局,加快建设中西部地区开放型经济强市和长江流域区域合作示范城市。①

二 城市建设成果

2018 年 4 月 24 日,习近平总书记考察长江、视察湖北,首站到宜昌,对宜昌破解"化工围江"、推进新旧动能转换、培育生态小公民等做法给予充分肯定,为宜昌改革发展指明前进方向、赋予新的使命、注入强大动力,推动宜昌"省域副中心城市"建设再上新台阶。

(一)经济运行稳中向好

主要经济指标低开高走、全面回升,多项指标达到或超过全省平均水平,完成情况好于预期,扭转了增速下滑的阶段性被动局面。2018 年,全市实现生产总值 4064.18 亿元,比上年增长 7.7%。分产业看:第一产业实现增加值 386.42 亿元,比上年增长 3.1%;第二产业实现增加值 2132.27 亿元,比上年增长 8.0%;第三产业实现增加值 1545.49

---

① 引自《宜昌市国民经济和社会发展第十三个五年规划纲要》宜昌市人民政府网,http://www.yichang.gov.cn/html/zhengwuyizhantong/zhengwuzixun/jinriyaowen/2016/0621/956070.html,2016 年 6 月 21 日。

亿元，比上年增长 8.7%。三次产业结构由上年的 11.1∶53.8∶35.1 变化为 9.5∶52.5∶38.0，第三产业占地区生产总值比重较上年提高 2.9 个百分点。按常住人口计算，人均地区生产总值 98269 元，比上年增长 7.6%，较上年增加 4938 元。同时，全年固定资产投资（不含农户投资）比上年增长 11.3%，高于全省平均增幅 0.3 个百分点。其中，5000 万元以上项目投资 1821.67 亿元，比上年增长 8.9%。分产业看：第一产业完成投资 26.67 亿元，比上年下降 17.1%；第二产业完成投资 1090.79 亿元，比上年增长 15.0%；第三产业完成投资 1097.20 亿元，比上年增长 8.7%。全年实现社会消费品零售总额 1484.01 亿元，比上年增长 11.6%，高于全省平均增速 0.7 个百分点。分行业看：限额以上批发和零售业零售额 427.67 亿元，比上年增长 15.2%；住宿和餐饮业零售额 27.02 亿元，比上年增长 20.3%。全年实现外贸进出口总额 202.2 亿元，比上年增长 9.9%。其中：进口额 27.4 亿元，比上年增长 10.4%；出口额 174.8 亿元，比上年增长 9.9%。从出口产品看，船舶、农产品、医药保持较快增长。其中：船舶出口 6878 万美元，比上年增长 738.0%；农产品出口 2.89 亿美元，比上年增长 20.1%；医药产品出口 2.32 亿美元，比上年增长 11.2%。全年实现地方财政总收入 361.85 亿元，比上年增长 10.9%，其中地方一般公共预算收入 237.23 亿元，比上年增长 8.0%。税收占地方一般公共预算收入的比重为 70.2%，比上年同期提高 2.8 个百分点。①

（二）转型升级步伐加快

全力推进动能转换。加快发展先进制造业。2018 年，全市工业技改投资增长 33%，占工业投资比重 57.5%。服务业增加值增长 8.5%，占生产总值比重提高到 37%。高新技术产业增加值增长 13.5%。生物

---

① 引自《宜昌市 2018 年国民经济和社会发展统计公报》，宜昌市人民政府网，2019 年 4 月 2 日，http：//www.yichang.gov.cn/content－61166－1009119－1.html。

医药、电子信息、新材料、装备制造四大新兴产业产值占工业总产值比重38.1%，提高1.5个百分点。12个产业入选全省重点成长型产业集群。启动仿制药一致性评价，完成上报评审品种11个，占全省在审品种的2/3。兴发集团荣获中国工业大奖表彰奖，安琪酵母、人福药业成为全国制造业单项冠军示范企业，奥美医疗成为国家智能制造示范企业。宜都、枝江专业化工园区建设顺利推进。建筑业产值突破1000亿元大关。①

深入推进农业供给侧结构性改革。柑橘和茶叶等特色产业品种改良达到15.5万亩，绿色生态种植和养殖面积达到4.5万亩，生态养殖畜牧产品产量占比达到25%，"三品一标"新增89个，特色农业产值占比超过85%。

加快发展旅游、物流等现代服务业。2018年，接待游客7738.2万人次，实现旅游综合收入869.3亿元，分别提高16.9%和21.9%。平湖半岛征迁取得重大进展，三峡国际游轮中心开工建设。枝江东方年华、同心花海，宜都青林古镇，兴山昭君文博园和五峰国际滑雪场等开始运营，一批精品民宿和自驾车房车露营地陆续建成。新增4A级景区2家。三峡枢纽水铁公多式联运项目被列为全国示范。商品车滚装翻坝运输正式开始。新增A级物流企业14家，达到70家。电商交易额达到1530亿元，提高23%。荣获了"中国美食之都"的称号。②

全面激发"双创"活力。2018年，净增高新技术企业55家、高新技术产品210个。新增省级以上孵化器和众创空间7家，城东U谷以及三峡创谷等快速发展。来宜昌就业创业的大学生有3.3万人。市生物技术和仿制药技术的创新公共服务平台挂牌运行。完成科技成果转化运用项目125项。人福药业"药剂高效分装成套设备及产业化项目"获国家科

---

① 张家胜：《政府工作报告——2019年1月7日在宜昌市第六届人民代表大会第四次会议上》，《三峡日报》2019年1月25日。

② 张家胜：《政府工作报告——2019年1月7日在宜昌市第六届人民代表大会第四次会议上》，《三峡日报》2019年1月25日。

技进步二等奖。万人发明专利拥有量 7.26 件。新增中国驰名商标 2 件。安琪酵母获中国质量奖提名奖，市中心医院获长江质量奖提名奖。[①]

（三）生态环境持续改善

宜昌破解"化工围江"问题的举措，受到习近平总书记的肯定。截至 2019 年 9 月，实施"关改搬转"的 134 家化工企业，已关停 31 家，已实施技术改造项目建设 33 家，已完成搬迁 2 家，正在建设搬迁项目 10 家，已转产 3 家。宜昌成功获批国家山水林田湖草生态保护修复试点，顺利通过国家森林城市复查，枝江市多措并举解决"化工围江"成效明显，获得国务院第五次大督查通报表彰。

2018 年全市规模以上化工企业完成总产值 716.75 亿元，精细化工占化工产业比重由 2016 年的 13.2% 提高到 2018 年的 33%。全市 PM10、PM2.5 平均浓度分别为 77 微克/立方米、53 微克/立方米，比 2016 年分别下降 20.6%、14.5%，优良天数比例为 76.1%，比 2016 年提升 8.6 个百分点。纳入国家"水十条"考核的 9 个地表水断面水质优良比例继续保持 100%，长江干流出境断面总磷浓度较上年下降 26.7%，16 个县级以上集中式饮用水水源地水质达标率稳定在 100%。宜昌全市压减磷矿开采量 300 万吨。有 38 处煤矿全部关闭退出。2018 年单位生产总值能耗下降 3.8%、地耗下降 5%、水耗下降 7%。城区环境空气质量优良天数达到 274 天，同比增加 16 天；PM10、PM2.5 平均浓度同比分别下降 12.5%、8.6%。国考、省考断面水质保持优良。腾退修复长江岸线 81.5 千米。生态复绿 3.95 万亩。顺利通过国家森林城市复查。成功获批国家山水林田湖草生态保护修复试点。地方立法、综合执法、生态补偿、智慧治河等生态环境综合治理经验全省推广，全省长江大保护十大标志性战役现场推进会在宜召开，生态保护工作受到省

---

① 张家胜：《政府工作报告——2019 年 1 月 7 日在宜昌市第六届人民代表大会第四次会议上》，《三峡日报》2019 年 1 月 25 日。

政府重奖。①

第四节　省域副中心城市建设经验总结

一　省政府下放了较多的权利

湖北省 2003 年就明确了襄阳、宜昌的省域副中心城市地位，一定程度地促进了两市的发展。但真正起到巨大推进作用的，还是到了2011 年及以后。2011 年 4 月，湖北省委、省政府先后在襄阳、宜昌召开专题办公会，到会的省直部门负责人表示坚决拥护省委"一主两副"决策，支持两个省域副中心城市发展。同年 6 月，出台了加快两市跨越式发展的决定，即鄂发 19 号、20 号文件。主要下放或扩大了以下四个方面的权利。

第一，扩大市级管理权限。在法律法规允许范围内，将省直相关部门审批的土地、环评、规划等审批事项，下放或委托给襄阳市、宜昌市审批，并向省主管部门备案。将高级工职业技能鉴定发证权限下放给两市。凡住所在两市且由两市登记管辖的企业申请冠用省名的，委托两市工商局核准。将投资总额 3 亿美元以下鼓励类、允许类外商投资项目审批权限配套下放给两市。将年减免税额在 100 万元（含 100 万元）以下的城镇土地使用税减免审批权，交由两市税务部门审批。

第二，加大财税支持力度。在符合中央和省有关法规政策的前提下，不断完善对两市财税支持机制，促进财政收入稳步增长，支持两市在有关财税政策上先行先试。加大对两市及所属县（市、区）的转移支付力度，增强市、县级财力。支持两市争取中央财政技术改造、科技

---

① 张家胜：《政府工作报告——2019 年 1 月 7 日在宜昌市第六届人民代表大会第四次会议上》，《三峡日报》2019 年 1 月 25 日。

研发、担保风险补助及其他补助政策。在省中小企业发展专项、技术改造专项、生物医药专项、汽车零部件专项、装备制造业专项、光电子信息专项、科技专项、信息产业发展专项等资金安排上给予重点倾斜。在省统筹安排中央廉租住房保障专项补助、公租住房补助、城市棚户区改造资金和省级廉租住房专项补助等资金上对两市加大支持力度。在新农村建设试点、村庄环境整治、适居村庄建设、农村危房改造等专项资金安排上，给予两市政策倾斜。积极争取中央财政对高新技术开发区和经济技术开发区基础设施贷款的财政贴息资金，支持基础设施建设。通过财政贴息、财政补贴等政策，引导重点产业和项目向两市转移集聚。比照执行国家支持东北老工业基地的财税政策，支持两市老工业基地建设。对纳税人缴纳城镇土地使用税、房产税确有困难需要定期减免的，按法定程序办理。对因资金困难需要缓缴税款的企业，依法定程序办理缓缴手续。认真落实出口退税、所得税优惠等税收政策，加强对两市主导产业和重要行业的税收支持。在规定的权限范围内，制定有利于两市发展的行政事业性收费减免政策。

第三，加强金融支持。支持两市打造区域性金融中心。鼓励各类金融机构在两市设立分支机构，鼓励两市设立独立法人的金融机构。加快推进村镇银行试点，积极发展小额贷款公司。加快涉农金融机构改革，推进农业银行系统"三农金融事业部制"改革试点，加快农村信用社组建农村商业银行的步伐。完善社会信用体系，开展社会信用体系建设试点。争取国家适当下放两市部分金融机构业务审批权限，引导金融机构调整信贷结构，加大对"三农"和县域经济的支持力度；加快研发适合于两市发展的信贷产品，将新型信贷品种和信贷模式在两市率先试点。支持两市担保平台体系健康发展。加大两市政策性担保体系建设的财政投入，将中小企业贷款纳入省中小企业担保中心担保。认真落实好民族贸易及民族特需商品定点生产贷款优惠利率政策。鼓励各金融机构在两市开展国内贸易融资产品、应收账款保理业务、仓库质押贷款、知识产权和注册商标专用权质押贷款等新业务试点。支持两市开展跨境贸易人民币结算试点。加快发展直接融资，不断扩大短期融资、中期票据融资规模。加大对两市发行企业债券、中小企业集合债券和发展创业投资基金的支持力度。支持两市扩大农业保险试点。加强上市后备资源培育和上市辅导，支持企业上市和上市公司开展再融资。支持将两市纳入非上市股份有限公司代办股份转让试点。

第四，加强土地及矿产资源保障。支持两市修编土地利用总体规划，追加必要的建设用地总规模和新增建设用地指标。对符合国家和省级土地利用计划条件的企业和项目，支持申请使用国家和省级土地利用计划。将两市省重点建设项目用地计划纳入全省统一平衡，对市级重点项目用地计划给予适当倾斜。加强对用地手续的跟踪督办。比照国家批准武汉市土地征转分离试点政策，在两市实行建设用地征转分离，先征后转。试行重点建设项目控制性单体工程先行用地政策。积极指导和支持两市开展城中村改造和城乡建设用地增减挂钩试点工作。支持两市探索建立耕地保护共同责任机制、耕地有偿保护机制。开展农村集体土地产权改革试点，鼓励农村集体建设用地依法流转，建立宅基地有偿退出机制。鼓励两市政府为支撑区域性重大产业发展、确需配置资源的大型深加工企业参与省级地质勘查基金找矿项目；建立有偿收回矿业权制度，推进省级矿产储备区的建设。①

二 "省官治市"是最大的政策支持

市委书记由副省级领导兼任，被媒体称为"省官治市"模式。2011 年 8 月以来，襄阳、宜昌市委书记均由湖北省委常委兼任（只是

---

① 《中共湖北省委湖北省人民政府关于全面实施"一主两副"重大战略决策的决定》，湖北省人民政府网，www. hubei. gov. cn，2011 年 8 月 31 日。

2011 年 8 月至 2012 年 7 月这一年时间宜昌市委书记由副省长兼任），目前已经形成制度。由于市委书记是省委常委，"两副"的诉求能够直接在省委常委会上得到反映，在全省的地位得到了很大提高，两市的发展自主权也得到空前增强。与其他城市相比，市级战略也容易推向省级战略，如宜昌提出的"三峡城市群"被提升到省级战略层面，襄阳着力推动的"汉江生态经济带"在湖北省委、省政府的支持下甚至上升到国家战略层面，2018 年 10 月 8 日国务院批准的《汉江生态经济带发展规划》还将襄阳明确为"汉江流域中心城市"和"全国性综合交通枢纽"。与此同时，宜昌也获批"全国性综合交通枢纽"。除省会武汉市以外，全省仅有"两副"获此殊荣。

三 主副中心城市之间必须加强联动对接

武汉市要带动全省必须借助"两副"的帮助和支持。要探索与两市实行对接互促的体制机制。要按照市场经济的要求，打破各自为政的狭隘观念，树立适应市场经济要求的区域经济一体化意识，强化市场配置资源机制，实现资源和生产要素在武汉与省域副中心城市之间以及在"两副"之间的优化整合，实行市场设施、市场组织、市场空间、市场主体的全面对接。

"两副"也要学习借鉴武汉城市圈"1 + 8"建立区域联合机制的举措和经验。"一主"肩负带动全省特别是武汉城市圈内 8 市发展的重担，"两副"分别负有影响和辐射鄂西北和鄂西南地域的责任。武汉通过城市圈建设与周边开展融合、推进一体化已经取得了较大成效，在"两型社会"试验区建设中又推出更多新举措、产生更多新经验，这也为襄阳和宜昌提供样板。

"两副"自行创造先进经验带动周边发展。如宜昌市的城市网格化管理等体制机制创新，不仅在全省具有示范效应，在全国也有积极影响，值得主中心城市学习。联动对接从来就不是"单行道"。如三峡生态治理的"宜昌试验"就得到国家肯定，并被推广。宜昌主要围绕生态综合守护工程、生态产业发展工程、生态公民建设工程、生态金融创新工程四大重点任务，实施重点突破、两翼发展、点线带面，形成了长江两岸争先恐后的推进格局。其经验值得周边及长江经济带各城市借鉴和学习。

第七章
"一主两副多极"格局的形成与发展

湖北在 2003 年开始实施"一主两副"战略之后,武汉和襄阳、宜昌有了长足发展;与此同时,一些地级市也加快了发展步伐。湖北省委、省政府因势利导,着眼调动各地积极性,推出"一主两副多极"城市发展战略。

第一节 "多极"的培育与发展

一 "一主两副多极"的提出

2015 年 12 月 27 日至 28 日召开的湖北省委十届七次全体(扩大)会议,通过了《中共湖北省委关于制定全省国民经济和社会发展第十三个五年规划的建议》,首次提出"全面推进'一主两副多极'城市带动战略",明确要求在"一主两副"之外"推动 3~5 个经济基础好、带动能力强的地级市,建设区域性中心城市,成为新兴增长极"。

从 2010 年以来的统计数据来看，"一主"和"两副"在全省 GDP 中的比重分别稳定在 37%、23% 左右，其余 14 个市州和林区所占比重则只有 40% 左右。这一方面说明"一主两副"在全省经济发展中起到了重要支撑作用，另外一个方面也显示出其他城市发展实力不强、水平不高，"多极支撑"的格局尚未形成。而经济发达省份，往往不仅拥有具有全国影响的中心城市，还有一批发达的中等城市，比如：广东除了有广州、深圳，还有佛山、东莞、惠州、珠海等发达城市；江苏除了有南京、苏州、无锡，还有南通、常州、徐州、连云港、扬州、镇江等明星城市。

湖北省今后要实现经济实力的争先进位，重要的一点就是加快培养、发展一批实力较强的中等城市，将其打造成为新兴增长极，从而推动全省经济社会均衡、可持续发展，为湖北"建成支点、走在前列"做出更大贡献。

2017 年 6 月 25 日，湖北省第十一次党代会在武昌召开。会议规划了未来五年的荆楚愿景，其中深化"一主两副多极"区域发展战略，明确提出"支持黄石、十堰、荆州、荆门、孝感、黄冈建设成为区域性增长极"。至此，原定的 3 ~ 5 个地级市作为新增长极"扩编"为 6 个，并排定了座次。在明确上述 6 个新的区域性增长极之后，全省城市体系就形成"一主两副六极"的格局（见图 7 - 1）。

二 "六极"的定位与产业特色

所谓"增长极"，是相对周边或腹地而言。定出"六极"之后，应对其定性定位，明确其大致的辐射范围。

（一）黄石市

城市定位：湖北省重要增长极，长江中游城市群区域性中心城市。辐射范围为全市域、咸宁大部、黄冈东南部及江西九江北部部分区域。

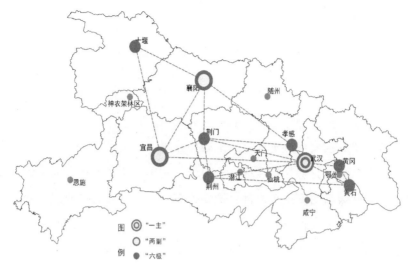

图7-1 湖北省"一主两副六极"格局示意

黄石是华夏青铜文化发祥地之一，也是近代中国民族工业的摇篮之一。黄石市工业文化底蕴深厚，工业基础较好，有"青铜故里"、"钢铁摇篮"、"水泥故乡"和"服装新城"之称。

要建设全国重要电子信息产业基地、特钢和铜产品精深加工基地、生命健康产业基地、节能环保产业基地。深化"黄石制造2025"，加快突破技术链、价值链、产业链关键环节，加快"黄石制造"向"黄石创造""黄石智造""黄石品质"升级，构建上中下游衔接配套完善的产业体系。打造黑色金属、有色金属、电子信息3个千亿元产业集群，装备制造、生命健康、整车和汽车零部件3个500亿元产业集群，新型建材、新能源、纺织服装、化工4个200亿元产业集群。①重点围绕数控锻压、智能输送装备、工业机器人等领域，开展高端装备制造领域的核心和基础技术、关键技术零部件、关键基础材料和先进基础工艺的研发，推进黄石制造业向数字化、网络化、智能化转型，加快打造区域性先进制造业中心。

---

① 《中共黄石市委关于制定全市国民经济和社会发展第十三个五年规划的建议》，《黄石日报》2016年1月8日。

（二）十堰市

城市定位：湖北省重要增长极，鄂豫陕渝毗邻地区区域性中心城市。辐射范围为全市域、神农架林区、陕西安康东部及河南南阳西部等部分区域。

首先要继续发挥汽车产业的顶梁柱作用。利用东风商用车规模居世界前列的优势，打造具有全球竞争力的商用车产业链，将十堰建成全球最大、国际著名的商用车之都。推动整车产业园、动力产业园、微型车产业园、汽车零部件产业园、东风实业公司工业园、装备产业园六大产业园建设，加快汽车及零部件检验检测中心、汽车会展中心、汽车钢材加工配送中心"三个中心"建设，推进新能源汽车、智能化汽车工艺装备等产业发展。其次做大做强服务业。抢抓武当山机场开通和武西客专建设机遇，发挥"仙山圣水汽车城"的品牌优势，开发全域全业旅游，带动观光农业、文化产业等发展，打造国际知名生态文化旅游目的地。大力发展物流商贸、金融保险、科技服务、创意设计等现代服务业。最后是用好北京市对口协作机遇。抓住北京疏散非首都功能的机遇，承接更多先进产业转移和事业机构扩散。认真研究承接京津冀地区的纵向供需链条和横向协作链条，加大招商项目服务力度，全力做好项目服务工作，注重解决项目在洽谈、审批、开工、建设、跟踪督办各个环节中存在的困难和问题，切实提高协议履约率、项目开工率、资金到位率；支持鼓励市内跨行政区域共建产业园区，吸引京津冀对口协作县市区设立工业园区，发展"飞地"经济。

（三）荆州市

城市定位：湖北省重要增长极，长江中游重要节点城市、洞庭湖生态经济区中心城市。辐射范围为全市域、潜江、仙桃、枝江及湖南常德北部、岳阳西部部分区域。

针对工业"短腿"的问题，着力引进大项目、大企业，突破性地发展现代制造业。一是加快发展智能制造，重点发展智能机器人、高端数控机床等，实施企业制造装备升级计划，建设一批智能车间和智能工厂。扶持装备制造业龙头企业和名牌产品，增强产业发展带动能力；着力提高装备制造自主创新能力，掌握一批具有自主知识产权的核心技术，推动产品结构向重大技术装备及产品系列化、规模化、成套化方向发展。努力将荆州打造成集设计、研发、制造、服务于一体的国家级现代装备制造业基地。二是大力发展海洋工程专用设备制造，积极发展海洋工程动力及传动系统配套装备、船舶修造和部件制造，壮大船舶工业，力争建成全球知名的石油装备基地和海洋工程装备制造基地。三是发展食品加工。以绿色有机食品、地理标志食品、功能营养食品、品牌休闲食品为重点，大力提高粮食、油脂、水产、畜禽、生物饲料、酿酒及果蔬饮品等农副产品加工转化率和食品制造的精细化率，不断强化企业精深加工能力，促使产业链向上向下延伸。四是发展医药化工。重点发展农用化工、精细化工、煤化工和医药产业。五是发展纺织服装。加快行业结构调整，推动棉纺织布精细化、针织麻纺个性化、印染整理规模化、服装服饰品牌化和家纺巾被特色化发展。

（四）荆门市

城市定位：湖北省新兴增长极，江汉平原中心城市。辐射范围为全市域及邻近的当阳、远安、南漳、宜城、天门等区域。

重点建设全国通用航空产业综合示范区、国家循环经济示范城市、全国大健康产业基地。首先是发展通用航空产业。荆门研发的 AG600 与运 20、C919 并称中国大飞机"三剑客"，这款飞机外形大小与波音 737 相当，是专为支持国家航空应急救援体系而研制的，为世界最大的水陆两用飞机，其续航能力可保证飞抵曾母暗沙并盘旋作业两小时。荆门还生产一系列小飞机和轻型飞机以及浮空器。应在巩固与中航工业合作的基础上，积极引进民营和国外资本，延伸和加粗航空制造业产业链。同时，加快组建航空工业学院的步伐。其次是发展循环经济。推进绿色制造，推广先进节能环保技术、工艺和装备，以能源节约和资源循环利用技术装备为重点，积极发展报废汽车和废旧家电回收拆解、汽车零部件再制造、废塑料和废有色金属等资源综合利用产业，加快发展污水处理、大气污染治理、生态环境修复等领域环保装备制造产业，加快建设荆门化工、荆襄磷化、格林美、东宝秸秆综合利用四大循环产业园区。最后是发展大健康产业。依托武汉国家生物产业基地荆门生物产业园，扶持龙头企业发展合成药、抗肿瘤药、现代中药和新药特药；依托李宁产业园，生产系列体育健身器材；打造以长寿食品为主体的保健品产业；依托泰康人寿，发展医养结合的健康养老产业。

（五）孝感市

城市定位：湖北省新兴增长极，武汉城市圈副中心城市。辐射范围主要为市域北部区域（南部被武汉直接辐射）及随州广水市等邻近区域。

加快建设经济强市，不断提升综合实力。坚持大产业、大市场、大融合理念，推动新型工业、现代农业、新兴服务业融合发展。一是壮大工业支柱产业。实施中国制造 2025 孝感行动，形成农产品加工、高端装备制造和战略性新兴产业等千亿元产业。深入实施农产品加工"四个一批"工程，壮大农产品加工园区，着力创建"国家农业产业化示范基地"。积极发展高端装备制造产业，重点推进三江产业园、航天重工装备产业园、华中光电产业园、智能制造产业园、新能源汽车等项目建设。进一步对接大武汉。利用中国光谷孝感光电产业园等现有平台，积极引导有需求的武汉企业将生产基地迁入，在体制上实行"飞地"式的分享制，双方共同努力将园区做实做大。重点对接武汉国家航天产业基地，推进军民融合深度发展。二是推进农业供给侧结构性改革。大力发展规模农业、科技农业、品牌农业、观光农业、安全农业，推动立体种养、绿色有机循环农业连接，全面落实从农田到餐桌全环节食品安全监管，增加绿色优质农产品供给。三是改造提升商贸物流业。加快建设东城新区邻里中心。推进县市城区商业网点改造和放心早餐店建设，加快农贸市场和社区菜市场标准化建设，大力发展农村消费品直营连锁网络和专业市场。①

（六）黄冈市

城市定位：湖北省新兴增长极，大别山革命老区核心增长极，鄂东北中心城市。辐射范围为全市域及邻近的河南信阳、安徽六安和安庆部分边界县。

以大企业为龙头，以大园区为平台，以大项目为抓手，推进信息化与工业化融合，着力培育和打造黄冈品牌。一是大力发展生物医药产业。加快"李时珍""万密斋""杨际泰""庞安时"等品牌的整合，做大做强中药产业，将"大别山药谷"打造成全国闻名的中药材加工基地。加强重点原料药及中间体的开发与产业化。加快光谷联合科技城（黄冈）项目建设，推动技术创新平台快速发展。依托武汉光谷人才、技术及先行先试的优惠政策，实现黄冈生物科技城与武汉光谷生物城的错位发展和优势互补。② 二是大力发展森工产业。重点推进黄冈晨鸣林浆纤产业园，努力打造大型森工产业龙头企业。同时推进索菲亚家居产业园、融园家具产业园等建设，着力打造华中地区产业链最完善、配套服务最齐全的家具产业基地。三是大力发展纺织服装产业。整合产业资源，实施龙头企业工程和产品品牌工程。鼓励企业采用先进工艺技术装备，对棉纺行业实施扩规升级，大力发展高端染整产业。积极引进东部沿海地区知名品牌服装企业，加强产品设计研发和自主品牌建设，扩大市场份额。以黄冈稳健为中心，做强卫生材料产业。打造原料、纺织、染整、服装、家纺、产业用纺织品、丝绸现代服装产业体系。四是积极

---

① 滕刚：《政府工作报告——2017年1月5日在孝感市第六届人民代表大会第一次会议上》，《孝感日报》2017年1月17日。

② 黄冈市人民政府：《黄冈市国民经济和社会发展第十三个五年规划纲要》，《黄冈日报》2016年7月29日。

发展金融业。大力推进区域金融中心建设，实施大别山金融工程。加快构建现代金融服务产业体系，全面提升金融业发展水平，建设辐射全国的 PPP 交易中心。[①]

三 加强区域协调互动

（一）加强与"一主两副"的协调互动

实施"多极"战略，不是要"多极"超过"一主两副"，更不是要取代"一主两副"，相互之间并不是对立关系，而是相互依赖、相互支持、相互促进的关系。特别是可以通过武汉城市圈、宜荆荆城市群、襄十随城市群建设，进一步密切相互之间的经济社会联系。黄石、黄冈、孝感要主动对接大武汉，积极参与武汉城市圈一体化建设。黄石要继续做好武汉城市圈副中心城市，黄冈要当好大武汉非省会功能集中承接区并继续开展"市校合作"。孝感要比照苏州与上海的关系，定义与武汉的关系，打造"湖北的苏州"品牌。荆门、荆州要加强与省域副中心城市宜昌的合作，共建宜荆荆城市群。十堰要加强与省域副中心城市襄阳的合作，共建襄十随城市群、汉江生态经济带，支持丹江口、老河口、谷城三市打造"丹河谷城市组群"。武汉市要对全省都发挥辐射带动作用，继续做好对十堰、黄冈的对口协作工作。"一主""两副""多极"之间，应该是互利共进的关系，不应硬性规定其各占的比例，也不能强调某一层次（如"两副"）过快过多提高在全省的占比。建议不要再提"三个1/3"布局，即在全省经济总量中"一主"占1/3，"两副"占1/3，其他市州合占1/3。这是因为"两副"离1/3还差10个百分点，在不改变行政区划的条件下基本上不可能实现；即使实现了也是湖北的悲哀，也表明其他市州彻底垮了。因此，包括"多极"在内的14

---

① 黄冈市人民政府：《黄冈市国民经济和社会发展第十三个五年规划纲要》，《黄冈日报》2016年7月29日。

个市州，今后在全省的经济总量应当至少维持在现有的 40% 左右。

（二）要加强"多极"之间的互动

荆门与荆州之间共同推进荆荆高铁等交通基础设施建设，共建国家级承接产业转移示范区，共同开发江汉运河生态文化旅游带和环长湖经济圈，共同开展南方大遗址保护。特别是在水利方面，共同构建以漳河灌溉工程和引江济汉工程为重点的水资源综合利用体系、以四湖治理为重点的水生态修复和保护体系，健全体制机制，强化联合监督，提高水资源利用效率。通过两市的共同努力，带动江汉平原的振兴崛起。黄石、黄冈之间共同推进湖北长江经济带建设。黄石综合实力强，但发展空间受限；黄冈发展空间大，但工业基础薄弱。双方互补性很强。黄石要积极开展跨江合作，发挥对大别山区的辐射作用；黄冈沿江地区在对接武汉的同时，也应积极对接黄石，承接其部分产业转移。要重点建设散花示范区，将其建设成为黄石都市功能区、沿江城镇体制机制创新示范区、跨江跨区域合作示范区。

（三）要加强与其他区域的互动

黄石、黄冈要加强与鄂州的合作，在原材料、工业成品的生产加工上进行区域协作，对接冶金、制造业、建材、化工、生物医药等重大产业，特别是抓住顺丰机场建设机遇，共同发展物流产业和临空产业，携手打造鄂东都市连绵区和武汉城市圈同城化示范区；加强与咸宁的合作，共同推进旅游业发展和长江黄金水道建设。十堰、孝感与随州合作，共同打造千里汉江汽车产业带，并加快推进鄂北水资源调配工程建设。荆门要与随州合作共建大洪山旅游区，与孝感、天门、仙桃、潜江合作共建汉江生态经济带。荆州要与咸宁合作共推长江中游航道"645"工程建设，与恩施、神农架合作发展鄂西生态文化旅游业。

第二节 优化区域发展

一 加强"两带支撑"

"两带支撑"指以长江经济带以及汉江生态经济带为经济发展的主
要区域,以密布于两大河流的沿江产业作为支柱,作为湖北产业发展区
域布局的主骨架。

(一)构建长江绿色经济和创新驱动发展带

2018 年 4 月,习近平总书记视察湖北时,对推动长江经济带绿色
发展做出重要指示,强调"各地区要根据主体功能区定位,按照政策精
准化、措施精细化、协调机制化的要求,完整准确落实区域协调发展战
略"。[①]湖北以武汉、宜昌、黄石、荆州、鄂州、黄冈、咸宁、恩施 8
个沿江市州为重点,打造以绿色经济和创新驱动为特色的高质量发展
带,落实长江经济带"生态优先、绿色发展"战略而提出来的产业新
布局,充分把握了习近平总书记关于长江经济带发展的"五大关系",
奋力在长江经济带上首先实现产业的"腾笼换鸟""凤凰涅槃"。[②]

一是建设长江绿色经济走廊。坚决把修复长江生态环境摆在压倒性
位置,全面推进湖北长江大保护十大标志性战役,突出抓好重点区域生
态保护修复,打造长江绿色岸线带。严格沿江产业准入,深入实施长江
经济带绿色发展十大战略性举措,重点发展高效节能和污染防治技术,
开发绿色产品,建设绿色工厂,打造长江清洁生产带。发挥沿江港口、

---

① 沈正言:《行棋观大势 落子谋全局——我省"一芯两带三区"区域和产业发展战略
布局解读》,《湖北日报》2019 年 1 月 2 日。

② 沈正言:《行棋观大势 落子谋全局——我省"一芯两带三区"区域和产业发展战略
布局解读》,《湖北日报》2019 年 1 月 2 日。

机场、铁路、高速公路综合交通优势，打造长江高效物流带。发挥沿江楚文化、三国文化、巴土文化、红色文化和自然风光优势，打造长江黄金旅游带。

二是培育长江创新驱动发展走廊。发挥长江沿线高校院所、产业园区密集的优势，打造长江创新驱动发展走廊。以创新为引领，打造产业链完整的新一代信息技术、生物医药、新材料、节能环保、高端装备制造等高新技术产业带。以转型升级为重点，打造有色钢铁、精细化工、纺织服装、食品饮料、新型建材等骨干支撑产业带。以专业高端为导向，打造现代金融、研发设计、电子商务、知识产权服务、检验检测认证等高技术服务业带。

三是打造长江综合立体交通走廊。加快推进长江中游"645"（长江航道安庆至武汉水深 6 米、武汉至宜昌水深 4.5 米）工程，完善三峡枢纽联运转运体系，推动沿江重要港口和航运资源整合，提升长江黄金水道功能。加快推进沿江高铁、襄荆荆常高铁、荆州机场、咸宁机场和一批过江通道等项目，打造综合立体交通体系。加快沿江城市轨道交通、快速公交等大容量交通建设，打造绿色智能交通体系。

（二）打造汉江制造业高质量发展带

以武汉、孝感、随州、襄阳、十堰及荆门 6 市为重点，打造制造业高质量发展经济带。

一是打造汉江千里汽车产业走廊。推进东风本田三厂、吉利乘用车等项目，支持武汉乘用车、十堰商用车、襄阳轻型商用车和乘用车、随州专用车、荆门新能源车发展，整合提升汽车零部件产业，打造万亿级汽车产业带。加大新能源充电、充气设施建设，突破动力电池、电控技术等瓶颈，打造全国新能源与智能网联汽车创新应用示范基地。鉴于荆门金泉新材料不仅是全省最大的动力电池生产企业，也是华中地区最大的动力电池生产企业，已经初步构建起动力电池的全生命周期产业链；而且，荆门的优势可能并不在新能源汽车整车生产，而在于动力电池，荆门正在着力打造全国新能源汽车电池基地。武汉、襄阳的智能网联汽车（无人驾驶汽车）研发居全国先进水平。2019 年 9 月 22 日，国家智能网联汽车（武汉）测试示范区揭牌。武汉发出全球首批自动驾驶商用牌照并投入使用。武汉运输管理部门给武汉开发区两台无人驾驶中巴，颁发了"道路运输经营许可证"。这意味着，挂此证的无人驾驶中巴，不仅可以在特定的公开道路上载人测试，也可以进行商业化试运营。在武汉开发区经开大道上，提供无人驾驶中巴供乘坐。位于武汉开发区军山街的国家智能网联汽车（武汉）测试示范区，是当前全国仅有的多场景应用智能汽车的示范区。2019 年 10 月 15 日，东风公司在该示范区举办了东风云控系统车辆运营启动仪式，标志着东风公司的智能网联汽车，可以在示范区 5G 网络覆盖的道路上，开展物流配送、道路清扫、无人公交车、无人出租车等示范运行，应用场景在全国同类示范区中居于前列。

二是培育发展千亿级先进制造业产业带。支持武汉建设国家航天产业基地、荆门建设国家通用航空产业综合示范区、襄阳发展航空应急救援产业、孝感发展航天装备产业，打造航空航天产业带；支持襄阳、随州、荆门培育壮大电子、新能源电池、电子元器件等产业，打造电子信息产业带；支持襄阳、荆门、随州、十堰等开展工程机械、交通装备等改造升级，打造装备制造产业带；支持武汉、襄阳、十堰、荆门发展新型功能材料、高性能复合材料等，打造新材料产业带；推进一批军民两用技术成果双向转化和产业化，打造军民融合产业带。特别值得一提的是荆门通用航空产业。全国唯一的特种飞行器研究所就在该市，我国大飞机"三剑客"之一的 AG600 就由该所研制（另外两种是 C919、运 - 20）。2018 年 10 月 20 日，AG600 在荆门水上首飞成功，得到习近平总书记的来电祝贺。AG600 是世界上最大的水陆两用飞机，既能在地面也能在水面起降，它可以在 2 米海浪等复杂气象条件下作业，一次性救助 50 名海上遇险人员；而作为一型具备森林灭火能力的大飞机，它一次性可以汲水 12 吨，单次投水救火面积达到 4000 多平方米。不仅如此，由于最大航程能够达到 4500 千米，今后在南海巡航维权等方面其将发挥十分重要的作用。自主研发 AG50 轻型飞机、LF910 地效飞机样机在 2018 年珠海航展亮相，其中 AG50 获得 50 架订单，引起业界关注；引进晨龙天使双发公务机 2019 年 6 月 29 日实现首飞，并已获得 59 架订单，合同金额 6 亿元；泊鹭航空完成 3 架海王水陆两用飞机复装和 CCAR－91 部运营资质审定；航特航空累计生产销售 A2C 超轻型飞机 150 余架；优伟斯 Freedom（自由）S100 飞机已在漳河机场开展试验试飞；活塞航空发动机、卓尔通航全产业链、海鹰系列无人机等一系列项目正在洽谈引进中。

三是打造汉江综合交通运输体系。提升汉江水运功能，实施汉江航道整治工程，推进夹河、孤山、新集、雅口、碾盘山等枢纽工程建设，实现荆门以下达到二级航道标准，丹江口以下达到三级航道标准。加快郑万高铁、武西高铁、浩吉铁路和襄阳机场、十堰机场改扩建、荆门冷水机场等项目建设，打造现代综合交通运输体系。

二　加快"三区协同"

"三区协同"，即推动鄂西绿色发展示范区、江汉平原振兴发展示范区、鄂东转型发展示范区三大特色区域瞄准国家绿色发展、乡村振兴、资源枯竭型城市转型发展等重大战略，在"多极支撑"区域发展布局中形成产业联动优势。[①]

（一）建设鄂西绿色发展示范区

以宜昌、十堰、恩施、襄阳、随州、神农架等为重点，守住生态底线，发展绿色产业，打造全省绿色发展示范区。

---

① 沈正言：《行棋观大势　落子谋全局——我省"一芯两带三区"区域和产业发展战略布局解读》，《湖北日报》2019 年 1 月 2 日。

一是构建鄂西生态安全屏障。构筑山水林田湖草生命共同体，保护好两口"中国大水缸"——三峡水库、丹江口水库，让一江清水东流、一库净水北送，构建以"三山三江三库一区"为骨架的绿色生态安全屏障。加快推进鄂北水资源配置二期、引江补汉等重大项目建设，实施森林、湿地、生物多样性保护等工程，实施库区水污染防治及清江、汉江流域环境综合整治。深化神农架国家公园体制试点改革，设立淮河源头省级自然保护区。

二是培育现代绿色产业体系。发展文化旅游，整合打造一批精品旅游线路，建设世界著名文化旅游目的地。推进康养休闲，打造十堰休闲养生、恩施康养度假、神农架中医药康养、随州医养结合、荆门"长寿"和运动休闲等品牌，建设国家康养产业试验区。做强生态农业，发挥恩施"世界硒都"、襄阳"有机谷"等品牌示范作用，发展生态养殖、有机种植、特色食品饮料开发。培育生物医药，加快特色中药资源开发，支持建设一批中医药生物产业园区。壮大绿色能源，发展风能、地热能、生物质能，将恩施、宜昌建成全国页岩气勘探开发示范区。

三是优化绿色发展路径。扎实推进"绿水青山就是金山银山"实践创新基地建设，全面推广林长制，编制自然资源资产负债表，核算绿色发展指数，建立健全生态产品价值评价体系、自然资源有偿使用机制。建立完善生态保护补偿制度体系，推进重点领域和重要生态区域生态保护补偿机制与政策全覆盖。提升造血功能，实施鄂西基础设施5年攻坚行动计划，推广旅游扶贫、电商扶贫、消费扶贫、特色种养扶贫等新模式。

（二）建设江汉平原振兴发展示范区

以荆州、荆门、仙桃、天门、潜江以及孝感、襄阳部分区域为重点，实施乡村振兴战略，服务国家粮食安全战略，打造全国乡村振兴发展示范区和平原传统农区现代化示范区。

一是巩固提升全国粮食生产基地地位。落实"藏粮于地、藏粮于技"战略，建成 2108 万亩高标准农田，打造中部地区"粮仓"。提高自然灾害防御能力，继续加大四湖流域综合治理，加快洪湖东分块蓄洪工程、荆江分洪区重点工程等项目建设。强化农业科技驱动，实施优质粮食工程，推广"双水双绿"稻田综合种养体系。完善粮食主产区利益补偿机制，健全产粮大县奖补政策，推进粮食收储制度改革。

二是提升农业装备现代化水平。着力提高农业机械化水平。重点提升当地收获机械、收获后处理机械的智能化水平，大力推进自动化农产品加工机械的发展，积极突破核心功能部件的关键技术，打造智能化农业机械装备生产基地。支持京山农机装备制造产业园等工业园区发展。发挥通用航空工业优势，大力发展农用航空，推进航化作业。提高荆门农用航空站综合服务能力，推广植保无人机应用。开展飞播造林、森林防火灭火等工作。利用荆门通用航空制造和服务优势，建立全国首个农业航空作业示范区。

三是做大做强特色支柱产业。发展现代农产品加工业，培育一批全国知名品牌，发展壮大油菜、蔬菜、小龙虾、大宗淡水鱼等千亿级农业产业链。发展休闲农业、体验农业、创意农业、现代农庄等新业态，打造产业融合发展示范区。依托江汉平原油气资源和产业优势，打造石化冶金产业集群。支持各地加强品牌建设和提升附加值，打造纺织服装产业集群，支持仙桃打造全球最大高端非织造布生产基地。支持荆州、荆门、天门、潜江、仙桃加强协作，共同建设国家级承接产业转移示范区。

四是打造城乡融合发展示范区。全面落实国家乡村振兴发展战略，支持荆门、仙桃和宜城、汉川市马口镇建设全国新型城镇化和城乡一体化示范区，支持荆州、潜江、天门等地创建"四化同步"发展示范区。坚持以城带乡，支持适宜产业向小城镇集聚发展，完善连接城市的公共基础设施，推动城市教育、医疗、文化等优质资源向农村延伸。规范推进特色小镇建设，深入开展小城镇环境整治和农村人居环境整治三年行动，支持有条件地区编制村庄规划，打造一批美丽宜居示范乡村。

（三）建设鄂东转型发展示范区

以黄石、鄂州、黄冈、咸宁等为重点，推动传统产业转型升级，承接国外和沿海产业转移，打造全省转型发展示范区。

一是打造老工业城市转型升级先行区。打造钢铁有色产业转型区，发展特种金属功能材料和高端金属结构材料。打造建材产业转型区，发展新型无机非金属材料，加快石材、陶瓷等产业提档升级。打造资源枯竭型城市转型区，加大民生领域投入，促进产业多元化发展，支持黄石建设全国产业转型升级示范区。

二是建设产业双向转移新高地。鼓励鄂东城市积极融入长江经济带和"一带一路"，打造湖北对外开放开发桥头堡。依托鄂州国际物流枢纽机场，支持鄂州、黄石、黄冈发展航空物流、电子商务及配套产业，打造临空产业集群。鼓励与长江三角、珠江三角等地区合作设立产业转移园区，进一步壮大黄石、黄冈、咸宁电子信息、汽车零部件产业集群。以咸宁、黄冈为重点，打造清洁能源、绿色食品等产业集群。鼓励鄂东地区冶金、水泥、玻璃、化肥等优势产业和骨干企业组团式开展国际产能合作。

三是提升鄂东区域一体化水平。推进武鄂黄黄咸协同发展，加快推进城际轨道交通一体化建设和公交化运营，推动武汉优质教育医疗文化资源向鄂东地区延伸。推进创新体系一体化，打造"光谷科技创新大走廊"，强化关键共性技术跨区城联合攻关和转化。推进产业发展一体化，支持周边城市主动融入武汉，促进产业分工有机协作、推进生态环保一体化，统一规划建设区域生态安全体系，加强污染防治、环境监测和执法的合作与交流。同时，加快鄂东地区电话区号统一步伐。早在2015年湖北省就制订了黄石、鄂州、黄冈、咸宁四市先行推行与武汉电话区号统一方案，并已获国家批准，但仍迟迟没有启动，因此广受诉病。与几年前相比，现在武汉城市圈由于手机已广泛普及，固定电话使用率已大大下降，五市电话区划统一后给电信企业带来的损失比原来要小得多，因此主要是满足周边城市民众心理需求，另外企业使用"027"区号便于招商。湖南早在 2009 年 6 月 28 日就已实现长沙、株洲、湘潭三个城市区号统一为"0731"，沈阳、成都、西安等中心城市也早与周边地区统一了区号，鄂东五市电话区号统一"打雷多年不下雨"的局面是该结束的时候了。如果没有技术障碍，最好是一步到位九市统一区号。

第八章
县级市城市经济发展情况

　　湖北省有县级市25个，比省辖市数量多1倍多。这里，主要从湖北省2006年起发布的县域经济工作考核情况通报中提取数据，对县级市的城市经济发展情况进行研究。从湖北省委、省政府通报表彰县域经济工作成绩突出的20个县市区来看：受表彰的第一类县市区8个，分别是武汉市江夏区、襄阳市襄州区、荆门市东宝区、大冶市、仙桃市、宜昌市夷陵区、汉川市、枝江市；第二类县市区7个，分别是枣阳市、宜都市、钟祥市、京山市、宜城市、谷城县、老河口市；第三类县市区5个，分别是南漳县、恩施市、保康县、丹江口市、麻城市。受表彰的县级市共有13个，占受表彰县市区总数的65%。这从一个侧面反映，湖北县级市经济发展情况较好。

第一节 地区生产总值和居民收入增长情况

一 地区生产总值增长情况

2005～2018年，湖北省25个县级市经济发展阶段基本同步，经济总量由2005年的1575.85亿元增长到2018年的10537.28亿元，在全省经济总量占比也由2005年的23.91%增长至2018年的26.77%（见表8-1）。13年GDP增加5.69倍，年均增速15.74%。

受2007年国际金融危机影响，我国2007～2009年国民经济增长缓慢，且波动较大。25个县级市的情况也一样。尤其在2009年，GDP增长率除宜都、老河口、恩施、利川四市外都出现不同程度的下降，影响较大的主要是仙桃、潜江、天门、大冶等地，2009年增速同比2008年都下降15个百分点以上，潜江、天门甚至分别下降了24.76个百分点和23.78个百分点；影响较小及无影响的县级市主要集中在鄂西地区，在此期间GDP仍保持稳定增长，其中恩施、利川增长率比2008年还高10个百分点。

2010年全国经济大范围回暖，湖北省大部分县级市经济增长率恢复或超过2008年，如大冶市在2010年经济增速为47.17%，这是地方生产总值在2009年"原地踏步"之后的超常规增长。2010～2018年中国经济进入新常态，2010～2014年湖北25个县级市经济增长明显降速，但大部分还都保持在20%以上，高于金融危机时期；2015～2018年湖北25个县级市生产总值保持稳中有进，平均增速较为稳定，介于8%～10%，与全国、全省经济增长水平保持一致。

二 城镇居民收入情况

从25个县级市的城镇居民可支配收入数据（见表8-2）可以看

表 8 - 1　2005～2018 年湖北省 25 个县级市 GDP 情况

单位：亿元，%

县级市	2005 年	2006 年	2007 年	2008 年	2009 年	2010 年	2011 年	2012 年	2013 年	2014 年	2015 年	2016 年	2017 年	2018 年
大冶	100.18	116.19	139.80	169.73	170.60	251.08	331.84	410.24	455.92	500.12	509.98	540.49	590.94	623.64
丹江口	42.16	48.01	54.51	67.63	75.71	92.14	108.38	130.02	150.72	165.81	182.04	198.68	225.14	242.33
石首	44.68	49.73	56.50	65.07	68.13	80.13	95.87	108.90	121.91	136.29	149.77	152.07	169.03	186.25
洪湖	49.08	55.09	66.96	81.43	90.12	102.97	122.89	144.19	163.48	182.42	196.44	213.10	236.93	265.13
松滋	45.05	49.23	57.45	69.15	80.55	96.01	126.78	153.31	179.29	200.81	218.72	243.83	270.11	285.05
宜都	54.47	69.62	84.38	109.43	145.50	184.15	273.82	344.74	402.82	454.93	501.00	550.54	575.82	606.74
当阳	57.74	66.36	81.51	106.06	133.05	165.05	240.63	302.33	352.17	395.48	435.04	474.13	493.00	364.89
枝江	59.76	71.09	85.25	109.34	128.58	160.57	232.72	292.77	341.95	389.63	429.70	472.43	491.60	518.00
老河口	38.29	42.20	49.83	63.03	84.98	110.99	165.77	208.19	240.18	268.46	293.74	317.53	345.77	364.89
枣阳	72.00	80.03	97.48	122.81	153.94	210.12	301.81	370.92	425.43	479.57	527.09	562.41	617.52	656.01
宜城	37.59	42.28	50.90	129.30	85.00	111.33	165.10	201.94	232.46	259.90	283.66	304.92	333.60	360.12
京山	56.61	64.18	81.69	105.09	129.30	155.25	206.23	240.12	268.99	291.02	307.51	338.68	366.12	393.99
钟祥	79.83	92.47	113.08	142.12	163.01	198.96	255.54	297.49	332.37	361.83	382.46	420.11	463.46	524.53
应城	54.25	61.22	71.56	89.80	93.18	116.38	151.57	174.86	202.35	220.60	239.08	260.34	287.10	315.79
安陆	38.92	44.24	52.63	65.29	73.62	92.52	108.03	125.33	144.79	157.26	172.22	188.07	213.21	424.41
汉川	90.10	102.98	120.97	143.90	165.04	199.79	247.57	309.43	344.71	386.15	416.13	464.13	500.12	551.30

续表

县级市	2005年	2006年	2007年	2008年	2009年	2010年	2011年	2012年	2013年	2014年	2015年	2016年	2017年	2018年
麻城	47.55	53.31	64.31	83.63	99.34	119.55	156.67	176.39	203.40	226.21	244.31	266.27	302.77	305.19
武穴	46.51	53.25	65.00	87.79	100.11	121.85	159.52	180.38	202.86	224.59	240.72	260.22	290.29	300.58
赤壁	62.05	70.99	82.39	102.16	110.43	134.11	188.21	244.50	284.76	316.39	341.36	360.22	391.28	424.41
恩施	43.07	47.10	52.86	58.80	72.63	86.94	105.34	123.10	141.50	157.28	171.39	187.86	211.22	233.17
利川	33.37	37.73	35.22	38.92	47.86	54.48	64.77	73.35	82.01	90.97	98.86	107.27	117.88	129.56
广水	63.14	71.69	86.15	110.00	117.00	130.76	166.76	189.22	210.98	228.02	246.22	265.24	291.03	314.24
仙桃	144.07	162.51	190.40	233.50	242.55	290.97	378.45	444.20	504.28	552.27	597.61	647.55	718.66	800.13
潜江	106.56	125.28	156.63	211.82	234.01	290.67	378.21	441.76	492.70	540.22	557.57	602.19	671.86	755.78
天门	108.82	122.30	151.48	187.35	186.86	219.48	274.52	321.22	365.19	401.86	440.10	471.27	528.25	591.15
合　计	1575.85	1799.08	2148.94	2753.15	3051.1	3776.25	5007	6008.9	6847.22	7588.09	8182.72	8869.55	9702.71	10537.28
全　省	6590.19	7617.47	9333.4	11328.92	12961.1	15967.61	19632.26	22250.45	24791.83	27379.22	29550.19	32665.38	35478.09	39366.55
占　比	23.91	23.62	23.02	24.30	23.54	23.65	25.50	27.01	27.62	27.71	27.69	27.15	27.35	26.77

资料来源：历年《湖北统计年鉴》。

表 8-2 2005～2018 年湖北省 25 个县级市城镇居民可支配收入情况

单位：元

县级市	2005 年	2006 年	2007 年	2008 年	2009 年	2010 年	2011 年	2012 年	2013 年	2014 年	2015 年	2016 年	2017 年	2018 年
大冶	7334	7890	8758	9567	12035	15020	18015	20941	23062	28473	30848	33341	36192	39189
丹江口	6708	7055	8156	10005	10805	11952	13389	15462	17185	21002	22827	24719	27122	20290
石首	7695	7933	9990	11506	10709	11830	13297	15105	16689	21621	23850	25940	28050	30550
洪湖	6899	7429	8505	9165	9945	11100	12789	14567	16002	21414	23630	25740	27810	30350
松滋	6637	7583	9516	11041	10700	11824	13243	15110	16722	21995	24255	26490	28680	31180
宜都	8485	9330	10305	8307	8460	14190	16744	19431	21683	26213	28651	31195	33877	36710
当阳	7586	8221	10053	8581	10135	14190	16174	18443	20630	24716	27068	29641	32220	34826
枝江	7553	8237	9803	11054	12052	12052	15333	17465	19572	23675	25955	28456	30948	33450
老河口	6532	7131	8599	10115	11044	12217	14098	16267	17935	23975	26301	28905	31536	34179
枣阳	5848	6153	8065	9520	10392	11729	14550	16982	18827	24665	27040	29676	32287	34983
宜城	5398	6915	8360	9380	10269	11380	13259	15366	16943	22243	24367	26760	29142	31712
京山	6531	7124	8057	9589	10554	11856	13259	15863	17794	23649	25780	27892	30176	32655
钟祥	6001	6624	7761	8785	10015	11216	12749	14972	16798	23681	25821	27940	30314	32678
应城	7631	8404	9608	11165	12170	13435	15836	18051	20161	24047	26483	28755	31191	33777
安陆	—	—	—	11073	12084	13299	15321	17372	19222	23050	25364	27430	29892	32236
汉川	7024	7651	8667	11405	12330	13639	15300	17795	19849	23760	26131	28420	30887	33386

县级市	2005年	2006年	2007年	2008年	2009年	2010年	2011年	2012年	2013年	2014年	2015年	2016年	2017年	2018年
麻城	6003	6949	8765	9910	11279	11802	14666	16691	18371	21209	23279	25504	27756	29976
武穴	6530	7248	8907	10526	12031	13632	15758	18105	19746	22005	24003	26526	28826	31132
赤壁	7586	8321	9569	10955	11985	13330	15492	17676	19464	22273	24248	26656	29023	31391
恩施	7684	8323	9450	10903	11875	13057	15033	16993	18666	22142	24226	26559	29138	31436
利川	5882	6898	7729	8551	9477	10713	12636	12914	16069	20092	22108	24409	26711	28848
广水	6677	7358	8536	10244	12308	13547	15228	17294	19402	20769	22581	24569	26719	28990
仙桃	7547	8266	9663	6985	7236	13021	15052	17280	19065	22503	24641	26845	26266	31672
潜江	8028	8734	10185	7589	8518	13879	15560	17450	19187	22609	24721	26985	29284	31574
天门	7190	7914	9325	10488	11243	12210	13885	15685	17112	20622	22618	24475	26528	28825
县级市平均	6958	7654	9014	9856	10786	126445	14666	16771	18646	22896	25072	27353	29623	31839
全省平均	8785	9802	11485	13152	14367	16058	18373	20839	22906	24852	27051	29386	31889	34455
全 省	8785	9802	11485	13152	14367	16058	18373	20839	22906	24852	27051	29386	31889	34455

资料来源：历年《湖北统计年鉴》。

出，2005～2018年居民收入增长十分显著，2005年的人均可支配收入平均值为6958元，到2018年一跃至31839元，13年间增长了3.58倍，年均增速12.41%。居民收入明显提高，使人民生活得到较大的改善。并且，县级市平均城镇居民可支配收入与全省平均水平差距呈缩小态势。全省平均水平较高，主要是因为武汉、鄂州、宜昌、荆门等地级以上城市的市辖区城镇居民可支配收入较高，且在全省占较大比重。经过13年的发展，全省县级市平均城镇居民可支配收入占全省平均水平的比重由2005年79.2%提升到2018年的92.4%，平均一年提升1个百分点。

就各地城镇居民人均可支配收入而言，2005～2011年湖北所有县级市都低于全省水平。其中2007年宜都、当阳、潜江、天门四市率先突破万元；2012～2018年陆续有大冶、宜都、枣阳、当阳人均可支配收入超过湖北省平均水平，最为突出的是大冶市，2018年时已经高于全省4734元（见图8－1）。

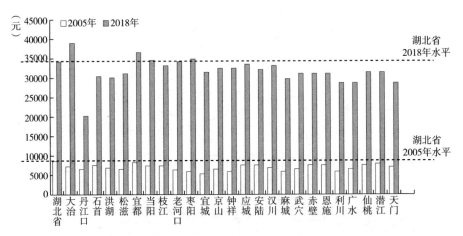

图8－1 2005年与2018年湖北省25个县级市城镇居民人均可支配收入
资料来源：历年《湖北统计年鉴》。

就增速来看，与上述宏观经济指标变化基本一致。2005～2007年增长较快，其中2007年枣阳、松滋、麻城三市以大于20%的速度增长，2007年25个县级市的平均增速较2005年增长了8个百分点；2008～2009年受全球经济环境影响，人均可支配收入出现明显波动，尤其在

2008 年，除汉川以外的其余 24 市增长率均出现不同程度的降低，宜都、当阳、仙桃、潜江甚至出现 25% 左右的负增长；2010 ~ 2014 年期间恢复到 2008 年以前的快速增长状态；2015 ~ 2018 年所有县级市增长率降至 10% 以下，人均可支配收入平稳缓慢增长（见图 8 - 2）。

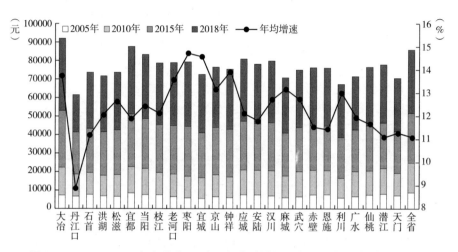

图 8 - 2　2005 ~ 2018 年湖北省 25 个县级市城镇居民人均可支配收入及其增速

资料来源：历年《湖北统计年鉴》。

第二节　投资、消费和出口增长情况

经济增长主要靠"三驾马车"来拉动，这"三驾马车"分别是投资、消费、出口。我们选择固定资产投资额、社会消费品零售总额、外贸出口额三项指标，来观察湖北 25 个县级市"三驾马车"的运行情况。

一　投资增长情况

投资是拉动经济增长的重要因素，反映固定资产投资规模、速度、比例关系和使用方向等，还能有效衡量政府调控、财政刺激效果。从 25 个县级市在 2005 ~ 2018 年固定资产投资额（见表 8 - 3）可以看到，各地

表 8-3　2005~2018 年湖北省 25 个县级市固定资产投资情况

单位：亿元，%

县级市	2005年	2006年	2007年	2008年	2009年	2010年	2011年	2012年	2013年	2014年	2015年	2016年	2017年	2018年
大冶	35.67	42.83	51.51	63.18	100.04	152.60	217.86	357.77	433.37	528.71	645.52	743.48	743.48	809.58
丹江口	10.32	13.15	18.17	30.41	39.73	58.01	73.88	95.34	128.48	159.51	188.39	202.46	227.84	237.86
石首	11.51	14.14	20.25	29.20	44.20	60.03	73.30	93.88	117.07	143.06	171.68	186.25	186.25	207.86
洪湖	12.92	16.61	22.56	29.05	40.83	57.11	69.89	88.50	105.15	120.00	104.57	168.47	168.47	188.69
松滋	12.11	15.80	25.65	35.60	51.25	71.69	85.50	130.83	166.98	203.89	244.80	273.89	278.56	298.34
宜都	19.67	26.39	42.21	63.64	100.41	141.56	185.34	270.59	352.94	439.68	550.48	574.27	574.24	631.66
当阳	12.37	16.36	23.95	38.82	56.43	103.92	146.46	213.09	272.64	339.75	425.68	412.52	413.32	462.92
枝江	26.18	37.29	47.21	61.84	81.23	117.34	167.96	214.88	290.13	335.62	442.49	462.70	462.71	490.75
老河口	6.94	9.35	13.57	23.00	40.06	61.52	80.06	115.90	155.02	217.87	260.99	204.38	284.38	316.80
枣阳	15.06	19.01	25.21	38.03	60.91	80.57	130.12	205.55	261.24	211.00	430.58	459.19	459.19	510.62
宜城	8.05	11.14	16.04	25.37	41.25	60.91	85.08	128.76	169.33	209.97	221.11	278.37	278.36	310.65
京山	18.18	22.54	32.89	49.23	74.35	106.26	141.52	188.27	235.99	297.58	424.95	341.74	360.00	420.00
钟祥	22.95	28.73	43.22	63.45	94.92	140.81	170.73	235.40	276.72	330.13	453.00	479.02	479.02	536.98
应城	18.31	22.12	29.32	45.89	56.47	81.23	103.80	148.82	174.89	214.94	252.00	267.51	283.02	291.11
安陆	16.92	19.46	25.81	38.01	48.93	71.59	91.58	122.43	154.39	163.19	226.00	242.16	242.16	270.25
汉川	20.01	26.75	35.82	44.01	67.24	111.03	132.20	173.97	232.33	294.59	360.61	388.69	401.28	413.16

续表

县级市	2005年	2006年	2007年	2008年	2009年	2010年	2011年	2012年	2013年	2014年	2015年	2016年	2017年	2018年
麻城	24.81	32.57	40.90	51.01	83.13	114.54	135.54	173.29	211.18	267.15	301.37	343.65	343.65	372.69
武穴	12.35	14.67	22.00	42.17	56.72	90.65	106.27	133.79	170.54	207.24	247.30	271.29	271.29	303.84
赤壁	25.11	29.13	35.11	46.05	67.90	94.03	125.80	181.39	231.82	309.18	467.51	343.65	363.31	407.27
恩施	17.12	20.12	33.86	40.01	49.65	60.66	69.04	86.11	105.23	128.81	157.78	174.14	174.14	187.36
利川	8.09	9.66	11.77	18.54	27.41	39.52	43.02	56.77	67.83	82.89	102.89	110.21	113.56	123.70
广水	18.30	25.18	36.75	55.77	82.07	86.24	90.86	160.89	195.05	235.89	278.33	296.49	296.48	329.69
仙桃	54.97	62.49	64.49	85.07	110.05	167.46	177.99	241.33	306.78	372.73	445.50	483.93	483.93	513.21
潜江	40.10	52.61	72.37	88.32	123.96	172.87	175.54	237.06	303.26	269.34	435.52	462.32	462.32	526.77
天门	39.61	50.81	67.28	89.07	119.51	153.62	141.07	210.99	260.75	316.78	373.41	402.68	402.68	431.15
合 计	507.63	638.91	857.92	1194.74	1718.65	2455.77	3020.41	4265.6	5379.11	6399.5	8212.46	8573.46	8753.64	9592.91
全 省	2676.58	3343.47	4330.36	5647.01	7866.89	10262.7	12557.34	15578.3	19307.33	22915.3	26563.9	30011.65	32282.36	35833.42
占比	18.97	19.11	19.81	21.16	21.85	23.93	24.05	27.38	27.86	27.93	30.92	28.57	27.12	26.77

资料来源：历年《湖北省县域经济发展考核评价报告》。

投资增长幅度基本同步，就总体而言，2018 年投资规模约为 2005 年的
19 倍。固定资产投资在当年 GDP 发生额的占比由 2005 的 32.21% 增长
至 2018 年的 91.04%（见图 8-3），表明 25 个县级市总体投资规模
较大。

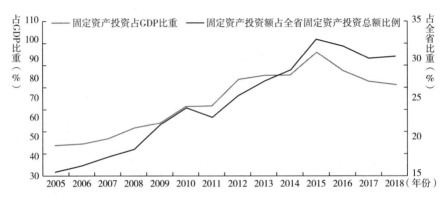

图 8-3　2005～2018 年湖北省 25 个县级市固定资产投资全省占比
资料来源：历年《湖北省县域经济发展考核评价报告》。

就各市投资规模而言，2005～2010 年，仙桃、潜江、天门、大冶
四市在 25 个县级市中位于前列，期初差距十分明显，如 2005 年，这四
市平均投资 42.59 亿元，其余 21 市平均仅为 16.06 亿元；2011～2015
年期间差距明显缩小，宜都、当阳、枝江、汉川后来居上，投资规模跻
身前六位；在全国发展均放缓的 2016～2018 年，湖北省的 25 个县级市
也呈现缓慢持续增长。

就投资增速来说，2005～2018 年 25 个县级市年均增速为 13.64%，
其中老河口、宜城、当阳、宜都四市增长较快，年均增长率分别为
34.17%、32.45%、32.13%、30.59%。25 个县级市 2005～2010 年这
一阶段增速最快，各地投资年均增长率都介于 30%～70%，其中老河
口、当阳由于基数较小，增速分别高达 72.55%、70.25%；2011～
2015 年阶段年均增速仅为上一时期的一半，但仍保持较高速的持续增
长；2016～2018 年明显降速，除老河口和京山以外，其余 23 个市保
持平均增速为 5.2%，固定资产投资规模缓慢增长。

二 消费增长情况

2005~2017 年各地社会消费品零售总额（见表 8-4）与固定资产投资变化情况基本保持一致，各地居民消费均保持 8% 以上的年均增速。25 个县级市总体社会消费品零售总额从 2005 年的 698.82 亿元增至 2017 年的 4285.19 亿元，增长 5 倍多，年均增长 16.31%；在全省社会消费品额的份额保持在 23.5% 左右，上下波动不超过 1.3 个百分点。在国际金融危机影响下，2010 年消费品零售总额增速明显降低（比 2009 年降低超过 12 个百分点）；但在 GDP、固定资产投资以及出口贸易额均出现明显波动的 2015~2016 年，大部分地区消费仍然保持稳定增长，波动幅度小于 5 个百分点，说明居民消费的刚性较强。

各市年均增速变化情况也保持一致。2005~2009 年增速均保持在 10% 以上，其中京山为 25.33%，消费能力迅速增长；2010 年各地全社会消费品零售总额多市出现不同程度降低，其中广水、潜江、天门最为明显，分别降低 20.04%、3.18%、4.51%；2010 年之后，各市再没有负增长的情况，均保持平稳增长的态势。

三 外贸出口情况

对外贸易对于地方经济发展的重要性不言而喻，外贸出口额的增长也是城市经济实力增强的表现。观察 2009~2017 年的外贸出口额可以发现，25 个县级市在整体趋势一致的情况下又有所不同（见表 8-5）。

就总体来看（见图 8-4），25 个县级市的外贸出口额在 2009~2015 年呈现快速增长趋势，外贸出口的年均增长率为 18.01%，高于这一时间段的全省年均增长率（14.99%）；但在 2016 年，25 市外贸出口额大多出现明显下降，年增长率降至 -13.50%，同时全省年均增长率

表 8 - 4　2005～2017 年湖北省 25 个县级市社会消费品零售总额情况

单位：亿元，%

县级市	2005 年	2006 年	2007 年	2008 年	2009 年	2010 年	2011 年	2012 年	2013 年	2014 年	2015 年	2016 年	2017 年
大冶	34.84	39.90	47.38	58.52	72.99	80.57	110.83	136.21	157.19	179.13	184.76	207.23	231.56
丹江口	15.28	16.91	19.20	24.10	29.02	34.61	41.51	49.41	57.17	65.28	69.28	78.11	87.96
石首	22.27	25.21	29.44	37.10	44.60	53.01	62.00	67.08	76.81	87.72	91.75	103.59	114.99
洪湖	25.32	28.74	33.63	41.20	49.60	53.45	61.03	71.52	82.04	93.52	100.37	120.25	133.84
松滋	23.82	26.91	33.49	42.06	50.70	55.31	60.99	79.55	93.00	106.39	109.36	123.80	137.91
宜都	19.70	23.19	27.40	34.20	41.72	50.00	56.90	65.68	76.26	87.40	98.79	111.73	123.79
当阳	22.90	26.67	31.79	39.69	47.62	58.00	67.47	79.75	92.83	106.46	120.53	136.68	152.26
枝江	25.02	29.33	35.06	43.68	53.08	61.70	69.47	79.75	92.43	103.52	119.07	132.88	145.10
老河口	24.53	27.47	29.51	37.33	45.47	48.86	60.60	73.00	84.10	95.62	107.76	121.13	135.42
枣阳	32.43	37.39	45.05	57.08	71.29	78.08	86.82	116.38	133.26	121.38	171.33	192.23	213.76
宜城	19.35	22.45	26.82	33.96	42.02	48.44	59.01	65.28	73.09	83.37	93.18	105.29	118.14
京山	25.04	29.00	35.67	48.66	61.79	72.69	73.13	86.04	101.01	116.82	142.93	161.94	182.02
钟祥	30.08	34.15	42.35	51.38	64.17	75.50	85.22	99.12	115.97	133.64	169.42	191.78	215.94
应城	25.33	28.84	34.17	42.29	51.07	61.51	73.24	85.08	98.69	112.80	124.65	140.86	157.62
安陆	20.08	22.85	27.13	35.32	40.75	48.88	58.36	67.79	78.37	89.50	99.47	111.70	124.10
汉川	41.81	47.54	56.58	69.88	84.44	97.14	110.79	128.60	149.82	171.71	188.50	209.61	230.15

续表

县级市	2005 年	2006 年	2007 年	2008 年	2009 年	2010 年	2011 年	2012 年	2013 年	2014 年	2015 年	2016 年	2017 年
麻城	20.69	23.38	33.08	41.16	50.96	58.03	66.94	77.26	90.16	103.63	124.57	141.01	158.50
武穴	21.79	24.71	30.01	38.75	51.16	56.08	62.31	72.08	84.12	96.44	115.79	129.80	144.85
赤壁	18.20	21.28	25.25	33.24	39.24	47.99	66.01	83.58	97.04	111.95	149.16	168.85	189.62
恩施	19.15	22.08	27.25	32.66	38.43	41.66	49.56	58.84	68.49	78.25	139.93	157.56	175.83
利川	7.01	8.50	10.14	13.41	16.63	20.09	23.70	27.39	31.48	35.64	79.04	88.29	97.73
广水	32.93	36.88	43.85	53.47	64.67	51.71	60.41	72.06	81.72	91.70	103.55	114.73	127.12
仙桃	61.42	70.32	82.52	105.85	127.87	134.09	151.17	176.90	204.89	233.58	266.17	297.19	332.58
潜江	43.03	49.44	58.05	72.33	86.36	83.61	99.65	115.44	131.56	150.19	186.14	208.47	232.24
天门	66.80	76.69	90.57	112.21	135.21	129.11	152.70	176.90	202.40	231.05	258.90	289.19	322.16
合 计	698.82	799.83	955.39	1199.53	1460.86	1600.12	1869.82	2210.49	2553.90	2886.69	3414.40	3843.90	4285.19
全 省	2985.9	3461.1	4115.8	5109.7	5928.4	7014.4	8363.3	9682.3	11035.9	12449.3	14003.2	15649.2	17394.1
占 比	23.40	23.11	23.21	23.48	24.64	22.81	22.35	22.83	23.14	23.19	24.38	24.56	24.64

资料来源：历年《湖北省县域经济发展考核评价报告》和各市统计公报。

表 8 - 5 2009～2017 年湖北省 25 个县级市外贸出口情况

单位：万美元，%

县级市	2009 年	2010 年	2011 年	2012 年	2013 年	2014 年	2015 年	2016 年	2017 年
大冶	1226	3538	8397	25100	26826	32826	46659	54124	61445
丹江口	445	899	1153	2148	2638	3008	4072	3268	4440
石首	7205	8590	8326	10204	14891	17040	9626	3716	5866
洪湖	2518	2257	2444	2262	2951	6836	1828	2446	1711
松滋	2914	2743	2903	3599	12312	10745	16003	16269	12028
宜都	15480	19894	26624	27160	32139	37005	43281	39625	46850
当阳	686	1203	3951	6205	9164	10383	11958	11435	5391
枝江	5801	9423	12516	15763	20294	25158	31088	22984	25445
老河口	1752	2578	5288	16201	21853	26489	31088	15285	21623
寒阳	1628	4470	5147	11934	16640	21649	27184	8440	12763
宜城	5742	8176	8552	12314	15000	18734	22442	14519	17326
京山	4114	7237	9443	12089	14163	17183	20572	23255	25295
钟祥	4108	7362	7188	9518	16088	21903	25035	23616	18682
应城	2119	2543	4567	6131	7706	8505	10354	6116	5592
安陆	1801	2709	3588	4342	5256	6111	7173	7941	7947
汉川	6612	9299	11944	32152	38877	43038	38376	40593	28814

续表

县级市	2009 年	2010 年	2011 年	2012 年	2013 年	2014 年	2015 年	2016 年	2017 年
麻城	1410	1560	2039	2665	3910	4496	5079	2753	3835
武穴	4930	5585	6241	8472	10612	12705	15417	16990	21715
赤壁	2911	3260	3557	2667	7016	8550	9968	5478	6749
恩施	1928	2282	7452	9404	10940	12601	14109	16681	16474
利川	522	820	3734	5350	6295	7201	8475	9597	8988
广水	3671	2644	4207	5300	6940	7976	7973	7572	9276
仙桃	25776	25334	28830	35640	42383	52133	68922	59891	63056
潜江	15551	17514	34805	33470	38123	43777	29353	24156	28474
天门	4632	4495	5664	5031	5499	7054	10472	10004	12067
合 计	125482	156415	218560	305121	388516	463106	516507	446754	471852
全 省	997880	1444180	1953460	1939884	2283768	2664580	2922041	2607290	3049925
占 比	12.57	12.83	11.19	15.73	17.01	17.38	17.68	17.13	15.47

资料来源：历年《湖北省县域经济发展考核评价报告》和《湖北统计年鉴》。

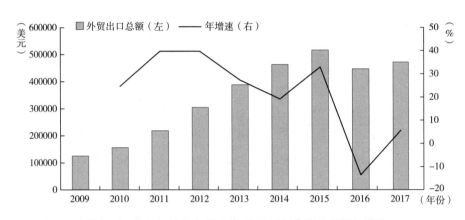

图 8 - 4　2009 ~ 2017 年湖北省 25 个县级市出口总额与增速

也出现明显降低，但情况略好于 25 个县级市，为 - 10.77%。

　　就各个县级市来看，外贸出口差距较为明显。2009 ~ 2017 年，外贸出口年均增速除石首、洪湖、潜江 3 市外，其余各市均大于 10%。其中大冶、利川、老河口、丹江口、恩施 5 个市，外贸出口年均增长率分别为 63.12%、42.72%、36.91%、33.31%、30.76%，外贸出口迅速扩大。与经济总体发展趋势一致，2009 ~ 2014 年增速较快，25 个县级市平均增速为 29.84%，其中大冶年均增速为 92.99%，老河口为 72.15%；但 2015 ~ 2017 年增速骤降，保持两位数增长的只有武穴（18.68%）、广水（16.34%）、天门（15.23%）、大冶（14.76%）、京山（10.89%）5 个市。有 5 个市保持个位数正增长，并略高于全省平均水平（2.16%）。其余 10 个市为负增长，最低的当阳为 - 32.86%（见图 8 - 5）。

　　从湖北 25 个县级市总体来看，2005 年以来"三驾马车"的运行趋势与全省基本一致。2009 年以前投资高歌猛进，2010 年以前消费快速增长，2011 年以前出口欣欣向荣，此后国际金融危机的负面影响逐步显现，增速均有较大下降。但消费相对稳定，仍然持续增长。应锻长板、补短板，在继续保持消费稳定增长的同时，扭转投资和出口增速下滑较多的局面。

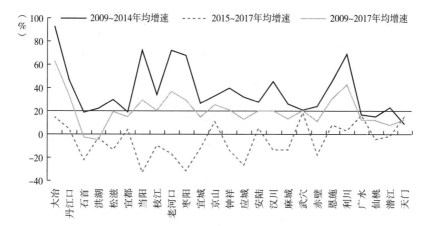

图 8 - 5 湖北省 25 个县级市外贸出口年均增速

资料来源：历年《武汉统计年鉴》。

第九章
充分发挥中心城市和城市群功能

2019 年 8 月 26 日，习近平总书记主持召开中央财经委员会第五次会议。会议指出，当前我国经济发展的空间结构正在发生深刻变化，中心城市和城市群正在成为承载发展要素的主要空间形式，强调要增强中心城市和城市群等经济发展优势区域的经济和人口承载能力。湖北省应积极贯彻中央精神，充分发挥中心城市和城市群功能，加快社会主义现代化强省建设。

第一节　巩固提升武汉国家中心城市地位

一　武汉建设国家中心城市的决策

2012 年 6 月湖北省委做出大力支持武汉建设国家中心城市的决策，2016 年 12 月，国务院批准的《促进中部地区崛起"十三五"规划》明确支持武汉建设国家中心城市。根据《国家发展改革委关于支持武汉建设国家中心城市的指导意见》，要全面提升武汉现代制造基地、服务高地、创新源地、开放平台功能，强化长江中游航运中心及综合交通枢纽建设，拓展沿江发展新空间，加快建设现代化、国际化、生态化大武汉，强化城市平台功能、拓展沿江发展新空间，挺起长江经济带脊梁，建成以全国经济中心、高水平科技创新中心、商贸物流中心和国际交往中心四大功能为支撑的国家中心城市、国际化大都市。

把握"长江经济带发展"和"促进中部地区崛起"等国家战略机遇，扩大武汉区域辐射范围，重点提升对中部地区尤其是长江中游地区的辐射能力，强化武汉核心聚集和功能组织中枢作用，做大做强武汉城市圈，驱动省域整体实力提升，从中部中心城市迈向国家中心城市。在国务院发布的《长江经济带发展规划纲要》中，对武汉在国家战略中的功能与作用赋予了清晰具体的定位，武汉被纳入核心发展城市，被赋予与上海和重庆一同发挥核心引领作用的重任。作为"两型社会"综合配套改革试验区、国家自主创新示范区、国家创新型试点城市，武汉应抢抓重大历史机遇，积极承担国家战略使命，积极打造新一线城市名片，充分发挥引领、试验、示范、支撑等作用，实现更高水平更快速发展。按照中央领导要求，复兴大武汉，挺起长江经济带"脊梁"。

二 武汉在全国全球城市地位稳步提升

2008 年国际金融危机以来，武汉"危"中求"机"，逆市上扬，经济总量在全国城市（不包括台港澳）的排位稳步回升。2007 年武汉 GDP 为 3141 亿元，排在普通地级市东莞之后，列第 17 位。2008 年武汉 GDP 为 3960 亿元，列第 13 位，一年上升了 4 位。2009 年 GDP 为 4620 亿元，列第 12 位，又上升 1 位。2011 年为 6756 亿元，列第 11 位，再上升 1 位。2012 年 GDP 为 8004 亿元，一年前进 2 位，列第 9 位。2014 年武汉 GDP 为 10069 亿元，首次破万亿元大关，在全国城市中升为第 8 位，也是 2018 年为止最高排位。2015 年武汉 GDP 为 10905

亿元，被成都超过，列第 9 位，原因是四川行政区划调整，将简阳县级市划归成都管辖，一下子增加了数百亿元 GDP。2017 年、2018 年，武汉排位稳定在第 9 位（见表 9 - 1）。

表 9 - 1　2007 ~ 2018 年武汉市 GDP 在全国城市中的排位变化情况

单位：亿元

排序	2007 年	2008 年	2009 年	2010 年	2011 年	2012 年
1	上海 12494	上海 14069	上海 15046	上海 16872	上海 19195	上海 20101
2	北京 9846	北京 11115	北京 12153	北京 13778	北京 16001	北京 17801
3	广州 7140	广州 8287	广州 9138	广州 10604	广州 12303	广州 13551
4	深圳 6801	深圳 7786	深圳 8201	深圳 9511	深圳 11502	深圳 12950
5	苏州 5701	苏州 7070	苏州 7740	苏州 9169	天津 11191	天津 12885
6	天津 5252	天津 6719	天津 7521	天津 9109	苏州 10717	苏州 12012
7	重庆 4676	重庆 5793	重庆 6530	重庆 7894	重庆 10011	重庆 11459
8	杭州 4103	杭州 4781	杭州 5098	杭州 5946	杭州 7011	成都 8139
9	无锡 3858	无锡 4460	无锡 4992	无锡 5758	无锡 6880	武汉 8004
10	青岛 3786	青岛 4401	青岛 4853	青岛 5666	成都 6854	杭州 7804
11	佛山 3605	佛山 4378	佛山 4821	佛山 5638	武汉 6756	无锡 7568
12	宁波 3435	宁波 3964	武汉 4620	武汉 5516	青岛 6615	青岛 7302
13	成都 3323	武汉 3960	成都 4502	成都 5508	佛山 6580	南京 7202
14	南京 3284	成都 3901	沈阳 4359	大连 5150	大连 6150	大连 7003
15	沈阳 3221	沈阳 3860	大连 4349	宁波 5126	南京 6145	佛山 6709
16	东莞 3152	大连 3858	宁波 4334	沈阳 5015	宁波 6010	沈阳 6607
17	武汉 3141	南京 3814	南京 4230	南京 5010	沈阳 5914	宁波 6525
排序	2013 年	2014 年	2015 年	2016 年	2017 年	2018 年
1	上海 21602	上海 23561	上海 25123	上海 27466	上海 30133	上海 32680
2	北京 19501	北京 21331	北京 23015	北京 24899	北京 28000	北京 30320
3	广州 15420	广州 16707	广州 18100	广州 19611	深圳 22286	深圳 24222
4	深圳 14500	深圳 16002	深圳 17503	深圳 19493	广州 21500	广州 22859
5	天津 14370	天津 15722	天津 16538	天津 17885	重庆 19530	重庆 20363
6	苏州 13016	重庆 14256	重庆 15717	重庆 17559	天津 18595	天津 18810

排序	2013 年	2014 年	2015 年	2016 年	2017 年	2018 年
7	重庆 12657	苏州 13761	苏州 14504	苏州 15474	苏州 17000	苏州 18597
8	成都 9109	武汉 10069	成都 12170	成都 11203	成都 13890	成都 15343
9	武汉 9051	成都 10056	武汉 10905	武汉 11913	武汉 13400	武汉 14847
10	杭州 8344	杭州 9201	杭州 10050	杭州 11050	杭州 12556	杭州 13509
11	无锡 8070	南京 8821	南京 9721	南京 10503	南京 11715	南京 12820
12	南京 8012	青岛 8692	青岛 9300	青岛 10011	青岛 11358	青岛 12002
13	青岛 8007	无锡 8025	长沙 8510	长沙 9324	无锡 10511	无锡 11439
14	大连 7651	长沙 7824	无锡 8518	无锡 9210	长沙 10200	长沙 11003
15	沈阳 7224	大连 7656	佛山 8004	佛山 8630	宁波 9850	宁波 10746
16	长沙 7153	佛山 7603	宁波 8004	宁波 8541	佛山 9500	郑州 10143
17	宁波 7128	宁波 7603	大连 7732	大连 8324	郑州 9003	佛山 9936

资料来源：各市历年统计公报。

2019 年 6 月 22 日，中国社会科学院和经济日报社共同发布了 2018 年中国城市竞争力报告，深圳、香港、上海为前三强城市。武汉综合经济竞争力以 0.1953 列第 8 位，略低于苏州和南京，略高于台北、东莞（见表 9 - 2）。

表 9 - 2　2018 年中国城市综合经济竞争力排行榜

排序	城市	综合经济竞争力	排序	城市	综合经济竞争力
1	深圳	0.6671	6	苏州	0.2224
2	香港	0.5594	7	南京	0.2000
3	上海	0.4194	8	武汉	0.1953
4	广州	0.3062	9	台北	0.1885
5	北京	0.2592	10	东莞	0.1840

资料来源：中国社会科学院、经济日报：《中国城市竞争力第 16 次报告》。

与苏州和南京受上海辐射、东莞受深圳辐射不同，武汉由于不靠近北上广深，只能自身靠交通区位的优势尤其是高铁、基建与教育科技的力量辐射周边及全国。作为长江经济带核心城市，2017 年武汉 GDP 较上年增长 8.0%。武汉高校数量超过 80 所，人口大量流入，而且产业发展均衡，光电、生物、汽车、钢铁、船舶，石化，机车等工业十分发达，经济前景光明。

2019 年 9 月 25 日，联合国在其官方微信公众号发布了一则关于"全球城市竞争力报告"的消息。中国的深圳、香港、上海、广州和北京跻身前 20 位，深圳的位次最靠前，排在第 4 位，仅次于纽约、新加坡和伦敦。武汉经济竞争力在全球排第 40 位，在中国城市中排第 7 位，仅次于深圳、香港、上海、广州、北京和苏州（见表 9 - 3）。

表 9 - 3　中国进入全球城市竞争力前 100 名的城市排行榜

城市	城市等级	经济竞争力	排名	可持续竞争力	排名
深圳	B -	0.932	4	0.602	48
香港	A -	0.8836	11	0.8084	6
上海	A -	0.8544	13	0.658	28
广州	B +	0.8501	14	0.5707	59
北京	A -	0.7965	19	0.6644	27
苏州	C +	0.7398	27	0.4307	185
武汉	C +	0.7036	40	0.4469	172
天津	B	0.6996	42	0.4573	159
南京	B	0.6969	45	0.4994	110
台北	B	0.6948	46	0.634	33
成都	C +	0.6576	60	0.4613	153
长沙	C	0.6391	71	0.3871	225
无锡	C	0.6385	73	0.3678	247
杭州	C +	0.6382	74	0.4978	113
重庆	C +	0.6218	82	0.4111	204
青岛	C +	0.616	85	0.4926	120
佛山	C	0.6003	93	0.3734	242
郑州	C	0.5964	99	0.3737	241

资料来源：联合国微信公众号：《全球城市竞争力报告》，2019 年 9 月 25 日。

根据武汉和苏州的最新数据，2017 年，武汉 GDP 规模为 14847 亿元，相比苏州的 18597 亿元，差距还是明显的。苏州凭借紧靠上海的区位优势，发展外贸和承接制造业生产，经济迅猛发展，成为中国最发达的地级市。但是，一个城市的竞争力，除了经济指标，还有交通区位、科教资源、人才储备等因素，这些因素能够可持续地推动城市的竞争力提高，于是武汉的优势凸显出来，这些优势也正是武汉可持续竞争力强于苏州的最大原因。随着中美贸易摩擦导致的外贸削弱和制造业向国外转移风险的增加，苏州的发展面临着不小的困境，但是武汉的产业发展较为均衡，产业结构稳定，在未来十年内 GDP 赶超苏州的可能性很大。

三 加快武汉四大功能中心建设

目前武汉正处于高质量发展关键阶段，在国家发展格局中也被赋予极高的战略地位，进一步强化了武汉"国家战略要津"的地位，夯实硬实力，培育软实力，为武汉发展奠定了坚实基础。武汉要按照国家发改委建设全国性"四大中心"的要求，扎实推进国家中心城市建设。2018 年 1 月武汉市政府常务会议审议了《武汉建设国家中心城市实施方案》，方案确立了"三步走"战略目标，力争 2035 年初步建成国家中心城市，2049 年建成具有国际影响力、全球竞争力和可持续发展能力的世界亮点城市。

（一）全国经济中心建设

国家发改委明确要求武汉"加快建成以全国经济中心、高水平科技创新中心、商贸物流中心和国际交往中心四大功能为支撑的国家中心城市"。在现有国务院批准的 9 个国家中心城市中被定位"全国经济中心"的并不多。以武汉 GDP 居全国第九的现状，还不能说是"全国经济中心"，国家很可能是从战略纵深、区域协调等方面进行长远布局。

而这对武汉来说，只是恢复历史的荣耀而已。明末清初，汉口是全国"四大名镇"之首，是名副其实的全国经济中心；19 世纪下半叶以来，武汉曾长期是仅次于上海的全国经济中心，孙中山谋划的"振兴中华"就是以武汉为核心展开的。2013 年 7 月，习近平总书记来湖北视察，曾三次提到"复兴大武汉"。恢复"全国经济中心"，是"复兴大武汉"的应有之义。

进入 21 世纪以来，武汉的经济复兴步伐逐步加快，特别是"大光谷""大车都""大临空""大临港"四大板块建设取得明显成效。近年来，国家又在武汉布局了存储器、商业航天产业、网络安全人才与创新、新能源与智能网联汽车四大新基地，大健康产业基地建设也取得一定成效，但要形成大规模、高效益产出还需付出更大努力。要全力推进已有项目尽快投产、达产，围绕核心项目健全产业配套体系，延伸产业链，形成集群化发展态势，带动"大光谷""大车都""大临空""大临港"加快发展。要谋划布局一批新的战略性新兴产业，联合领军企业和顶尖智库做好总体规划，做到精确定位、精准招商、精细服务，争取更多国家新兴产业基地落户武汉。

要大力发展电子信息产业。习近平总书记 2018 年 4 月 26 日在武汉新芯集成电路制造有限公司视察时讲到："装备制造业的芯片，相当于人的心脏。心脏不强，体量再大也不算强。要加快在芯片技术上实现重大突破，勇攀世界半导体存储科技高峰。"此后，国家组建中国信息通信科技集团，总部设在武汉。此前国家已经在武汉布点了总投资 240 亿美元的存储器项目。由于这种制度安排，武汉将迅速形成新的先发优势。武汉"中国光谷"本身就是因激光研发而建，也因激光产业而兴。目前，武汉共有锐科光纤、华日激光、安扬激光三家激光器生产龙头企业，分别在光纤高功率激光器、固体超快激光器、光纤超快激光器领域具有世界水准，三家企业优势互补、各具特色，武汉完全具备打造三位一体激光器产业集群的优势。同时，武汉地球空间信息技术产业也较发达。地球空间信息技术也称"3S"技术，即由地理信息系统（GIS）、全球定位系统（RS）和遥感测绘技术（GPS）三大技术构成。涉足这一领域的省份很少。近年来，武汉已占据"3S"技术领域的半壁江山，并在全国率先建成北斗地基增强系统，是全国测绘地理信息机构最多、产业最集中的省份之一。目前，"3S"产业规模正急速扩大，消费市场潜力不断释放，成为全省新的经济增长点。

要大力发展智能网联汽车产业。智能网联汽车将是下一轮消费升级的"风口"。2019年9月22日，国家智能网联汽车（武汉）测试示范区揭牌，武汉发出全球首批自动驾驶商用牌照。10月15日，东风公司在该示范区举办了东风云控系统车辆运营启动仪式，该公司的智能网联汽车开始在示范区5G网络覆盖的道路上，开展物流配送、道路清扫、无人公交车、无人出租车等示范运行。如果说传统汽车武汉只是在全国领先，与欧美有"代差"，但智能网联汽车不仅在全国"领跑"，在全球至少是与法国、美国等先进国家"并跑"，而在商用方面则是"领跑"。要在湖北省率先实行智能网联汽车大规模商用，引发中国甚至全球智能网联汽车消费潮。

要大力发展航空航天产业。武汉是中国航空航天工业的后起之秀。要发挥科技优势，后来居上。航空方面，重点发展无人机。结合湖北空间信息产业发展优势，大力促进无人机在航空测绘、灾害应急侦察、电力和道路巡线等方面的应用，打造集无人机研发制造、无人机航拍、无人机影像后处理软件开发、无人机操控人员资格培训于一体的无人机应用产业链。作为我国首个国家级商业航天产业基地，武汉要着力打造航天运载火箭及发射服务、卫星平台及载荷、空间信息应用服务、航天地面设备及制造等四大主导产业。特别值得一提的是，武汉是北斗卫星导航技术核心研发基地，有导航卫星数据分析中心、数据中心以及电离层变化研究中心。要重点发展卫星平台及载荷，突破小卫星、微纳卫星、卫星组网等核心技术，发展低轨通卫星、低轨遥感卫星、导航增强卫星等，建成我国商用卫星研发制造基地。

要大力开发海洋工程装备和高技术船舶产业。由武汉719所和701

所负责研制的海上核动力浮动平台具有远大的发展前景，将会得到大力发展。海上核动力浮动平台也被称为海上核电站，是小型核反应堆与船舶工程的有机结合，对推动我国远洋油气资源开采和水面舰船核动力技术发展具有重要意义。我国将在南海岛礁建造 20 座海上核动力浮动平台，按照每座 20 亿～30 亿元造价，20 座总造价大约为 400 亿～600 亿元。同时，海上核动力浮动平台的应用，还将支撑起我国对南海地区的实际控制、开发能力，有效地维护我国南海主权。

要大力发展生物医药产业。武汉光谷生物城目前已集聚各类生物企业 2000 多家，吸引了 6 万多人就业，是东湖高新区仅次于光电子信息的第二大战略性支柱产业。4 位诺贝尔奖得主、27 位院士，537 个高层次生物人才团队，为光谷生物城源源不断地释放出创新活力。根据 2018 年 10 月 28 日科技部中国生物技术发展中心正式发布的《2018 年中国生物医药产业园区发展现状分析报告》，中关村国家自主创新示范区、上海张江高新区、武汉东湖高新区、苏州工业园和济南高新区位列国家生物医药产业园区综合竞争力榜单前五位。其中的人才竞争力，武汉东湖高新区位列第一。

（二）高水平科技创新中心建设

要着力创建武汉综合性国家科学中心和产业创新中心。综合性国家科学中心是国家培育先发优势的主要平台，目前仅有 4 个，分别落户上海（张江）、合肥、北京（怀柔）、深圳。武汉建成综合性国家科学中心，是湖北塑造引领型发展的"风向标"和"标志物"。2018 年 1 月，国家发改委发布《国家产业创新中心建设工作指引（试行）》，明确国家产业创新中心主要布局建设在战略性领域，创新方向定位于获取未来产业竞争新优势的某一特定产业技术领域；要求联合现有国家工程研究中心、国家企业技术中心以及行业、地方等创新平台，广泛吸纳高等院校、科研院所等创新力量，通过共同出资、协作研发、技术入股、创新平台共建或人才联合培养等方式，形成紧密合作的创新网络。综合性国家科学中心和产业创新中心是国家实施创新驱动发展战略的两块"金字招牌"，是加强区域创新体系建设的基础工程。其核心是打造空间上相近，创新型企业集中，大学、研发机构及国家重大科技基础设施或创新平台集聚的科技创新和产业创新高地，有助于突破前沿科技创新短板和技术创新瓶颈，对提升新兴产业创新力、竞争力具有显著引领、示范和带动作用。国家部委明确建设"两个中心"的基础条件：一是要有一批（3个以上）重大科技基础装置；二是要有一批国家级的重大创新平台；三是要有一批"双一流"高等院校；四是要有一批世界级的领军人才；五是要有若干先进产业集群。武汉是国家创新试点城市和国家中心城市，是我国三个"三区联动"（自由贸易区＋自主创新示范区＋全面创新改革试验区）政策叠加的国家中心城市之一，上述这五项条件武汉都具备。

武汉"两个中心"的建设可以采取"三步走"的战略：第一步，申建武汉综合性国家产业创新中心；第二步，建设若干高水平重大科技基础设施，完善综合性国家科研中心的架构，打造形成国家综合性前沿科学高地，创建综合性国家科学中心；第三步，实现前沿科技创新驱动产业高质量发展，把武汉建设成为具有全球影响力的国家科技创新中心。武汉综合性国家产业创新中心主要围绕光电子信息、智能制造和生命健康三大领域，重点建设"四个圈层"。一是基础科学研究圈。建设重大科技基础设施和重大研发平台，实现前瞻性技术研究、引领性原创成果取得重大突破。二是前沿技术创新圈。布局建设产业创新中心、制造业创新中心及工程研究中心，攻克掌握一批关键核心技术。三是科技成果转化圈。支持建设企业研究院、企业创新联合体、新型研发机构和双创示范基地，实现科技创新的经济价值。四是产业创新发展圈。培植龙头企业、建设产业基地、发展产业集群，培育经济发展新增长点、新动能，促进产业迈向全球价值链中高端。

（三）商贸物流中心建设

进一步构建全国内需市场中心功能平台，加快形成功能完善、具有国际国内资源配置功能的现代市场体系，积极推进现代服务业领域的体制机制创新和商业模式创新，使商贸物流等传统优势产业焕发出崭新的活力，同时加速培育金融、旅游、信息服务、数据处理等有助于增强城市交换功能的现代服务业，全面提升武汉的综合服务功能，努力建设服务中部、辐射全国、面向国际的国家商贸中心、国际知名的商贸文化名城和全国一流的商贸集群创新发展示范区，重塑并强化武汉在商贸物流等领域的领先优势。积极争取国家级商贸物流基础性功能平台设施布局武汉。要结合当前商贸物流等产业发展的新趋势、新变化，积极承接世界现代服务业的转移，加速融入国际商贸物流体系，力争在商贸物流中心功能载体、资源配置交易平台建设上取得新突破。完善综合交通体系，打造长江中游重要的物资集散地，充分发挥区位与交通优势，完善衔接网络，建设武汉长江中游航运中心、国家重要的门户机场和航空货运中心、全国铁路路网中心和高速公路网等重要枢纽，完善多式联运、集疏运体系，打造国际性综合交通枢纽，为武汉物流体系提供支撑。

（四）国际交往中心建设

面对国家的战略要求，武汉市必须把加快推进综合交通枢纽建设的升级放在更加重要的位置，着力构建面向全球的国家综合交通门户，使武汉成为国际国内先进要素的集散中心，充分发挥"中欧班列（武汉）"品牌效应，更深度地融入"一带一路"。着力推进双向开放、优势重塑。通过高标准建设湖北（武汉）自贸试验区，将其建成湖北对外开放的试验田、新窗口，把招商引资列为"一号工程"，吸引更多世界500强企业投资武汉，加大金融领域开放力度，吸引更多境外金融机构来武汉发展，争取更多领事机构、国际性组织和有影响力的国际性活动落户武汉等，从而把武汉打造成中国内陆开放高地。

精心打造具有国际影响的会展中心。做优做强"华创会""世界大健康博览会""光博会""机博会""食博会""农博会"和国际汽车展、汉口北交易会、国际咨询顾问团会议、国防杂技艺术节、国际赛马节、国际渡江节、武汉马拉松等一些品牌会展活动和赛马活动。

第二节　着力增强大中小城市发展动能

根据 2014 年国务院调整后的城市规模标准，50 万～100 万人的"大城市"现在变成了"中等城市"，过去城区常住人口 20 万～50 万人的"中等城市"现在变成了"一型小城市"，过去城区常住人口 20 万人的称为"小城市"现在称为"二型小城市"，两者合称"小城市"。湖北省应当充分发挥各类城市和小城镇的积极性，完善城镇体系，增强发展动能。

一　按新标准努力建设大城市

2014 年，国务院调整城市规模划分标准以后，能够得到"特大城市"名分的城市数量大大减少。湖北省现有特大城市（城区常住人口 500 万～1000 万人）仅武汉市一个，大城市（城区常住人口 100 万～500 万人）只有襄阳、宜昌 2 个，而这两个恰好是"省域副中心城市"。

（一）支持襄阳建设打造汉江流域中心城市

国务院于 2018 年 10 月 8 日批准了《汉江生态经济带发展规划》，襄阳被明确为"汉江流域中心城市"。这就要求襄阳进一步做大做强。襄阳要向"一型大城市"迈进，即城区常住人口规模达到 300 万人以上，建成区面积达到 300 平方千米以上。国务院的新标准将"大城市"分为"一型大城市"和"二型大城市"，两者以城区常住人口 300 万人为界。在可以预见的将来，湖北唯一能够晋级"一型大城市"的就是襄阳。要优化城镇空间布局，按照"工业新区、现代新城"的目标定位，高起点规划建设国家级高新技术产业开发区、国家级经济技术开发区，加快区内深圳工业园建设。重点加快建设东津新区，以建设行政服务中心、区域性金融中心、科技中心、文化中心、会展中心、医疗中心等为支撑，以发展高端装备制造业、电子信息业、文化创意产业为重点，将东津新区建成具有国际化水准、现代城市功能、承担现代化区域中心城市辐射带动作用的新中心。

（二）支持宜昌建设成为三峡生态经济合作区中心城市

宜昌是"三峡生态经济合作区"建设的发起者，2016年3月这一概念被写入了国家"十三五"规划纲要。要成为三峡生态经济合作区中心城市，宜昌必须做大做强。宜昌城市人口规模应达到200万人，建成区面积达到200平方千米，建成世界水电旅游名城，打造全国交通物流枢纽，建设中部地区重要的生物产业基地、文化产业基地以及全省重要的食品饮料基地。大力发展先进制造业，推进以宜昌高新技术产业开发区为龙头的沿江开发区建设，打造宜昌高新区深圳工业园、白洋工业园、生物产业园、磁电子高科技产业园等千亿元级园区。支持宜昌高新区猇亭工业园、白洋工业园、生物产业园加快管理体制机制创新。支持宜昌发展"飞地"经济，打造沿江万亿元产业走廊。加强宜昌的区域带动力，加快生产性服务业的培育，加强对区域生产活动的经济组织功能，提升产业层次和促进城市功能升级，增强区域辐射带动力。

（三）支持黄石、荆州向"二型大城市"迈进

黄石区域常住人口约80万人，通过黄金山新区与拥有30万人的大冶城区连成一体，跨过了"大城市"门槛。建议尽早调整行政区划，将大冶市改制为黄石市辖区。积极推进黄石（大冶）枯竭型城市转型示范区建设，加强矿山国土整治和生态修复力度，提升城市空间品质，建设宜居城市。在黄石与大冶的空间一体化发展的同时，积极与黄冈的散花、鄂州的花湖等城镇进行衔接合作，扩展城市发展空间。

荆州中心城区常住人口也有80多万人，建成区面积约100平方千

米。2011 年国务院批准的《荆州市城市总体规划》确定的城市规划区范围为 1576 平方千米，荆州用地条件好，发展空间大。2018 年以来，正在推进邻近的公安、江陵"县改区"工作，一旦成功，荆州也将很快成为"二型大城市"。

二 扎扎实实建设中等城市

2014 年前城区常住人口 50 万～100 万人称为"大城市"，湖北有较多个符合条件的城市。现在按国务院 2014 年出台的新标准，很多都变成了"中等城市"。十堰、荆门、鄂州、孝感、咸宁、黄冈、随州、仙桃、潜江、天门等市，要扎扎实实建设"中等城市"。

（一）支持十堰、荆门、鄂州建成发达的中等城市

郧县撤县改为郧阳区后，十堰主城区建成区面积扩大到 105 平方千米，城区常住人口增加到 75 万人。城市发展应重视规模适度，与生态环境承载力相适应，中心城区要在更大空间范围内进行合理用地布局；积极改进城市建成区环境品质，依托山水资源建设国家山水园林城市。要充分利用汉十高铁开通运营和十堰——西安高铁建设的机遇，努力建设区域性交通枢纽和鄂豫陕渝比邻地区中心城市。

荆门中心城区建成区面积 70 平方千米，是全国新型城镇化试点城市，近几年中心城区常住人口增长较快，达到 52 万人。其县域经济和城市经济都较发达，其中心城区的 GDP 和工业增加值均占市域的 60% 以上，占比在全省仅次于武汉。要借浩吉铁路建成通车和沿江高铁即将过境荆门的有利机遇，提升荆门区域性综合交通枢纽地位，努力建设发达的中等城市。

鄂州主城区鄂城区加上华容区及葛店开发区，其城区常住人口在 50 万人以上，达到"中等城市"规模。要积极推进鄂州葛店经济开发区与武汉东湖新技术开发区融合发展。加快作为武汉新港组成部分的港

区建设，布局建设物流中心或物流园区，促进港口资源整合，并大力推进鄂州货运机场建设，与黄冈共同建设组合型地区性综合交通枢纽。在空间上依托葛华新城、花湖新城、红莲湖新城和特色镇等新的发展空间建设组群式大城市，构筑沿江发展带，加强与武汉和黄石的对接。

（二）支持其他地级市和直管市向中等城市迈进

孝感、咸宁、黄冈、随州的市辖区人口都超过 50 万人，但包括辖区的乡村人口，真正的城区常住人口只有 40 万人左右，咸宁、黄冈中心城区人口则更少。这几个城市今后的任务是建设名副其实的中等城市。

孝感是武汉城市圈重要的产业基地和农产品物流基地；重点培育光电子、生物医药、新材料和临空产业等高新产业，依托临近武汉空港的区位优势，积极推进孝感临空经济示范区建设，加强与武汉临空经济区的协作融合发展，推进高新技术产业发展，全面提高产业竞争优势。应以良好自然生态环境为基础，强化居住和生活服务职能，提高人口承载能力，建设生态宜居城市，为武汉都市区人口疏解提供高品质空间。

咸宁是中国温泉旅游名城，湘鄂赣省域交界地区，现代商贸物流中心和旅游服务中心，以发展轻工业、物流、高新技术产业和生态旅游等生态型产业为主的鄂南综合性中心城市，武汉城市圈生态宜居城市。应按照建设资源节约型和环境友好型社会的要求，积极推进咸宁华中低碳产业示范区建设，以生态产业谋发展；大力发展休闲度假、温泉旅游和生态旅游。改善城市环境，充分利用山水景观，突出宜居城市特色。加强与岳阳等毗邻城市的协作，推动区域交通、旅游、物流、生态环境保护等方面的协调发展。

黄冈是以纺织服装、食品、汽车零部件、医药、化工为支柱产业的轻工业城市，是武汉城市圈的基础教育与职业技术教育基地。黄冈重点发展生物医化、机械电子等新兴产业，强化综合服务功能，积极承接劳动密集型产业，吸纳腹地的农村人口，高质量地完成城镇化进程。建设京九客专，加快作为武汉新港组成部分的港区建设，布局建设物流中心或物流园区，积极对接鄂州货运机场，与鄂州共同建设组合型地区性综合交通枢纽。积极推进黄冈临港经济示范区建设。加强历史文化资源保护，突出湖北省历史文化名城风貌特色。在空间上近期主要沿长江向南北两侧城市组团发展，远期适当发展火车站组团并整合团风县和浠水县散花组团。

随州是湖北省汽车工业基地之一，国家历史文化名城。重点发展特种专用汽车生产、机械电子、仪器加工、医药化工、纺织服装、特色农产品加工、文化旅游等行业，加强技术改造和结构升级，形成与武汉城市圈对接的高技术转化基地；强化商贸、金融、社会服务等功能，全面提升城市综合实力。依托福银高速、随岳高速、麻竹高速三条高速交会的有利区位，推进月益铁路与随州机场建设，提升随州衔接武汉圈与鄂西圈的枢纽功能。严格保护历史文化资源，突出国家历史文化名城风貌特色。

仙桃、潜江、天门三市属省直管市，均是百万人口大市，但都包含众多农村人口，中心城区常住人口都没有达到 50 万人。今后要努力跨过"中等城市"门槛。

仙桃是武汉城市圈先进制造业协作配套基地，武汉农产品、水产品的供应基地。应利用自身的水陆交通优势和紧邻武汉市的地理区位，积极承接发达地区的产业转移，重点提升城市建成区环境，建设宜居城市。积极推进仙桃城区与天门市仙北区域的空间整合，突破行政区划制约，促进该地区的一体化发展。

潜江是湖北省重要的石油、化工基地，武汉城市圈先进制造业协作配套基地和农产品生产、加工基地，是具有水乡园林特色及历史文化特色的生态宜居城市。充分利用江汉油田总部的优势，积极筹划发展与石化产业相关的研发产业，推动潜江资源枯竭型城市转型示范区建设。大力发展现代农业和物流、文化旅游等现代服务业，加快发展化工、纺织、食品等产业，推进工业化和城镇化发展。

天门是武汉城市圈以纺织服装、生物医药、机械制造、绿色农产品加工为主的先进制造业协作配套基地，农副产品加工基地，休闲农业度假基地。应促进产业集群式发展，提高产业集聚程度；发展现代高效农业和农产品生产加工业，促进农业集约化经营。

三　鼓励发展小城市和重点小城镇

支持县级市和县城加快发展经济，提升综合承载能力，使之成为农业转移人口市民化的重要载体。将 20 个发展基础较好的县级市和县城率先发展成为人口聚集能力强、功能完善的"一型小城市"，其中要特别注重将恩施培育发展成为武陵山区域性中心城市、将麻城培育发展成为大别山区域性中心城市；20 个发展基础较差的县加快完善县城基础设施，扩大县城规模，提升经济实力，逐步发展成为小城市。其他县级市、县城按照资源状况、发展基础和环境容量，通过扩容提质，突出特色，努力提升城镇化质量。

大力培育中心镇和特色镇。优先支持县域中心镇发展，集中打造特色资源镇，增强公共服务和居住功能，成为接纳农村人口转移的重要节点。每个县建成 1~3 个综合实力突出、布局合理、规模适度、功能较完善、特色明显的中心镇或特色镇。选择 100 个重点中心镇，实施扩权强镇，增强产业集聚能力，建设成为经济强镇或县域副中心。选择一批镇区人口在 5 万人以上、产业支撑力强、镇区建设发展较快的建制镇作为镇级市建设试点。以历史文化名镇、旅游名镇创建和资源开发等为契机，集中打造 100 个生态文化旅游特色镇。力争尽快有 5~10 个镇入选全国千强镇。

支持县级市、县城、中心镇和特色镇培育壮大城镇支柱产业，加快城镇社会事业建设，推进交通、通信、供电、给排水等城镇基础设施建设和网络化发展，提升城镇综合承载能力和聚集能力，创建国家新型城镇化试点。

第三节　发挥和提升湖北城市群功能

一　进一步做大做强武汉城市圈

武汉城市圈是湖北城市群发展的重点地区，其目标是建成"一芯驱动"的高端产业聚集区、长江中游城市群建设引领区。应持续推进"五个一体化"，进一步做大做强武汉城市圈。

（一）强力推进通信基础设施一体化

在继续完善交通基础设施的同时，重点推进通信基础设施一体化。武汉城市圈获批全国"两型社会"试验区以来一直宣称要统一电话区号，但十多年过去了，到现在仍未解决。建议省政府迅速解决这一问题，以重塑城市圈一体化形象。

（二）不断深化生态保护一体化

共同保护好长江母亲河。强化水资源开发利用控制、用水效率控制、水功能区限制纳污"三条红线"的先导作用和刚性约束，联合建立水资源水环境承载能力监测预警机制。以环保优先和自然修复为主，共同维护重点江河湖库等的健康生态。加强对天然林的保护，积极实施退耕还林，对湿地生态实施恢复工程。以国家级和省级自然保护区为重点，加强对珍稀濒危野生动植物的保护。采取一系列积极措施，共筑城市圈生态安全屏障。统筹山水林田湖草系统治理，强化大气、水、土壤污染联防联控。以跨区域河流为重点，实施横向生态补偿。积极推进国家级循环经济园区试点，办好低碳产业园区、静脉产业园区等各类生态工业园区，共同推动鄂东转型发展示范区高质量发展。

（三）持续拓展产业一体化

推进产业双向转移。在前期武汉市将纺织、造纸等产业全部转移的基础上，继续将服装、食品饮料、化工、建材、一般性汽车零部件等传统产业和石化中下游产业逐步向周边城市扩散转移，鼓励周边城市的企业集团总部、研发和营销机构等高端部门向武汉转移和集中布局。鼓励武汉经济技术开发区、东湖新技术开发区、黄石经济技术开发区等国家级开发区与周边城市共建开发园区。以"园外园"为突破口，推进城市产业合作。目前，武汉在圈内 8 城市已建立多个"园外园"，但多属松散型、"挂牌型"。要推广武汉经济技术开发区托管洪湖新滩新区的经验，重点在黄冈等革命老区、贫困地区设立"飞地"，带动落后地区尽快脱贫致富、全面建成小康社会。

（四）全面落实市场一体化

统一武汉城市圈市场主体准入政策、程序、服务、监管，加强在执法办案、打假维权、打击传销、商标监管、广告监管、合同监管、打假护农等方面的整体互动和工作协作。建立城市圈"五统一"的流通领域重要商品质量监测机制，实现监测品种统一、监测时间统一、监测区域统一、监测结果统一公布和统一，开展"靶向式"监测。实现城市圈"一点采集、全省共享"的企业信用体系建设目标。同时，积极搭建信用融资平台，开展动产抵押登记工作，全方位提供动产抵押信息社会查询，加强与城市圈内银行的战略合作，搭建银企沟通平台。

（五）有效推进社会发展一体化

一是科技方面。继续增加大型科学仪器协作共用网入网单位和入网实验室，完善科技信息共享服务平台，开办网上技术市场，建设技术合同认定登记系统。积极开展国家和省级技术转移示范机构、中国创新驿站、区域技术转移联盟等建设，利用武汉丰富的高校资源推进"校市"

合作。

二是教育方面。深入实施武汉市中心城区与城市圈内 8 个县市区对口合作，开展教师交流活动，继续实行教师校长跟岗挂职。推进城市圈部省高校对口支持合作。办好湖北省高等学校师范教育联盟、湖北高校数字图书馆，实现教学资源的网上运行和共享。

三是卫生健康方面。深入推进异地就医联网结算、新农合"一卡通"，支持武汉市知名医院托管市县医院。构建统一的突发公共卫生事件应急指挥与决策系统，对突发公共卫生事件和重大疾病预防控制实行统一调度、分级负责。

四是社会保障方面。实现武汉城市圈内社区就业与社保服务平台机构、人员、经费、编制、工作、制度"六到位"，保障人力资源跨区域无障碍流动。强力推进社会保障卡跨地区通用，方便持卡人直接办理社会保险关系转移。

二　尽快做实宜荆荆、襄十随城市群

（一）尽快编制宜荆荆、襄十随城市群规划

早在 2003 年 9 月，湖北省政府 30 号文件就明确要求襄阳和宜昌"做好大都市区发展规划，实现区域内城镇合理分工和基础设施共建共享，形成强有力的群体效应，更好地发挥其对省域西北部地域和西南部地域的辐射带动作用"。2007 年 8 月，省委主要领导曾表示要适时启动这两个城市群的规划工作。十多年时间过去了，至今仍未出台。建议以十九大精神和习近平总书记视察湖北、考察长江重要讲话精神为指导，贯彻落实"一主两副"战略布局，尽快出台宜荆荆城市群、襄十随城市群规划。

（二）推进交通基础设施互联互通

宜荆荆城市群要以完善三市间高速公路和铁路为重点，打造宜荆荆

复合交通轴，形成城市群的基本骨架；建设好宜昌港、荆州港、荆门组合港，以"长江—江汉运河—汉江"810千米高等级航道为依托，形成宜荆荆航道网。通过铁路、公路、水运、航空等交通方面的全方位合作，提高公共基础设施的可达性，增强共享性。

襄十随城市群要以铁路建设为重点推进交通一体化。利用浩吉铁路建成通车、汉十高铁即将建成通车、郑万高铁加紧建设的有利时机，构筑襄阳铁路枢纽地位和"全国综合性交通枢纽"地位；提升随州—信阳联络线的等级与能力，构建襄渝线—宁西线铁路货运主通道；推动汉丹铁路"老丹段"电气化改造，推动铁路老河口城区段东移西延，恢复汉丹铁路客运。

同时，注重两个城市群之间交通基础设施的互联互通。

（三）推进重点产业跨区域融合发展

首先，可以旅游业为突破口。宜荆荆城市群以三国、三峡旅游为切入点，积极促成三市旅游资源整合和整体营销。襄十随城市群要充分发挥历史文化、山水文化资源集聚优势，努力彰显和弘扬华夏优秀传统文化，通过旅游业一体化发展，打造成为集观光、休闲、娱乐、体验、养生等功能于一体的生态文化旅游区和世界知名旅游目的地。

其次，可以在汽车产业上下工夫。襄十随城市群可以襄阳为龙头，与十堰、随州共建汽车产业带，与武汉汽车产业遥相呼应。同时，以襄十随城市群带动宜荆荆城市群汽车产业发展。宜昌、荆州、荆门三市也有汽车及零部件产业，应积极主动与襄十随城市群对接，共同做大做强湖北汽车产业特别是新能源汽车产业。

（四）推进社会事业共建共享

可以开展宣传、文化、教育、科技、体育、卫生、环保、社会保障等社会发展领域的合作，形成宜荆荆、襄十随两大城市群发展的强大合力。如：宜荆荆三市，以国家批复南方大遗址保护为契机，将荆州片区建设成为我国大遗址保护示范区和荆楚文化展示区；襄十随三市，以国家批复《汉江生态经济带发展规划》为契机，充分挖掘和整合汉水文化、炎帝文化、楚文化、三国文化、道家文化等文化资源，围绕增强文化创新能力和发展活力，推动文化体制改革在重点领域、关键环节取得新的突破。

三　积极发展新型中小型城市群

除了武汉城市圈、宜荆荆城市群和襄十随城市群之外，还要积极发展一些新型中小型城市群（城镇带）。主要有以下几个。

（一）鄂黄黄城市群

湖北省委《关于制定湖北省经济和社会发展第十二个五年规划的建议》提出"加快宜荆荆、襄十随、鄂黄黄城市群发展"。鄂黄黄城市群包括鄂州市区、黄冈市区、黄石市区（含大冶市区），这些城市联系紧密，是武汉城市圈率先融合的区域。

鄂黄黄城市群是长江经济带上的中型城市群，也是武汉城市圈下的一个二级城市群，它实际上有两个相对独立的"大都市区"（MA）。一是由鄂州城区与黄冈城区构成的"鄂黄大都市区"。二是由黄石中心城区和大冶市中心城区构成的"黄石大都市区"。

鄂黄黄城市群依托长江上与武汉大都市区连接、下与江西九江城市圈对接的优势，首先是要与大武汉融合发展。要发挥长江黄金水道、城际铁路、干线铁路、高速公路等交通干线的作用，构建多方式沿江快速城际运输走廊，重点建设武汉新港，统筹疏港通道建设、沿江岸线规划及物流园区布局，推动鄂东机场前期研究，率先推进"武鄂黄黄"交通一体化。其次充分发挥交通基础设施在经济带动和产业融合中对城镇发展的重要作用，遵循市场经济规律，突破行政区划界限，在城市圈东部地区率先融合发展。鄂州、黄石、黄冈三市应积极与武汉对接，作为

"武鄂黄黄"都市连绵带功能的有机组成部分，承接武汉产业、居住等职能转移，积极发展生产性服务业。

（二）荆钟组合都市区

推动荆门中心城区和钟祥城区对接互动，在两个城区规划区之间重点建设"汉江城镇组团"，大力推进一体化、同城化发展，打造荆钟组合都市区。都市区范围主要包括荆门中心城区、钟祥城区（含九里乡、文集镇）、大柴湖开发区及石牌镇、冷水镇、马良镇。

依托武荆高速横轴、汉江发展纵轴和东宝牌楼－钟祥石牌－柴湖新型城镇化示范带，重点围绕彭墩现代农业示范区、风情小镇、长寿食品产业园，打造一二三产业融合发展的示范区；依托石牌中心港、浩吉铁路连接线、武荆高速公路、冷水军民合用机场等基础，打造水、陆、空相互对接临江工业区和物流经济区。发挥综合大交通优势，凸显三次产业融合发展特色，构建横跨汉江、连接两城（荆门中心城区、钟祥城区）的"汉江城镇组团"。

（三）丹河谷城市组群

2012 年湖北省政府批准印发的《湖北省城镇化与城镇发展战略规划（2010—2030）》在襄十随城镇联合发展区的"空间发展要点"中已明确指出："促进老河口、谷城、丹江口三县市的联合发展，构建襄十随联合发展区中的重要节点，形成重点明确、结构清晰的带状串珠式城镇发展格局。"

老河口以发展汽车配件、纺织和服务业为主。其城市空间拓展为南北双向发展为主，加强与丹江口和谷城的空间联系。谷城是襄十随城镇联合发展区重要的汽车零配件产品生产基地，以汽车配件工业为主，兼顾发展纺织、旅游等产业。其空间拓展方向以向北发展为主，重视与老河口的空间衔接。丹江口以发展水电、汽车零部件、绿色食品等清洁产业为主，处理好城镇建设与水源地生态涵养的关系，适当限制化工产业发展。其城市空间拓展以向东、向南为主，与老河口和谷城形成联合发展态势。

（四）仙潜天城市组群

2007年《武汉城市圈总体规划》有"仙潜天组团"的提法，该区域位于武汉城市圈面向江汉平原的西部发展轴，包括仙桃、潜江和天门三个省直管市。

仙潜天城市组群，应充分利用武汉城市圈和长江经济带的发展建设，联合发挥区域比较优势，积极承接内外转移，崛起为武汉都市圈西部的增长中心。加强重点城镇间交通基础设施建设，注重实现基本公共服务设施均等化，缩小区域城镇差异。加强城市产业分工协作，合理引导生产要素跨区域流动，以各类经济开发区和工业园为载体，吸引人口和产业集聚，增强区域经济实力。在现有产业发展基础上，鼓励民营企业发展，大力发展县域经济和乡镇经济，推进新型劳动力密集产业集群的发育，吸引农村人口、承接回流外出务工人口；以农业深加工产业为依托推动江汉平原农业规模化、产业化发展；加快以物流为主体的第三产业发展。依托沿江综合运输通道建设，重点推进铁路货运支线和沿汉江港口建设，运筹天门通用机场建设，加强与武汉和宜荆荆地区的经济联系，构建辐射江汉平原的仙—天—潜区域性综合交通运输枢纽。

（五）孝应安城镇密集协调发展区

该发展区位于孝感市范围内，是武汉城市圈西北发展轴的重要组成部分，包括孝感、应城、安陆、孝昌、云梦、汉川等城市。

孝应安城镇密集协调发展区，应强化云梦、应城、孝昌、安陆和汉川五县市与孝感市的交通联系，极化发展孝感中心城区，推进该区域的一体化发展，成为武汉城市圈西北部的增长极。利用现有资源优势，以盐化工和机械工业的协调发展为基础，充分发挥交通优势，承接城市圈核心区的产业转移，合理引导经济开发区和工业园区的建设，加大节能环保投入，促进生态保护和修复。推进临空物流基地建设，建成汉川港、三汊物流基地，完善公路客运中心布局，打造武汉圈西北部地区性综合交通枢纽。

（六）竹房城镇带

竹房城镇带地处十堰市境内，范围分布在 305 省道沿线，西起竹溪县蒋家堰镇关垭，东至房县城关镇，约 173 千米，包括竹溪、竹山、房县 3 个县城、15 个乡镇的城镇带，总面积 2570.85 平方千米，总人口 74.59 万人，是十堰南部三县人口密集带和政治、经济、文化中心地带。

竹房城镇带的建设重点：按照"以工促农、以城带乡（镇）、以乡（镇）带村、城乡互动"的城乡一体化发展理念，以突破城乡二元结构为主线，形成合理的城镇村体系和城乡联动发展的布局体系，加快形成"一带三区三心百点"的总体空间布局框架。"一带"即建设百千米人口产业复合集聚带；"三区"即竹溪优势农业集群与园区建设城乡一体化示范区、竹山水电开发与新城建设城乡一体化示范区、房县生态文化旅游与同城空间整合城乡一体化示范区；"三心"即培育人口产业高度集中的竹溪县城、竹山县城、房县县城三大中心县城；"百点"即整合发展 100 个中心社区。

（七）江汉运河生态旅游文化城镇带

南水北调、引江济汉，造就一条连接长江和汉江的江汉运河。江汉运河全长 67.23 千米，兼具水利、交通运输、防洪、灌溉、生态补水等功能。运河流经荆州、荆门、潜江 3 市，加上兴隆大坝连接天门市多宝镇，运河和水利枢纽直接涉及 11 个乡镇，辐射带动荆州区、沙洋县、潜江市 12 个乡镇。2014 年省政府工作报告以此为范围提出建立的"江汉运河生态旅游文化城镇带"，地跨武汉城市圈、宜荆荆城市群范围，连接长江经济带、汉江生态经济带，在全省区域发展战略格局中处于特殊地位。

江汉运河生态旅游文化城镇带建设必须坚持生态、文化、旅游三轮驱动，以其丰富的生态文化资源为基础，以旅游业为引擎，有效推动区域联动、资源整合、整体开发、互利共赢，促进沿线四地又好又快发展。重点加快以交通为重点的基础设施建设。将省道汉宜线纳入一级公路建设规划，提升沙洋至潜江公路等级。改造、新建运河及汉江沿线的一批重要旅游码头等。

（八）龙凤经济协作示范区

2011 年，湖南龙山县和湖北来凤县成功创建国家级的武陵山龙凤经济协作示范区，并已进入国务院《武陵山片区区域发展与扶贫攻坚规划》，开创了跨市州、跨省域组群发展的成功先例。

要深入推进龙凤经济协作区建设，将其打造成武陵山经济协作的示范区，龙山、来凤两县必须抢抓机遇，团结协作，抱团发展，先行先试，重点在城市规划、项目建设、支柱产业培育、基础设施建设、文化旅游开发、融资扩大方式、生态资源保护、政策制度创新、民族团结进步、民计民生改善十个方面实现一体化发展。

（九）洪赤临云联合发展区

湖北洪湖、赤壁两市和湖南临湘市、岳阳市云溪区四地作为武汉城市圈和长株潭城市群两大城市群、两个"两型"试验区的结合对接点，加强区域协作意义重大，应建成湘、鄂两省跨省经济协作和长江经济带区域协作的典范，早日建成统筹城乡发展的"两型"示范区和新型城镇化示范区。

洪湖是全国重要的淡水水产基地和湿地生态城市，是具有滨湖、滨江特色的水乡旅游城市。要重点发展石化设备制造、农副水产品加工、纺织服装加工、商贸物流、湖泊湿地和红色旅游业；充分发挥地处"仙洪试验区"的区位和政策优势，全面加强与临湘、岳阳云溪区的衔接与协作。

赤壁市和临湘市山水相连、人缘相亲、文化同脉、经济相融，合作前景广阔，合作潜力巨大。根据两市区域合作框架协议，赤壁、临湘两市在区域规划、交通网络、产业发展、文化旅游、物流市场、生态融合等重点领域，全面开展对接融合。为确保战略合作成效，赤壁、临湘建立了领导定期会商制度、区域合作领导小组制度和职能部门沟通协商制度，进一步丰富交流载体，完善合作机制，加强在基础设施建设、市场开放、旅游产业发展、幕阜山开发等领域的合作，共同打造"小三角"示范区。

（十）小池融入九江城市圈

首先，打破行政区域本位主义，推动黄梅县小池镇全面纳入大九江发展格局，将小池建设成为"长江经济带开放开发先行区、跨江跨区合作试验区、中部现代物流商贸区、滨江生态文明建设示范区"。合作重点是推进交通基础设施、产业布局、商贸市场、生态环境和社会服务"五个一体化"；初期试点跨省合作建设开发区，发展"飞地经济"。

其次，重新布局小池基础设施网络，在能源、给排水、电力、通信系统、防洪排涝、垃圾处理等方面与九江全方位对接，力争实现交通同网、教育同兴、信息同享、生态同建、环境同治。

最后，优化产业结构，与九江错位发展。把小池建设成辐射大九江的优质鲜活农副产品基地，使其成为九江的"菜篮子"；以现有产业为纽带，承接沿海及环鄱阳湖生态经济区、皖江经济带、武汉城市圈的产业转移，成为九江仓储、加工、原材料、研发基地。

后 记

在新中国成立 70 周年之际，中国城市经济学会决定出版"新中国城市发展研究丛书"，其中《新中国城市发展·湖北卷》由中国城市经济学会副会长、中南财经政法大学公共管理学院博士生导师、湖北省社会科学院原副院长秦尊文教授组织撰写。

本书前言作者为秦尊文，各章作者如下。

第一章 湖北城市 70 年发展轨迹 秦尊文、梁辉、余颖

第二章 湖北城市发展曲折阶段（1949～1978 年） 何雄、秦尊文

第三章 湖北城市快速发展阶段（1979～1997 年） 贺三维

第四章 湖北城市稳定发展阶段（1998～2019 年） 秦尊文、程广帅、赵颖智

第五章 武汉城市发展历程 田艳平、朱明宝

第六章 省域副中心城市建设创举及经验 王玥

第七章 "一主两副多极"格局的形成与发展 秦尊文

第八章 县级市城市经济发展情况 秦尊文

第九章 充分发挥中心城市和城市群功能 秦尊文

上述作者均为中国城市经济学会会员、中南财经政法大学公共管理学院教师，均具有经济学博士学位。其中：田艳平为中国城市经济学会常务理事、中南财经政法大学公共管理学院院长助理、教授、博士生导师，区域经济学与城市管理专业负责人；梁辉为中国城市经济学会理事、中南财经政法大学公共管理学院城市管理系主任、副教授；何雄为中国城市经济学会理事、中南财经政法大学公共管理学院副教授；贺三维、程广帅为中国城市经济学会会员、中南财经政法大学公共管理学院副教授；赵颖智、王玥、朱明宝、余颖为中国城市经济学会会员、中南财经政法大学公共管理学院讲师。全书由秦尊文教授统稿。由于我们水平有限，缺点错误在所难免，敬请广大读者批评指正。

本书的撰写和出版，得到了中国城市经济学会会长、中国社会科学院学部委员、本套丛书总编潘家华和本套丛书副总编单菁菁、陈洪波以及学会秘书处的大力支持，也得到了社会科学文献出版社的鼎力相助，在此一并致谢！

秦尊文　田艳平
2020 年 12 月

图书在版编目（CIP）数据

新中国城市发展. 湖北卷／秦尊文，田艳平等著
. -- 北京：社会科学文献出版社，2021.9
（新中国城市发展研究丛书）
ISBN 978 - 7 - 5201 - 7944 - 7

Ⅰ.①新…　Ⅱ.①秦…　②田…　Ⅲ.①城市建设 – 研
究 – 湖北　Ⅳ.①F299.2

中国版本图书馆 CIP 数据核字（2021）第 029712 号

· 新中国城市发展研究丛书 ·

新中国城市发展 · 湖北卷

著　　者／秦尊文　田艳平 等

出 版 人／王利民
责任编辑／陈　颖
责任印制／王京美

出　　版／社会科学文献出版社·皮书出版分社（010）59367127
　　　　　地址：北京市北三环中路甲 29 号院华龙大厦　邮编：100029
　　　　　网址：www. ssap. com. cn
发　　行／市场营销中心（010）59367081　59367083
印　　装／三河市尚艺印装有限公司

规　　格／开 本：787mm × 1092mm　1/16
　　　　　印 张：18　字 数：254 千字
版　　次／2021 年 9 月第 1 版　2021 年 9 月第 1 次印刷
书　　号／ISBN 978 - 7 - 5201 - 7944 - 7
定　　价／128.00 元

本书如有印装质量问题，请与读者服务中心（010 - 59367028）联系